应用技术型高校汽车类专业规划教材

# Qiche Shiyan Jishu
# 汽车试验技术

门玉琢 　主　编
于海波　王云龙　张世彤　副主编

人民交通出版社股份有限公司
China Communications Press Co.,Ltd.

## 内 容 提 要

本书较全面地介绍了汽车试验技术方法,从汽车产业的实际出发,力求反映汽车试验领域的最新发展动态。通过工程实际案例,对汽车传统试验、用户相关性试验、仿真试验以及试验设计优化等方面进行了详细讲解、阐述。

本书主要内容包括:汽车试验基础理论、汽车整车性能试验、汽车可靠性与耐久性试验、汽车典型总成及零部件试验、汽车排放污染物与噪声的检测、汽车机动性试验、汽车用户相关性试验、虚拟仿真与实车结合试验简介、汽车试验设计与优化方法。

本书可作为高校汽车试验技术及相关专业教材,也可作为从事汽车设计、试验的工程技术人员的参考书。

**图书在版编目(CIP)数据**

汽车试验技术/门玉琢主编. —北京:人民交通出版社股份有限公司,2016.8
ISBN 978-7-114-13147-9

Ⅰ.①汽… Ⅱ.①门… Ⅲ.①汽车试验 Ⅳ.①U467

中国版本图书馆 CIP 数据核字(2016)第 144519 号

应用技术型高校汽车类专业规划教材

| | |
|---|---|
| 书　　名: | 汽车试验技术 |
| 著 作 者: | 门玉琢 |
| 责任编辑: | 夏　犨 |
| 出版发行: | 人民交通出版社股份有限公司 |
| 地　　址: | (100011)北京市朝阳区安定门外外馆斜街3号 |
| 网　　址: | http://www.ccpress.com.cn |
| 销售电话: | (010)59757973 |
| 总 经 销: | 人民交通出版社股份有限公司发行部 |
| 经　　销: | 各地新华书店 |
| 印　　刷: | 北京市密东印刷有限公司 |
| 开　　本: | 787×1092　1/16 |
| 印　　张: | 14.5 |
| 字　　数: | 335 千 |
| 版　　次: | 2016 年 8 月　第 1 版 |
| 印　　次: | 2016 年 8 月　第 1 次印刷 |
| 书　　号: | ISBN 978-7-114-13147-9 |
| 定　　价: | 33.00 元 |

(有印刷、装订质量问题的图书由本公司负责调换)

# 应用技术型高校汽车类专业规划教材编委会

**主　任**
　　于明进(山东交通学院)

**副主任**(按姓名拼音顺序)
　　陈黎卿(安徽农业大学)　　　　　　　陈庆樟(常熟理工学院)
　　关志伟(天津职业技术师范大学)　　　何　仁(江苏大学)
　　唐　岚(西华大学)　　　　　　　　　于春鹏(黑龙江工程学院)

**委　员**(按姓名拼音顺序)
　　曹金梅(河南科技大学)　　　　　　　慈勤蓬(山东交通学院)
　　邓宝清(吉林大学珠海学院)　　　　　邓　涛(重庆交通大学)
　　付百学(黑龙江工程学院)　　　　　　姜顺明(江苏大学)
　　李　斌(人民交通出版社股份有限公司)李学智(常熟理工学院)
　　李耀平(昆明理工大学)　　　　　　　廖抒华(广西科技大学)
　　柳　波(中南大学)　　　　　　　　　石传龙(天津职业技术师范大学)
　　石美玉(黑龙江工程学院)　　　　　　宋长森(北京理工大学珠海学院)
　　宋年秀(青岛理工大学)　　　　　　　谭金会(西华大学)
　　尤明福(天津职业技术师范大学)　　　王慧君(山东交通学院)
　　王良模(南京理工大学)　　　　　　　王林超(山东交通学院)
　　吴　刚(江西科技学院)　　　　　　　吴小平(南京理工大学紫金学院)
　　谢金法(河南科技大学)　　　　　　　徐　斌(河南科技大学)
　　徐立友(河南科技大学)　　　　　　　徐胜云(北京化工大学北方学院)
　　杨　敏(南京理工大学紫金学院)　　　衣　红(中南大学)
　　赵长利(山东交通学院)　　　　　　　赵　伟(河南科技大学)
　　周　靖(北京理工大学珠海学院)　　　訾　琨(宁波工程学院)

**秘　书**
　　夏　韡(人民交通出版社股份有限公司)

# 前言

早期的汽车试验,仅在完成总装后作短途试验性行驶,以检查其质量。随着汽车工业的发展,在汽车定型前要求先对若干辆样车进行长距离(各几万至十几万公里)的道路试验。有些汽车制造厂在厂区附近修建专用的试验路段(包括不同路面和坡道)。美国通用汽车公司在米尔福德市建立了第一个专用的汽车试验场。随后,美国和欧洲的汽车公司都先后自建试验场。世界上已有面积100～3500公顷的大小试验场60余处。除了对整车进行试验外,各大汽车厂和专业生产厂还利用室内试验台对主要部件如发动机、离合器、变速器、驱动轴、转向机、制动器等进行性能、效率、可靠性、耐久性和其他项目的试验。20世纪70年代以来,由于模拟理论和电子计算机技术的发展,又研制出由电子系统控制的、模拟实际行驶情况的零部件试验台和整车试验台,原来需要在试验场上试验的许多项目便可在试验室内进行,不但缩短了试验时间,而且还能获得可靠的和可比性很高的试验结果。但由于汽车使用条件复杂,最终仍以实际使用的结果和使用者的反映为依据。因此,试验台、试验场试验必须与用户实际使用的结果相互验证,找出二者之间的当量值,与用户实际使用相关的汽车试验技术是汽车试验研究的关键。

本书在介绍汽车传统试验的基本理论时,力求做到既简单明了、通俗易懂,又不失其系统性和严谨性;在介绍与用户实际使用相关联的汽车试验方法时,结合用户实际,建立了用户使用工况与可靠性试验关联模型,并制订用户用途关联的汽车可靠性试验规范。在介绍试验方法和试验优化设计时,尽可能通过对典型实例的剖析让读者既能了解到试验过程的全貌,又能注意到对试验产生影响的重要细节。

本书由长春工程学院门玉琢任主编,中国第一汽车股份有限公司技术中心于海波、黑龙江工程学院王云龙、吉林省科技创新平台管理中心张世彤任副主编,其中第四章、五章由长春工程学院冀秉魁参与编写,第三章、六章由长春工程学院姚雪萍参与编写,第二章、九章由哈尔滨师范大学于海涛参与编写,第七章由长春工程学院刘博参与编写,第八章由长春工程学院李明达参与编写,第十章部分方法由北京树优信息技术有限公司提供。在编写中,作者参考了一些国内外资料,限于篇幅,在参考文献目录中只列出其中的一部分,在此谨向所有文献的作者深表谢意。本书可作为高等院校车辆工程、汽车服务工程及相关专业的教材,也可供从事汽车结构设计、试验研究、汽车疲劳耐久性、仿真建模、试验优化设计等方面的相关工程技术人员使用和参考。

由于作者的知识水平有限,本书难免有不妥、甚至错漏之处,诚恳欢迎使用本书的师生和广大读者不吝指正。

编　者<br>
2016 年 3 月

# 目录 CONTENTS

第一章 概述 ·········································································································· 1
  第一节 汽车试验的发展概况 ············································································· 1
  第二节 汽车试验的目的与分类 ········································································· 2
  第三节 试验设备 ······························································································ 4
  第四节 试验标准 ······························································································ 6

第二章 汽车试验基础理论 ··················································································· 8
  第一节 测试系统组成与基本特性 ····································································· 8
  第二节 试验误差分析 ····················································································· 17
  第三节 试验数据采集 ····················································································· 26
  第四节 试验数据处理 ····················································································· 29

第三章 汽车整车性能试验 ················································································· 39
  第一节 概述 ···································································································· 39
  第二节 动力性试验 ························································································ 39
  第三节 燃油经济性试验 ················································································· 47
  第四节 汽车操纵稳定性试验 ········································································· 53
  第五节 制动性试验 ························································································ 59
  第六节 汽车行驶平顺性试验 ········································································· 63
  第七节 汽车通过性试验 ················································································· 66
  第八节 环境适应性试验 ················································································· 70

第四章 汽车可靠性与耐久性试验 ····································································· 75
  第一节 概述 ···································································································· 75
  第二节 汽车可靠性试验类型 ········································································· 76
  第三节 汽车可靠性试验方法 ········································································· 77
  第四节 拆检试验 ···························································································· 82
  第五节 汽车耐久性行驶试验方法 ································································· 86

第五章 汽车典型总成及零部件试验 ································································· 90
  第一节 发动机试验 ························································································ 90
  第二节 变速器总成试验 ··············································································· 107
  第三节 驱动桥总成试验 ··············································································· 113

第四节　转向器试验 ………………………………………………………… 118
　　第五节　汽车传动轴试验 …………………………………………………… 119
　　第六节　离合器总成试验 …………………………………………………… 123
　　第七节　减振器试验 ………………………………………………………… 126
　　第八节　悬架装置的台架试验 ……………………………………………… 128
第六章　汽车排放污染物与噪声的检测 …………………………………………… 132
　　第一节　点燃式发动机汽车排放污染物检测试验 ………………………… 132
　　第二节　压燃式发动机排气污染物检测试验 ……………………………… 140
　　第三节　汽车噪声的检测 …………………………………………………… 143
第七章　汽车机动性试验 …………………………………………………………… 149
　　第一节　机动性评价方法 …………………………………………………… 149
　　第二节　机动性试验 ………………………………………………………… 151
　　第三节　越野综合机动车速 ………………………………………………… 154
　　第四节　人体吸入功率仿真 ………………………………………………… 154
第八章　汽车用户相关性试验 ……………………………………………………… 158
　　第一节　用户目标里程确定 ………………………………………………… 158
　　第二节　用户相关性试验模型 ……………………………………………… 162
　　第三节　强化系数模型 ……………………………………………………… 167
　　第四节　用户相关性试验方案 ……………………………………………… 170
　　第五节　试验条件 …………………………………………………………… 174
　　第六节　试验数据预处理 …………………………………………………… 175
　　第七节　载荷—时间历程的雨流计数 ……………………………………… 177
　　第八节　试验数据雨流计数处理 …………………………………………… 179
第九章　虚拟仿真与实车结合试验简介 …………………………………………… 194
　　第一节　虚拟仿真技术的发展 ……………………………………………… 194
　　第二节　车辆系统动力学仿真 ……………………………………………… 195
第十章　汽车试验设计与优化方法 ………………………………………………… 198
　　第一节　试验设计 …………………………………………………………… 198
　　第二节　试验优化理论 ……………………………………………………… 207
参考文献 ……………………………………………………………………………… 220

# 第一章 概　　述

汽车试验工程是汽车工程的重要组成部分,它对于汽车技术性能的提高具有举足轻重的作用。可以说,没有汽车试验的发展,就没有汽车工业的今天,因此,人们对汽车试验工程的重视程度越来越高,投入的财力和精力也越来越大,用于试验的设备、设施及手段越来越先进。作为现代汽车人,仅仅掌握汽车结构与原理、设计与制造、使用及维护等技术是不够的,我们在日常的工作中还会经常遇到与试验有关的知识,因此,还应当熟悉汽车试验工程的有关内容。

## 第一节　汽车试验的发展概况

汽车试验工程伴随汽车工业的建立和发展而逐渐成长起来,汽车工业发展到今天的水平,与汽车试验研究工作是分不开的。汽车的使用条件复杂,对产品的性能、寿命、质量和成本等方面要求高,影响产品质量的因素多,所涉及的技术领域也极为广泛,因而对一些问题的研究还不够充分。技术上许多新的发现和突破以及新设计的或是新生产的产品,即使在设计和制造上考虑得非常周密,也都必须以试验测试为基础经过试验来检验。试验能帮助深入了解汽车在实际使用中各种现象的本质及其规律,是推动汽车技术进步的一种极为重要的方法。同时,试验是保证产品性能,提高产品质量和市场竞争力的重要手段。因此,近年来汽车工业企业非常重视其试验研究工作,在产品技术领域设立专门的试验研究机构。

汽车工业是 20 世纪初形成的。早期的汽车沿袭了马车的基本布置和结构,用手工方式进行生产,产品数量不多,性能不高而且成本高昂。1896 年,美国人亨利·福特制成了第一辆装用小型汽油机的四轮车。1913 年,福特公司建成全世界第一条汽车总装生产流水线,使劳动生产率显著提高,成本下降,产量增加,并扩大了使用范围。20 世纪初至 20 世纪 40 年代,汽车工业采用了大规模生产技术及流水生产线。这时产品的可靠性、寿命和性能方面的问题较突出,要求通过试验研究工作加以解决。为了适应汽车高质量、低售价的需要,各厂家进行了大量的有关材料、工艺、可靠性、寿命以及性能等诸方面问题的试验研究。由于专业化和协作生产的需要,也进行了制定各种标准、规范的研究工作,其中包括试验方法标准的制定。这期间的试验技术除借用其他行业比较成熟的方法外,也逐渐形成汽车行业自己的试验方法和试验设备,如转鼓试验台、闭式试验台及疲劳试验台等,这些设备除结构和控制方面有所改进外,其基本原理沿用至今。此外,道路试验得到了充分的重视,成为汽车试验的基本方式之一,同时也出现了早期的汽车试验场。早期的汽车试验,虽然规模不大,范围不广,仪器设备比较简单,除个别厂家有试验场外,试验工作主要在试验台架和一般道路上进行,但汽车试验工作的基本方法是在这段时间形成的,并为以后试验技术的发展打下了良好的基础。

第二次世界大战以后至20世纪70年代,全世界汽车保有量剧增,在其结构和性能方面有了大幅度的改善和提高。这一时期汽车工业的主要特点是,既保持着大规模生产,又向多品种和高技术发展的趋势。由于汽车生产发展的需要,加之许多相邻工业、相邻学科的发展和渗透,汽车试验技术进入了一个新的发展时期。大量的基础性研究工作推动了试验技术的发展。

试验技术的发展与试验仪器设备的完善和提高有密切关系。由于电子技术的发展,出现了各种数据采集、变换、放大、储存、处理以及控制等方面的高精度电子仪器。电测量测试技术的应用在现代汽车试验中占有十分重要的地位。

汽车工业发展到20世纪70年代以后,不仅保持了大规模、多品种和高技术的特点,而且出现了一些新的更科学、更合理的生产组织管理制度,使汽车制造业能够大规模地生产高质量、低售价的产品。同时,试验技术也得到了同步的提高与发展,高技术的应用愈来愈多,特别是电子技术的高度发展,电子计算机的应用对汽车试验起到了巨大的促进作用。电子计算机在汽车的性能预测、强度计算上提供了快速、准确的运算工具,如操纵稳定性预测、空气动力学特性预测、车身以及车架的有限元计算等,从而代替了大量多方案比较试验。电子计算机既是计算工具,也是试验手段。

此外,电子液压振动试验台、电控转鼓试验台等大型先进试验设备的广泛采用,以及现代化风洞、试验场等大型试验设施的普遍建立,使汽车试验技术无论在方法上还是在装备上都达到了空前完善的程度。

新中国成立以后,党和国家十分重视汽车工业的发展。为了适应我国社会主义建设的要求,快速发展汽车工业,我国先后建起了长春第一汽车制造厂、北京汽车制造厂、第二汽车制造厂和南京汽车制造厂等大型的汽车制造厂,同时筹建了与之配套的一汽试验场。受当时各种条件所限,场内设备设施比较简陋。20世纪70年代末国家投巨资建成了我国目前面积最大、功能最全的海南汽车综合试验场,随后又在湖北襄樊、安徽定远建成了二汽汽车试验场和总后汽车试验场。这些试验场功能齐全、设备设施先进、试验规范完善,投入使用后,推动了我国汽车工业的发展。进入20世纪90年代以来,交通部北京通州汽车试验场、化工部河北廊坊汽车试验场先后建成并投入使用。

## 第二节 汽车试验的目的与分类

### 一、汽车试验的目的

汽车试验通常是指在专用试验场,或其他专用场地或试验室内,使用专用设备、设施,依照试验大纲及有关标准,对汽车或总成部件进行各种测试的工作过程。当然,也可根据需要在常规道路上或典型地域进行相关试验,如限定工况的实际行驶试验、地区适应性试验等。

试验的目的是为了对产品的性能进行考核,使其缺陷和薄弱环节得到充分暴露,以便进一步研究并提出改进意见,以提高汽车性能。总之,试验是发现问题的重要手段,是对汽车各种性能做出客观评价的依据。

## 二、汽车试验的分类

汽车试验可按试验目的、试验对象、试验场所进行分类,如图1-1所示。

图1-1 汽车试验的分类

(1)质量检查试验:一般是指对汽车产品质量的定期检查试验。对目前生产的车辆产品,定期进行质量检查试验,考核产品质量的稳定性,以便及时检查出产品存在的问题。一般情况下试验较简单,通常是针对用户意见,按产品质量定期检查试验规程进行,并做出检查结论。

(2)新产品定型试验:在新型车辆投产之前,首先按照规程进行全面性能鉴定试验,同时要在不同地区(如我国华南亚热带、青藏高原、东北寒区等)进行适应性和使用性试验。在定型试验中不允许出现重大损坏、性能恶化及维修频繁等情况。新设计或改进设计的试制样车,则应根据生产纲领规定试验内容。大批量生产的车型,可先以少量样车考验其设计性能,经改进后,再生产小批样车考验其性能、材料及工艺等。

(3)研究性试验:为了改进现有产品或开发研制新产品,必须对车辆的新部件、新结构,采用的新材料、新工艺等进行广泛深入的研究试验,试验采用较先进的仪器设备。此外,新的试验方法与测试技术的探讨、试验标准的制定也是研究性试验的目的之一。

(4)整车性能试验:目的是考核整车的主要技术性能,测出各项技术性能指标,如动力性、经济性、接近角、离去角、最小离地间隙、最小通过半径等。

(5)总成试验:主要考核机构及总成的工作性能和耐久性。如发动机功率、变速器效率、悬架装置的特性以及它们的结构强度、疲劳寿命、耐久性等。

(6)零部件试验:主要考核汽车零部件设计和工艺的合理性,测试其精度、强度、磨损和疲劳寿命以及研究材料的选择是否合适。

(7)实验室台架试验:室内试验能以较高的精度来测试车辆及其部件的各种性能,并能消除不需研究的某些因素。近十几年来,车辆试验中已广泛采用电子计算机技术,例如:室内试验广泛应用计算机控制、随机负荷加载以及自动分析记录的数据采集系统。因而台架试验可以模拟实际使用工况,在实际试验中建立台架上与实车道路试验相应的关系,以代替一部分道路试验,这样不仅提高了试验精度,而且缩短了试验周期。

(8)室外道路场地试验:车辆在实际使用的道路条件下试验,可以全面考核评价车辆的技术性能,所以,这是最普遍的试验方法,但是受车辆空间条件的限制,有些传感器的安装,测试参数的记录均较室内试验困难。近些年来,已陆续发展了各种高性能的小型传感器和电子仪器以及应用磁带记录仪作现场记录,大大提高了测试精度,此外,短距离遥感测试系统的发展,使道路试验技术更加完善。

(9)试验场试验:这是一种按照预先制定的试验项目、试验规范,在规定的行驶条件下进行的试验。试验场可以设置比实际道路更加恶劣的行驶条件和种种典型道路与环境,在这种条件和环境下进行可靠性试验、寿命试验以及环境试验,也可以进行强化试验,可缩短试验周期,提高试验结果的对比性。

## 第三节　试验设备

从事汽车试验,离不开试验设备。随着科技的发展,试验设备也已发展到目前的智能化、虚拟化、网络化、微型化阶段,且具备高精度、高效率的特点,并将沿着这一趋势继续发展。

图 1-2 为试验测试系统,其中的激励装置、传感器、信号调理、信号处理、显示记录及反馈控制等都是试验设备。现在的大多数设备,已经把信号调理、信号处理及反馈控制都集成在一起,有的设备甚至把显示记录功能也集成了。

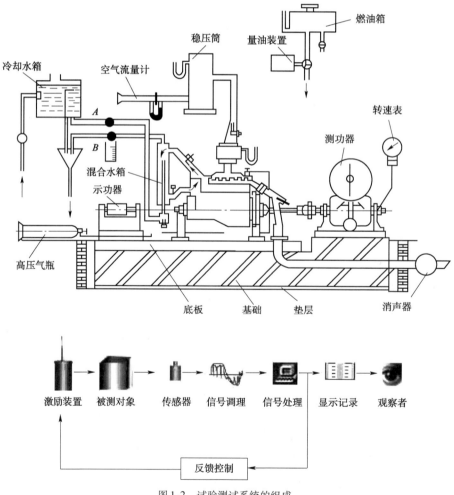

图 1-2　试验测试系统的组成

## 一、性能试验设备

常用的汽车性能试验设备主要有环境舱、VBOX 测试系统等。

### 1. 环境舱

环境舱主要是模拟室外不同环境而设定的一个不同环境条件的恒温恒湿的试验载体。在环境舱里可以设置相应的试验条件,如恒定的大气温度、湿度、阳光模拟、风速及恒定的路面摩擦系数,能够模拟汽车道路行驶,能精确地模拟汽车道路行驶阻力,具有恒速测功、测扭等多种控制模式。为缩短产品开发周期及加速产品寿命性能验证提供良好试验平台,为产品前期设计参数输入及后期产品方案验证及用户使用模拟提供保证。

### 2. VBOX 测试系统

图 1-3 所示为 VBOX 测试系统。该系统功能强大,它基于新一代的高性能卫星接收器,主机用于测量汽车的速度和距离并且提供横纵向加速度值、减速度、MFDD(充分发出的平均减速度,制动试验参数之一)、时间和制动、滑行、加速等距离的准确测量;外接各种模块和传感器可以采集油耗、温度、加速度、角速度及角度、转向角速度及角度、转向力矩、制动踏板力、制动踏板位移、车辆 CAN 接口信息等其他许多数据。

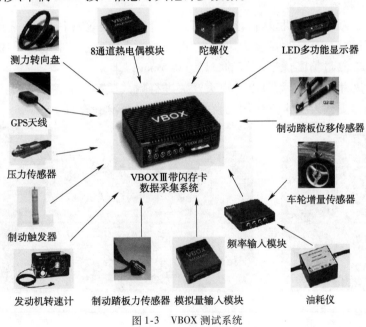

图 1-3　VBOX 测试系统

## 二、NVH 试验设备

NVH 试验设备主要有 LMS 多通道采集系统、HEAD 采集系统、OROS 采集系统、人工头、超声波测漏仪及内窥镜等,如图 1-4 所示。

LMS 多通道采集系统、HEAD 采集系统、OROS 采集系统都是集成了上述信号调理、信号处理及反馈控制等功能的设备,这几台设备可以把振动、噪声等信号采集下来,保存到电脑中供分析处理,它们所配备的软件系统都很强大,可以进行傅立叶变换、小波分析等多种计算,还能把计算结果用多种方式显示,便于分析问题。人工头是一套集采集、回放等功能于一体的设备,它可以非常真实地把采集到的声音回放出来,分析人员可以利用滤波、均衡等技术手段分析问题声音的频率。超声波测漏仪可利用超声波来检测车身钣金、附件密封等的泄漏情况,其优点是快速且不受环境噪声干扰。内窥镜可以检测车辆狭小空间存在的问题,例如检测车身空腔隔断情况。

图1-4　LMS多通道采集系统和人工头

### 三、零部件试验设备

零部件试验设备主要有电子万能试验机、点火开关试验台、低温试验箱、高低温交变湿热试验箱、高温试验箱等。

图1-5是电子万能试验机设备,该设备可进行金属、橡胶等材料拉伸、压缩、弯曲、剪切、剥离等力学性能试验。其最大试验力可达100kN;试验力精度示值在1%~100%范围内,误差小于±1%;位移测量精度优于示值的±1%(0.5mm以上)。

图1-6是点火开关试验台,可以对点火开关进行耐久试验。其配备了电子负载箱,该负载箱比电阻负载箱更接近于实际使用的负载,试验结果更准确合理。

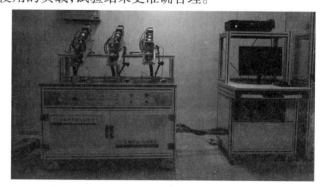

图1-5　电子万能试验机　　　　　图1-6　点火开关试验台

## 第四节　试验标准

试验标准有国家标准、行业标准、企业标准等,这些标准是试验的依据。性能试验的标准主要有《GB/T 12543—2009 汽车加速性能试验方法》《GB/T 12544—1990 汽车最高车速试验方法》《GB/T 19233—2008 轻型汽车燃料消耗量试验方法》《GBT 6323.1—1994 汽车操纵稳定性试验方法蛇行试验》《GB 11555—2009 汽车风窗玻璃除霜和除雾系统的性能和试验方法》等;

NVH 试验的标准主要有《GB 1495—2002 汽车加速行驶车外噪声限值及测量方法》《Q/HMA 6054—2011 汽车车内噪声试验方法》(企业标准,下同)等;

可靠性试验的标准主要有《Q/HMA 6010—2010 轿车耐久试验方法》《Q/HMA 6070—2012 微型车耐久试验方法》等;

零部件试验的标准主要有《GB/T 228.1—2010 金属材料 拉伸试验 第 1 部分:室温试验方法》《GB 8410—2006 汽车内饰材料的燃烧特性》等;评价试验的标准主要有《Q/HMD 3001—2009 汽车商品性主观评价》等。

下面以《GB 1495—2002 汽车加速行驶车外噪声限值及测量方法》为例,叙述一下按照标准进行试验时要着重注意的事项。

该标准主要是测量汽车在加速通过一定路段时,对周围环境产生的噪声的影响,它关注的是车外噪声,所以车辆的发动机噪声、排气噪声和轮胎噪声是主要噪声源。其方法先对测量仪器作了规定:"测量时应使用'A'频率计权特性和'F'时间计权特性"。接着规定了对该测量仪器的校准要求。噪声试验对测量条件的要求比较严格,既对场地有特殊的声学要求(见图 1-7),又有相应的气象要求,且规定了背景噪声至少应比被测汽车噪声低 10dB(A)。接下来的测量方法对车辆的挡位、车速等都做了规定,值得注意的是,"当汽车前端达到 $AA'$ 线时,"开始加速,"汽车尾端通过 $BB'$ 线时",快速松开踏板,这里的前端和尾端是驾驶员操作的重点。最后,对数据的处理也有相应的方法,要记录并分清同侧数据,且读数要减 1 后才能作为测量结果。

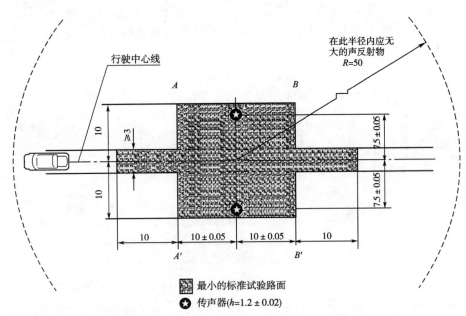

图 1-7 加速行驶车外噪声测量场地要求(尺寸单位:m)

以上是对《GB 1495—2002 汽车加速行驶车外噪声限值及测量方法》中的一些重要的细节做了描述。各试验标准中很多重要的、叙述篇幅较多的内容会引起重视,但有些细节会被阅读者忽略,而这些细节可能对试验结果产生较严重的影响。所以,对试验标准的理解也应该结合试验操作进行,这样的理解才更深入。

# 第二章 汽车试验基础理论

## 第一节 测试系统组成与基本特性

### 一、测试系统的组成

现代测试技术是采用电测法,首先要将输入的非电量物理量转换成电量,然后再进行必要的调节、转换、运算,最后以适当的形式输出。这一转换过程决定了测量系统的组成,只有对测试系统有一个完整的了解,才能按照实际需要设计或搭配出一个有效的测试系统,以解决实际测试课题。现代测试的另一个特点是采用计算机作为测试系统的核心器件,它具有数据处理、信号分析及显示的功能。按照信号传递方式来分,常用的测试系统可分为模拟式测试系统和数字式测试系统。

测试系统由以下几部分组成:传感器、信号变换与测量电路、显示与记录器、数据处理器,以及打印机等外围设备,如图2-1所示。此外,传感器标定设备、电源和校准设备等附属部分,不属于测试系统主体范围内,数据处理器与打印机也按具体情况的需要而添置。

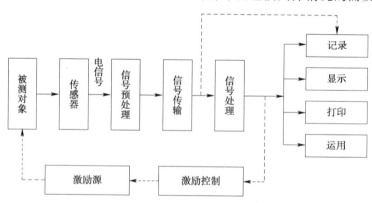

图2-1 测量系统组成

传感器是整个测试系统实现测试与自动控制的首要环节,它的作用是将被测非电量转换成便于放大、记录的电量。在工业生产的自控过程中,几乎全靠各种传感器对瞬息变化的众多参数信息进行准确、可靠、及时的采集,以达到对生产过程按预定工艺要求进行随时监控,使设备和生产系统处于最佳的运转状态,从而保证生产的高效率和高质量。

传感器是整个测试系统中采集信息的首要环节,传感器也称为测试系统的一次仪表,其余部分称为二次仪表或三次仪表。作为一次仪表的传感器往往由两个基本环节组成,如图2-2所示。

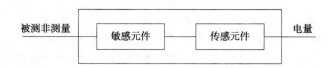

图 2-2 传感器的组成

(1) 敏感元件（或称预变换器，也统称弹性敏感元件）。在进行由非电量到电量的变换时，有时需利用弹性敏感元件，即先将被测非电量预先变换为另一种易于变换成电量的非电量（例如应变或位移），然后再利用传感元件，将这种非电量变换成电量。弹性敏感元件是传感器的心脏部分，在电测技术中占有极为重要的地位。它常由金属或非金属材料做成，当承受外力作用时，它会产生弹性变形；当去除外力后，弹性变形消失并能完全恢复其原来的尺寸和形状。

(2) 传感元件。凡是能将感受到的非电量（如力、压力、温度梯度等）直接变换为电量的器件称为传感元件（或称变换元件），例如应变计、压电晶体、压磁式器件、光电元件及热电偶等。传感元件是利用各种物理效应或化学效应等原理制成的，因此，新的物理或化学效应被发现并应用到测试技术中，使传感元件的品种日趋丰富，性能更加优良。但应指出，并不是所有的传感器都包括敏感元件和传感元件两部分。有时在机－电量变换过程中，不需要进行预变换这一步，例如热敏电阻、光电器件等。另外一些传感器，敏感元件与传感元件合二为一，如固态压阻式压力传感器等。

中间变换与测量电路，依测量任务的不同而有很大的伸缩性。在简单的测量中可完全省略，将传感器的输出直接进行显示或记录。在一般的测量中信号的转换（放大、调制解调、滤波等）是不可缺少的，可能包括多台仪器。复杂的测量往往借助于计算机进行数据处理。如果是远距离测量，则数据传输系统是不可少的。

显示与记录仪器的作用是把中间变换与测量电路送来的电压或电流信号不失真地显示和记录出来。一般用电磁仪表和阴极射线示波器来显示被测量的数值和波形，但它们不具有记录功能；光线振动子示波器具有显示与记录两种功能，便于对被测数据重现和观察分析；而磁带记录器，它只能记录而不能显示被测信号。

若按记录方式，又可分为模拟式记录器和数字式记录器两大类。模拟式记录器记录的是一条或一组曲线，有自动平衡式记录仪、笔录仪、X－Y 记录仪、模拟数据磁带记录器、电子示波器－照相系统、机械扫描示波器、记忆示波器以及带有扫描变换器（Scan Converter）的波形记录器等。数字式记录器记录的是一组数字或代码，有穿孔机、数字打印机、瞬态波形记录器等。

此外，数据处理器、打印机、绘图仪是上述测试系统的延伸部分，它们能对测试系统输出的信号作进一步处理，以便使所需的信号更为明确化。

在实际的测量工作中，测量系统的构成是多种多样的，有的可能只包括一两种测量仪器，有的可能包括多种测量仪器，而且测量仪器本身也可能相当复杂。可以将微型计算机直接用于测量系统，也可以在测量现场先将测量信号记录下来，再用计算机进行分析处理。

测试系统还可分为模拟测试系统和数字测试系统。在模拟测试系统中，被测量（如动态压力、位移、加速度等）都是随时间连续变化的量，经测试系统变换后输出的一般仍是连续变化的电压或电流，能直观地反映出被测量的大小和极性。这种随时间而连续变化的量称为模拟量。模拟测试系统的优点是价格低、直观性强、灵活而简易;缺点是精度较低。在数字式测试系统中,其工作信号的变化,在时间上是不连续的,是发生在一系列离散的瞬间;另一特征是信号数值的大小和增减变化都是采用数字的形式。这种系统的优点是能够排除人为读数误差,所以读数精确,并可与数字电子计算机直接联机,实现数据处理自动化。模拟测试系统测得的模拟信号经模/数转换器变换为相应的数字信号后,既可直接输出显示,也可与数字记录器或数字电子计算机联机,对输出信号作进一步处理。

## 二、测试系统的基本特性

测试系统一般由3个基本环节组成,输入、输出和系统本身,如图2-3所示。图中,$x(t)$表示输入量,$y(t)$表示与其对应的输出量,$h(t)$表示此组件(系统)物理性能决定的数学运算法则。而$X(t),Y(t),H(t)$分别为$x(t),y(t),h(t)$的积分变换。

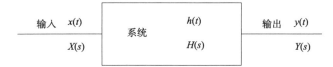

图2-3 测试系统功能框图

工程测试问题总是处理输入量$x(t)$、系统的传输转换特性和输出量$y(t)$三者之间的关系,则对测试系统的基本要求如下:

①$x(t)$、$y(t)$是可以观察的量,则通过$x(t)$、$y(t)$可推断测试系统的传输特性或转换特性;②$h(t)$已知,$y(t)$可测,则可通过$h(t)$、$y(t)$推断导致该输出的相应输入量$x(t)$,这是工程测试中最常见的问题;③若$x(t)$、$h(t)$已知,则可推断或估计系统的输出量。

根据测试目的的不同,可组成不同功能的测量系统,这些系统所具有的主要功能,应保证系统的信号输出能精确地反映输入。对于一个理想的测试系统,应具有确定的输入与输出关系。其中输出与输入成线性关系时为最佳,理想的测试系统应当是一个线性时不变系统。严格地说,实际测试系统总是存在非线性因素,例如许多电子器件都是非线性的。但在工程中常把测试系统作为线性系统来处理,这样,既能使问题得到简化,又能在足够精度的条件下获得实用的结果。

1.测试系统的静态特性

测试系统的静态特性可以用一个多项式方程表示为

$$y = a_0 + a_1 x + a_2 x^2 + \cdots \tag{2-1}$$

1)灵敏度

灵敏度$S$是仪器在静态条件下响应量的变化$\Delta y$和与之相对应的输入量变化$\Delta x$的比值。如果激励和响应都是不随时间变化的常量(或变化极慢,在所观察的时间间隔内可近似为常),则式(2-1)中各个微分项均为零,方程式可简化为

$$y = \frac{b_0}{a_0} x \tag{2-2}$$

理想的静态量测量装置应具有单调、线性的输入输出特性,其斜率为常数。在这种情况下,仪器的灵敏度就等于特性曲线的斜率,即

$$k = \frac{\Delta y}{\Delta x} = \frac{y}{x} = \frac{b_0}{a_0} = 常数 \qquad (2\text{-}3)$$

当特征曲线无线性关系时,灵敏度的表达式为

$$k = \lim_{\Delta x \to \infty} \frac{\Delta y}{\Delta x} = \frac{dy}{dx} \qquad (2\text{-}4)$$

灵敏度是一个有因次的量,因此在讨论测量系统的灵敏度时,必须确切地说明它的因次。例如,位移传感器的被测位移的单位是 mm,输出量的单位是 mV,则位移传感器的灵敏度单位是 mV/mm。有些仪器的灵敏度表示方法和定义相反,例如记录仪及示波器的灵敏度常表示为 V/cm,而不是 cm/V。假如测量仪器的激励与响应为同一形式的物理量(例如电压放大器),则常用"增益"这个名词来取代灵敏度的概念。上述定义与表示方法都是指绝对灵敏度。另一种实用的灵敏度表示方法是相对灵敏度,相对灵敏度 $k_r$ 的定义为

$$k_r = \frac{\Delta y}{(\Delta x / x)} \qquad (2\text{-}5)$$

式中:$\Delta y$——输出量的变化;

$\Delta x / x$——输入量的相对变化。

相对灵敏度表示测量系统的输出变化量对于被测输入量的相对变化量的变化率。在实际测量中,被测量的变化有大有小,在要求相同的测量精度条件下,被测量越小,则所要求的绝对灵敏度越高。但如果用相对灵敏度表示,则不管被测量的大小如何,只要相对灵敏度相同,测量精度也相同。许多测量单元的灵敏度是由其物理属性或结构所决定的。人们常常追求高灵敏度,但灵敏度和系统的量程及固有频率等是相互制约的,应引起人们的注意。

2)量程及测量范围

测试系统能测量的最小输入量(下限)至最大输入量(上限)之间的范围称为量程。测量上限值与下限值的代数差称为测量范围。如量程为 -50~250℃的温度计的测量范围是 300℃。仪器的量程决定于仪器中各环节的性能,假如仪器中任意一个环节的工作出现饱和或过载,则整个仪器都不能正常工作。

有效量程或工作量程是指被测量的某个数值范围,在此范围内测量仪器所测得的数值,其误差均不会超过规定值。仪器量程的上限与下限构成了仪器可以进行测量的极限范围,但并不代表仪器的有效量程。例如,某厂家称其湿度传感器的量程是 RH20%~100%,但仪器上也可能会特别注明在 RH30%~85% 以外的范围湿度仪的标定会有误差。进一步细读说明书甚至会发现,实际上只有在 RH30%~85% 范围内仪器才保证规定的精度。所以仪器的有效量程是 RH30%~85%。

有时还用到"可调范围"这个名词,它通常用有效量程的高端和低端的相互关系来表示。例如有效范围为 RH20%~85%,则可调范围为 4.25:1。有些动态测量仪器还使用"动态量程"这个名词。动态量程的表示方法类似于可调范围,但采用"分贝"形式。多量程仪器的工作范围可通过手动或自动进行切换。许多电子仪器都能够根据输入量的大小自动进行从程切换。

3)非线性

非线性通常也称为线性度,是指测量系统的实际输入输出特性曲线对于理想线性输入输出特性的接近或偏离程度,它用实际输入输出特性曲线对理想线性输入输出特性曲线的最大偏差量与满量程的百分比来表示,如图 2-4 所示,即有

$$\delta_L = \frac{\Delta L_{\max}}{Y_{FS}} \times 100\% \qquad (2\text{-}6)$$

式中：$\delta_L$——线性度；

$Y_{FS}$——满量程；

$\Delta L_{\max}$——最大偏差。

由式(2-6)可知，$\delta_L$ 越小，系统的线性越好，实际工作中经常会遇到非线性较为严重的系统，此时，可以采取限制二参数范围、采用非线性拟合或非线性放大器等技术措施来提高系统的线性。

4）迟滞性

迟滞性又称滞后量、滞后或回程误差，如图 2-5 所示，表征测量系统在全量程范围内，输入量由小到大（正行程）或由大到小（反行程）两者静态特性不一致的程度。迟滞误差在数值上是用各校准级中的最大迟滞偏差 $\Delta H_{\max}$ 与满量程理想输出值 $Y_{FS}$ 之比的百分率表示，即

$$\delta_H = \frac{\Delta H_{\max}}{Y_{FS}} \times 100\% \qquad (2\text{-}7)$$

式中：$\Delta H_{\max}$——同一校准级正、反行程输出平均值之间的最大偏差。

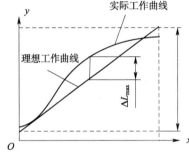
图 2-4　线性度示意图

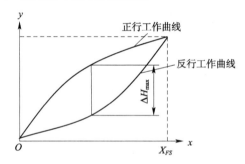
图 2-5　迟滞示意图

5）重复性

重复性表示测量系统在同一工作条件下，按同一方向作全量程多次（至少 3 次）测量时，对于同一个激励量其测量结果的不一致程度，如图 2-6 所示。重复性误差为随机误差，引用误差表示形式为

$$\delta_R = \frac{\Delta R}{Y_{FS}} \times 100\% \qquad (2\text{-}8)$$

式中：$\Delta R$——同一激励量对应于多次循环的同向行程响应量的绝对误差。

重复性是指标定值的分散性，是一种随机误差，可以根据标准偏差来计算 $\Delta R$。

$$\Delta R = \frac{K\sigma}{\sqrt{n}} \qquad (2\text{-}9)$$

式中：$\sigma$——子样标准偏差；

$K$——置信因子，$K=2$ 时，置信度为 95%；

$K=3$ 时，置信度为 99.73%；

$n$——重复测量次数。

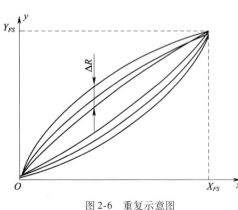
图 2-6　重复示意图

标准偏差,$\sigma$ 可按贝塞尔公式计算。

6) 准确度

准确度是指测量仪器的指示接近被测量真值的能力。准确度是重复误差和线性度等的综合。准确度表示测量的可信程度,准确度不高可能是由于仪器本身或计量基准的不完善两方面原因造成的。准确度可以用输出单位来表示,例如温度表的准确度为 $\pm 1\text{℃}$,千分尺的准确度为 $\pm 0.001\text{mm}$ 等。为了方便对比,大多数测量仪器或传感器的准确度是用无量纲的百分比误差或满量程百分比误差来表示的,即

$$百分比误差 = \frac{指示值 - 真值}{真值} \times 100\% \tag{2-10}$$

而在工程应用中多以仪器的满量程百分比误差来表示,即

$$满量程百分比误差 = \frac{指示值 - 真值}{真值} \times 100\% \tag{2-11}$$

7) 分辨率

分辨率(分辨力)是指测量系统能测量到输入量最小变化的能力,即能引起响应量发生变化的最小激励变化量,用 $\Delta x$ 表示。由于测量系统或仪器在全量程范围内,各测量区间的 $\Delta x$ 不完全相同,因此常用全量程范围内最大的 $\Delta x$ 与测量系统满量程输出值之比的百分率表示其分辨能力,称为分辨率,用 $F$ 表示为

$$F = \frac{\Delta x_{\max}}{Y_{FS}} \tag{2-12}$$

为了保证测量系统的测量准确度,工程上规定:测量系统的分辨率应小于允许误差的 1/3、1/5 或 1/10。这可以通过提高仪器的敏感单元增益的方法来提高分辨率。如使用放大镜可比裸眼更清晰地观察刻度盘相对指针的刻度值,也可用放大器放大测量信号等。不应该将分辨率与重复性、准确度混淆起来。测量仪器必须有足够高的分辨率,但这还不是构成良好仪器的充分条件。分辨率的大小应能保证在稳态测量时仪器的测量值波动很小。分辨率过高会使信号波动过大,从而会对数据显示或校正装置提出过高的要求。一个好的设计应使其分辨率与仪器的功用相匹配。提高分辨率相对而言是比较方便的,因为在仪器的设计中提高增益不成问题。

8) 漂移

漂移是指当测量系统的激励不变时,响应量随时间的变化趋势。漂移实际上是仪器的不稳定性。产生漂移有两方面的原因,一是仪器自身结构参数的变化,二是外界工作环境参数的变化对响应的影响。最常见的漂移问题是温漂,即由于外界工作温度的变化而引起的输出的变化。随着温度的变化,仪器的灵敏度和零位也会发生漂移,并相应地称之为灵敏度漂移和零点漂移。

2. 测试系统的动态特性

在测试静态信号时,线性测量系统的输出/输入特性是一条直线,二者之间有一一对应的关系,而且因为被测信号不随时间变化,测量和记录过程不受时间限制。在实际测试工作过程中,大量的被测信号是动态信号,测试系统对动态信号的测量任务不仅需要精确地测量信号幅值的大小,而且需要测量和记录动态信号变化过程的波形,这就要求测量系统能迅速准确地测出信号幅值的大小和无失真地再现被测信号随时间变化的波形。

测试系统的动态特性是指对激励(输入)的响应(输出)特性。一个动态特性好的测试系统,其输出随时间变化的规律(变化曲线)能同时再现输入随时间变化的规律(变化曲线),即具有相同的时间函数。这是动态测量中对测试系统提出的新要求。但实际上除了具有理想的比例特性的环节外,输出信号将不会与输入信号具有完全相同的时间函数,这种输出与输入间的差异就是所谓的动态误差。

任何测量系统或装置都有影响其动态特性的"固有因素",只不过它们的表现形式和作用程度不同而已。研究测量系统的动态特性主要是从测量误差角度分析产生动态误差的原因及改善措施。

测量系统的动态特性可采用瞬态响应法和频率响应法从时域和频域两个方面来分析。由于输入信号的时间函数形式是多种多样的,在时域内研究测量系统的响应特性时,只能研究几种特定的输入时间函数,如阶跃函数、脉冲函数和斜坡函数等的响应特性。在频域内研究动态特性一般是采用正弦输入得到频率响应特性,动态特性好的测量系统暂态响应时间很短或者频率响应范围很宽。这两种分析方法内部存在必然的联系,在不同场合,根据实际需要解决的问题不同而选择不同的方法。

在测量系统进行动态特性的分析和动态标定时,为了便于比较和评价,常采用正弦信号或阶跃信号作为标准激励源。

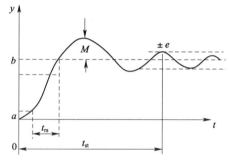

图 2-7 阶跃响应特性

在采用阶跃输入研究测量系统时域动态特性时,为表征其动态特性,常用上升时间 $t_{rs}$、响应时间 $t_{st}$、过调量 $M$ 等参数来综合描述,如图 2-7 所示。上升时间 $t_{rs}$ 是指输出指示值从最终稳定值的 5% 或 10% 变到最终稳定值的 95% 或 90% 所需的时间。响应时间 $t_{st}$ 是指从输入量开始起作用到输出值进入稳定值所规定的范围内所需要的时间。最终稳定值的允许范围常取所允许的测量误差值 $\pm e$。在给出响应时间时应同时注明误差值的范围,例如 $t_{st} = 2s(\pm 1\%)$。过调量 $M$ 是指输出第一次达到稳定值之后又超出稳定值而出现的最大偏差,常用相对于最终稳定值的百分比来表示。

采用正弦输入研究测量系统频域动态特性时,常用幅频特性和相频特性来描述其动态特性,其重要指标是频带宽度,简称带宽。带宽是指增益变化不超过某一规定分贝值的频率范围。

1)测试系统的数学模型

测试系统实质上是一个信息(能量)转换和传递的通道,要精确地建立测量系统的数学模型是很困难的,在工程上总是采取一些近似的方法,忽略一些影响不大的因素,给数学模型的确立和求解都带来很多方便。一般可用线性时不变系统理论来描述测量系统的动态特性,从数学上可用常系数线性微分方程表示系统的输出量 $y$ 与输入量 $x$ 的关系。

$$a_n \frac{d^n y(t)}{dt^n} + a_{n-1} \frac{d^{n-1} y(t)}{dt^{n-1}} + \cdots + a_1 \frac{dy(t)}{dt} + a_0 y(t)$$
$$= b_m \frac{d^m x(t)}{dt^m} + b_{m-1} \frac{d^{m-1} x(t)}{dt^{m-1}} + \cdots + b_1 \frac{dx(t)}{dt} + b_0 x(t)$$

(2-13)

式中：$a_n, a_{n-1}, \cdots, a_1, a_0, b_m, b_{m-1}, \cdots, b_1, b_0$——与系统结构参数有关的常数。

线性时不变系统有两个十分重要的性质，即叠加性和频率不变性。根据叠加性质，当一个系统有 $n$ 个激励同时作用时，那么它的响应就等这 $n$ 个激励单独作用的响应之和。从理论上讲，用式(2-13)可以确定测量系统的输出与输入的关系，但对于一个复杂的系统和复杂的输入信号，若仍然采用式(2-13)求解则不是一件容易的事情。因此，在工程应用中，通常采用一些足以反映系统动态特性的函数，将系统的输出与输入联系起来。这些函数有传递函数、频率响应函数和脉冲响应函数等。

2) 传递函数

在工程应用中，为了便于分析计算，通常采用拉普拉斯变换(简称拉氏变换)来研究线性微分方程。如果 $y(t)$ 是时间变量 $t$ 的函数，并比当 $t \leq 0$ 时，$y(t) = 0$，则它的拉氏变换 $Y(s)$ 定义为

$$Y(s) = \int_0^{+\infty} y(t) e^{-st} dt \tag{2-14}$$

式中：$s$——复变量，$s = \beta + j\omega, \beta > 0$。

对式(2-13)两边取拉氏变换，并认为：$x(t)$ 和 $y(t)$ 及它们的各阶时间导数的初值为零，则可得

$$\frac{Y(s)}{X(s)} = \frac{b_m s^m + b_{m-1} s^{m-1} + \cdots + b_1 s + b_0}{a_n s^n + a_{n-1} s^{n-1} + \cdots a_1 s + a_0} \tag{2-15}$$

式(2-15)等号右边是一个与输入无关的表达式，它只与系统结构参数有关，因而等号右边是测量系统特性的一种表达式，它联系了输入与输出的关系，是一个描述测试系统转换及传递信号特性的函数。定义其初始值为零时，输出拉氏变换和输入的拉氏变换之比称为传递函数，并记为 $H(s)$，即有

$$H(s) = \frac{Y(s)}{X(s)} \tag{2-16}$$

由式(2-16)可见，引入传递函数概念之后，在 $Y(s)$、$X(s)$ 和 $H(s)$ 三者中，知道任意两个，第三个便可求得。这为解一个复杂的系统传递信息特性创造了方便条件，此时不需要了解复杂系统的具体内容，只要给系统一个激励 $x(t)$，得到系统对 $x(t)$ 的响应 $y(t)$，系统特性即可确定。

3) 频率响应函数

对于稳定的常系数线性系统，可用傅里叶变换代替拉氏变换，此时式(2-14)实际上是单边傅里叶变换。式(2-16)变为

$$H(j\omega) = \frac{Y(j\omega)}{X(j\omega)} \tag{2-17}$$

$H(j\omega)$ 称为测量系统的频率响应函数，简称为频率响应或频率特性。输出的傅里叶变换与输入的傅里叶变换之比，是在"频域"对系统传递信息特性的描述。很明显，频率响应是传递函数的一个特例。

通常，频率响应函数 $H(j\omega)$ 是一个复数函数，它可用指数形式表示，即

$$H(j\omega) = A(\omega) e^{j\phi} \tag{2-18}$$

式中：$A(\omega)$ 为 $H(j\omega)$ 的模，$A(\omega) = |H(j\omega)|$，$\phi$ 为 $H(j\omega)$ 的相角，$\phi = \arctan H(j\omega)$。

$$A(\omega) = |H(j\omega)| = \sqrt{[H_R(\omega)]^2 + [H_I(\omega)]^2} \quad (2\text{-}19)$$

成为测试系统的幅频特性。式中:$H_R(\omega)$,$H_I(\omega)$分别为频率响应函数的实部与虚部。

$$\phi(\omega) = -\arctan\frac{H_I(\omega)}{H_R(\omega)} \quad (2\text{-}20)$$

成为测量系统的相频特性。

4) 冲激响应函数

根据式(2-16),理想状况下若选择一种激励$x(t)$,使$L[x(t)] = X(s) = 1$。此时自然会想到引入单位冲激函数$\delta$。根据单位冲激函数的定义和函数的抽样性质,可求出单位冲激函数的拉氏变换,即

$$X(s) = L[\delta(t)] = \int_{-\infty}^{+\infty}\delta(t)e^{-st}dt = e^{-st}|_{t=0} = 1 \quad (2\text{-}21)$$

则有

$$H(s) = \frac{Y(s)}{X(s)} = Y(s) \quad (2\text{-}22)$$

对上式两边取拉氏逆变换,令$L^{-1}[H(s)] = h(s)$,则

$$h(t) = L^{-1}[H(s)] = L^{-1}[Y(s)] = y_\delta(t) \quad (2\text{-}23)$$

上式表明,单位冲激函数的响应同样可以描述测量系统的动态特性,它同传递函数是等效的,通常称为$h(t)$为冲击响应函数。

对于任意输入$x(t)$所引起的响应$y(t)$,可以利用两个函数的卷积关系求解,既有

$$y(t) = h(t) \cdot x(t) = \int_0^t h(\tau)x(t-\tau)d\tau = \int_0^t x(\tau)h(t-\tau)d\tau \quad (2\text{-}24)$$

3. 测试系统不失真的条件

对于任何一个测试系统,总是希望它们具有良好的响应特性,即精度高,灵敏度高,输出波形无失真地复现输入波形等。但要满足上面的要求是有条件的。

设测试系统输出$y(t)$和输入$x(t)$满足下列关系

$$y(t) = A_0 x(t - \tau_0) \quad (2\text{-}25)$$

式中:$A_0$和$\tau_0$都是常熟。此时说明该系统的输出波形精确与输入波形相似。只不过对应瞬间放大了$A_0$和时间滞后了$\tau_0$,满足式(2-25)才可能使输出的波形无失真地复输入形。

对式(2-25)进行傅里叶变换得

$$Y(j\omega) = A_0 e^{-j\tau_0\omega} X(j\omega) \quad (2\text{-}26)$$

可见,若输出的波形要无失真地复现输入波形,则测试系统的频率响应$H(j\omega)$应满足

$$H(j\omega) = \frac{Y(j\omega)}{X(j\omega)} = A_0 e^{-\tau_0\omega} \quad (2\text{-}27)$$

即

$$\begin{cases} A(\omega) = A_0 = 常数 \\ \phi(\omega) = -\tau_0\omega \end{cases} \quad (2\text{-}28)$$

这就是说,从精确地测定各频率分量的幅值和相位来说,理想的测试系统的幅频特性应当是常数,相频特性应当是线性关系,否则就要产生失真。$A(\omega)$不等于常数所引起的失真称为幅值失真,$\phi(\omega)$与$\omega$不是线性关系所引起的失真称为相位失真。

## 第二节 试验误差分析

测量中,既然误差不可避免地存在,那么试验所得到的测量结果就必须指出其误差范围,否则测量结果毫无意义。下面分析误差的性质、产生原因及处理原则。如前所述,在实际测量中,系统误差和随机误差往往同时存在。由于测量数据小,不易被发现,多次测量又大幅度减小它对测量结果的影响,可见系统误差较随机误差对测量精度的影响更大。为此,有必要研究系统误差的特征及规律性从而能够及时发现并减小系统误差。

### 一、误差的定义与分类

1. 误差的定义及表示方法

误差是测量值与被测量的真值之间的差,可用下式表示

$$误差 = 测量值 - 真值 \tag{2-29}$$

测量误差可用绝对误差表示,也可用相对误差表示。

(1) 绝对误差。某被测量的测量值和真值之差,即绝对误差,简称误差。绝对误差可为正值或负值。

$$绝对误差 = 测量值 - 真值 \tag{2-30}$$

真值是指在观测一个量时,该量本身所具有的真实大小。真值是一个理想值,在实际测量中常用被测量的实际值代替。实际值是满足规定精确度,用来代替真值使用的量值。例如进行检定时,将高一等级精度的标准所测得的量值称为实际值。如用二等标准活塞压力计测量某压力,测量值为90.002MPa,若该压力用高一等级的精确方法测量为90.004MPa,后者可视为实际值,二等标准活塞压力计的测量误差为 -2000Pa。

(2) 相对误差。绝对误差与被测量的真值之比称为相对误差,因测量值与真值接近,可用绝对误差与测量值之比作为相对误差,即

$$相对误差 = \frac{绝对误差}{真值} \approx \frac{绝对误差}{测量值} \tag{2-31}$$

相对误差通常用百分数表示。由于绝对误差可为正值或负值,因此相对误差也可为正值或负值。

2. 误差分类

根据误差的特点与性质不同,误差分类如下。

(1) 系统误差。在同一条件下多次测量同一量值时,绝对值和符号保持不变,或当条件改变时,按一定规律变化的误差称为系统误差。例如标准量值的不准确、仪器刻度的不准确而引起的误差。

(2) 随机误差。在同一测量条件下,多次测量同一量值时,绝对值和符号以不可预定方式变化的误差称为随机误差,也称偶然误差。例如仪器仪表中传动部件的间隙和摩擦、连接件的弹性变形等产生的示值不稳定而引起的误差。

(3) 粗大误差。超出在规定条件下预期的误差称为粗大误差。该误差值较大,明显偏离真实值,如测量时对错了标志、读错或记错了数、使用有缺陷的仪器以及在测量时因操作不

细心而引起的过失性误差等。

按误差产生原因的不同,误差分类如下:

(1)人员误差。由于测量者技术不熟练或受其他主观因素,如因工作劳累引起的视觉变化,固有习惯引起的读数误差,以及精神因素产生的疏忽等所引起的误差等。

(2)仪器误差。由于仪器的结构和制造不完善或调整、校正不当等引起的误差。

(3)环境误差。由于各种环境因素与要求的标准状态不一致而引起能量装置和被测量本身的变化造成的误差,如温度、湿度、气压、振动及电磁场等引起的误差。

## 二、系统误差

1. 系统误差的分类

系统误差服从确定的分布规律,主要由测量设备的缺陷、测量环境变化、测量时使用的方法不完善、所依据的理论不严密或采用了某些近似公式等造成。

1)根据系统误差变化与否分类

(1)变值系统误差。随着试验条件的变化而变化的系统误差,如测量电路中各种电气元件的参数随温度变化产生的测量误差。

(2)恒值系统误差。不随试验条件变化而保持恒定的系统误差,如仪表的零点偏移、刻度不准而产生的测量误差。

2)按误差产生的原因分类

(1)仪器误差。由于测量所用工具(仪器、量具等)本身不完善产生的误差。

(2)装置误差。由于测量设备和电路的安装、布置及调整不当产生的误差,如测试设备没有调整到水平、垂直、平行等理想状态,以及未能对中、方向不准等所产生的误差。

(3)环境误差。由于环境(温度、湿度、电磁场等)的影响产生的误差。各类仪器仪表都有在一定条件下的性能参数或精度指标,即基本精度,使用时若环境条件不满足使用要求,其误差会增加。

(4)方法误差。由于测量方法本身形成的误差,或由于测量所依据的理论本身不完善等原因产生的误差。

(5)人员误差。观测误差、估读误差和读数误差等。

3)根据误差的变化规律分类

根据误差的变化规律可分为常值性、累进性、周期性以及按复杂规律变化的系统误差。由于各种具体误差产生的原因、自身的规律以及人们对其掌握的程度不同,对其分析研究以及消除和补偿的方法也不同。系统误差具有一定的规律性,可预测,也可消除。

2. 系统误差分析

1)系统误差的特点

(1)系统误差的特点如下。

①确定性。系统误差是固定不变的或为确定性的时间函数,其出现符合确定的函数规律。

②重现性。在测量条件完全相同时,经过重复测量,系统误差可重复出现。

③可修正性。系统误差的重现性决定了它具有可修正性。

(2) 为便于分析,将系统误差按其出现规律分为以下四类。

①固定不变的系统误差。在重复测量中,测量结果的符号和大小都固定不变。

②线性变化的系统误差。随测量次数或测量时间的增加而变化,主要由误差积累而产生,与测量时间成线性关系。例如,蓄电池的电压或电流随使用时间的加长而缓慢降低,从而,导致误差。

③周期性变化的系统误差。测量过程中,误差的大小和符号均按一定周期发生变化。

④变化规律复杂的系统误差。变化规律无法用简单的函数关系式表达。

2) 系统误差的判别

(1) 试验对比法。通过改变产生系统误差的某一条件,进行其他条件相同的测量,以便发现误差,适用于发现固定不变的系统误差。例如,一台存在固定系统误差的仪表,即使进行多次测量,也不能发现误差,只有用更高一级精度的测试仪表进行同样的测试,才能检验出它的系统误差。

(2) 偏差观察法。若对被测对象进行多次测量后,即可得到每次测量的偏差,通过对偏差列大小和符号的变化分析,即可判断每次测量结果是否存在系统误差。该方法适用于发现有变化规律的系统误差。

观察多次测量结果,如图 2-8 所示,以观察次数为横坐标,测量偏差为纵坐标。

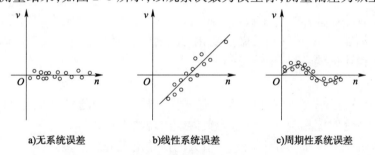

图 2-8　偏差典型变化规律

若偏差数值有规律地递增或递减,且在测量开始或结束时误差符号相反,则存在线性的系统误差,如图 2-8b)所示;若偏差数值有规律地由正变负,再由负变正,且循环交替重复变化,则存在周期性变化的系统误差;若偏差正、负大致相同,且无明显变化规律,则不存在系统误差。

(3) 偏差之和相减法。当测量次数较多时,将测量结果前一半的偏差之和,减去后一半的偏差之和,若其差值接近零,说明不存在变化的系统误差。若其差值明显不为零,则存在变化的系统误差。

3) 系统误差的消除与削弱

测量人员详细检查测量过程中可能产生系统误差的环节,将其调整到最佳状态。若上述措施无效,在测量过程中需采取适当的测量方法和读数方法,消除或削弱系统误差。

(1) 固定不变的系统误差消除法。

①代替法。对被测量进行测量得 $l_1$,在相同条件下,用一个大小适当并已知的标准量 $l_0$ 代替被测量进行测量得 $l_2$,若系统误差不变,则 $l_1$ 和 $l_2$ 的误差也不变。根据误差值($l_0 - l_2$)计算实际值(测量值 ± 误差值)。

②交换法。测量时将引起系统误差的某些条件互换,保持其他条件不变,使产生系统误差的因素对测量结果起反作用,取两次测量的平均值作为测量结果,以消除系统误差。例如,用等臂天平称重时,被测物与砝码在天平的左右秤盘上交换,称量两次,取平均值,则可消除由于天平两臂不等而引起的固定系统误差。

(2)线性系统误差消除法。采用对称测量法,也称等距读数法。线性变化的系统误差是指误差数值随测量时间或测量次数成线性规律变化。

(3)周期性变化的系统误差消除法。采用半周期读数法。误差为周期性变化,经过半个周期,误差就变符号,利用此特点,每隔半个周期进行一次测量,取两次读数的平均值作为测量值,可消除周期性误差。在测量之前,需要准确确定误差的周期。

### 三、随机误差

1. 随机误差产生的原因

当对同一量值进行多次等精度的重复测量时,得到一系列不同的测量值(测量列),每个测量值都含有差异,其出现没有确定的规律,即前一个误差出现后,不能预测下一个误差的大小和方向,但误差具有统计规律性。随机误差由很多暂时未能掌握或不便掌握的微小因素构成,主要体现在以下方面。

(1)测量装置。零部件配合不稳定、零部件变形、零件表面油膜不均匀等。

(2)环境。温度、湿度和气压的微小变化,光照强度变化,灰尘以及电磁场变化等。

(3)人员。操作失误,读数不稳定等。

2. 正态分布

若测量列中不包含系统误差和粗大误差,则该测量列中的随机误差具有以下特征。

(1)对称性。绝对值相等的正误差与负误差出现的次数相等。

(2)单峰性。绝对值小的误差比绝对值大的误差出现的次数多。

(3)有界性。在一定测量条件下,随机误差的绝对值不会超过一定界限。

(4)抵偿性。随着测量次数的增加,随机误差的算术平均值趋于零。

最后一个特征可由第一特征推导出来,因为绝对位相等的正误差和负误差之和可相互抵消。对于有限次测量,随机误差的算术平均值是一个有限小的量,当测量次数无限增大时趋于零。

服从正态分布的随机误差均具有以上四个特征。多数随机误差都服从正态分布,正态分布在误差理论中占有十分重要的地位。

设被测量的真值为 $L_0$,一系列测量值为 $l_i$,则测量列中的随机误差 $\delta_i$ 为

$$\delta_i = l_i - L_0 \tag{2-32}$$

式中:$i = 1, 2, \cdots, n$。

正态分布的分布密度 $f(\delta)$ 与分布函数 $F(\delta)$ 为

$$f(\delta) = \frac{1}{\sigma\sqrt{2\pi}} e^{-\delta^2/(2\sigma^2)} \tag{2-33}$$

$$f(\delta) = \frac{1}{\sigma\sqrt{2\pi}} \int_{-\infty}^{\delta} e^{-\delta^2/(2\sigma^2)} \mathrm{d}\delta \tag{2-34}$$

式中:δ——标准差(或均方根误差)。

数学期望为

$$E = \int_{-\infty}^{\infty} \delta f(\delta) \mathrm{d}\delta = 0 \tag{2-35}$$

方差为

$$\sigma^2 = \int_{-\infty}^{\infty} \delta^2 f(\delta) \mathrm{d}\delta \tag{2-36}$$

**3. 算术平均值**

对某一量进行一系列等精度测量,由于存在随机误差,其测量值各不相同,应以全部测量值的算术平均值作为测量结果。

测量时,被测量的 $n$ 个测量值的代数和除以 $n$,即算术平均值。

设 $l_1, l_2, \cdots, l_n$ 为 $n$ 次测量值,则算术平均值 $\bar{x}$ 为

$$\bar{x} = \frac{l_1 + l_2 + \cdots + l_n}{n} = \frac{\sum\limits_{i=1}^{n} l_i}{n} \tag{2-37}$$

$\bar{x}$ 与被测量的真值最接近,由大数定律可知,若测量次数无限增加,则 $\bar{x}$ 趋近于真值 $L_0$。由式(2-37)求和得

$$\delta_1 + \delta_2 + \cdots + \delta_n = (l_1 + l_2 + \cdots + l_n) - nL_0 \tag{2-38}$$

$$\sum_{i=1}^{n} \delta_i = \sum_{i=1}^{n} l_i - nL_0 \tag{2-39}$$

$$nL_0 = \sum_{i=1}^{n} l_i - \sum_{i=1}^{n} \delta_i \tag{2-40}$$

根据正态分布随机误差的第四特征,当 $n \to \infty$ 时,$\sum\limits_{i=1}^{n} \delta_i \to 0$,则

$$\bar{x} = \frac{\sum\limits_{i=0}^{n} l_i}{n} \to L_0 \tag{2-41}$$

对某一量进行无限次测量,即可得到不受随机误差影响的测量值,但实际为有限次测量,只能将算术平均值近似地作为被测量的真值。

## 四、粗大误差

粗大误差的数值比较大,带有粗大误差的测量值明显偏离其真值,一旦发现含有粗大误差的异常数据,应从测量结果中剔除。

**1. 粗大误差产生的原因**

(1)测量人员。由于测量者错误的读数和错误的记录造成的。

(2)客观外界条件。由于测量条件意外的改变引起仪器示值或被测对象位置的改变而产生粗大误差。

**2. 防止与消除粗大误差的方法**

设法从测量结果中发现和鉴别粗大误差而加以剔除,加强测量者的工作责任心和严格的科学态度,保证测量条件稳定,避免在外界条件发生激烈变化时进行测量。若能满足上述要求,通常可防止产生粗大误差。

为了及时发现与防止测量值中含有粗大误差,可采用不等精度测量和互相之间进行校核法。例如,对某一被测量,可由两位测量者进行测量、读数和记录,或用两种不同仪器,或两种不同方法进行测量,如测量薄壁圆筒内径,可通过直接测量内径或测量外径和壁厚,再经过计算求得内径,两者作互相校验。

3. 判别粗大误差的准则

判别某个测量值是否含有粗大误差时,应认真分析和研究,并根据判别准则进行确定。

(1) $3\sigma$ 准则(莱以特准则)。$3\sigma$ 准则是最常用的判别粗大误差的准则,以测量次数充分大为前提,但通常测量次数都较少,因此 $3\sigma$ 准则只是一个近似准则。

对于某一测量列,若各测量值只含有随机误差,则根据随机误差的正态分布规律,其残余误差落在 $\pm 3\sigma$ 以外的概率约为 0.3%,即在 370 次测量中只有一次其残余误差 $|v_i| > 3\sigma$。若在测量列中,发现有大于 $3\sigma$ 的残余误差的测量值,即

$$|v_i| > 3\sigma \tag{2-42}$$

则认为它含有粗大误差,应剔除。

(2) 罗曼诺夫斯基准则。当测量次数较少时,按 $t$ 分布的实际误差分布范围判断粗大误差较为合理。罗曼诺夫斯基准则又称 $t$ 分布检验准则。剔除一个可疑的测量值,按 $t$ 分布检验被剔除的测量值是否含粗大误差。

对某量多次等精度独立测量,得到 $x_1, x_2, \cdots, x_n$,若认为测量值 $x_j$ 为可疑数据,将其剔除后计算平均值为

$$\bar{x} = \frac{1}{n-1} \sum_{\substack{i=1 \\ i \neq j}}^{n} x_i \tag{2-43}$$

求得测量列的标准差(计算时不包括 $v_j = x_j - \bar{x}$)

$$\sigma = \sqrt{\frac{\sum_{i=1}^{n} v_i^2}{n-2}} \tag{2-44}$$

根据测量次数 $n$ 和选取的显著度 $\alpha$,即可由表 2-1 查得 $t$ 分布的检验系数 $K(n,\alpha)$。若 $|x_j - \bar{x}| > K\sigma$,则量值 $x_j$ 应剔除;否则,$x_j$ 不含有粗大误差,应保留。

$t$ 分布的检验系数 $K$ 值    表 2-1

| n \ α | 0.05 | 0.01 | n \ α | 0.05 | 0.01 | n \ α | 0.05 | 0.01 |
|---|---|---|---|---|---|---|---|---|
| 4 | 4.97 | 11.46 | 13 | 2.29 | 3.23 | 22 | 2.14 | 2.91 |
| 5 | 3.56 | 6.53 | 14 | 2.26 | 3.17 | 23 | 2.13 | 2.90 |
| 6 | 3.04 | 5.04 | 15 | 2.24 | 3.12 | 24 | 2.12 | 2.88 |
| 7 | 2.78 | 4.36 | 16 | 2.22 | 3.08 | 25 | 2.11 | 2.86 |
| 8 | 2.62 | 3.96 | 17 | 2.20 | 3.04 | 26 | 2.10 | 2.85 |
| 9 | 2.51 | 3.71 | 18 | 2.18 | 3.01 | 27 | 2.10 | 2.84 |
| 10 | 2.43 | 3.54 | 19 | 2.17 | 3.00 | 28 | 2.09 | 2.83 |
| 11 | 2.37 | 3.41 | 20 | 2.16 | 2.95 | 29 | 2.09 | 2.82 |
| 12 | 2.33 | 3.33 | 21 | 2.15 | 2.93 | 30 | 2.08 | 2.81 |

(3)格罗布斯准则。对某量作多次等精度独立测量,得到 $x_1,x_2,\cdots,x_n$,当 $x_i$ 服从正态分布时,计算得

$$\bar{x} = \frac{1}{n}\sum x \qquad (2\text{-}45)$$

$$v_i = x_i - \bar{x} \qquad (2\text{-}46)$$

$$\sigma = \sqrt{\frac{v^2}{n-1}} \qquad (2\text{-}47)$$

为了检验 $x_i(i=1,2,\cdots,n)$ 中是否存在粗大误差,将 $x_i$ 按大小顺序排列成顺序统计量 $x_{(i)}$,而 $x_{(1)} \leq x_{(2)} \leq \cdots \leq x_{(n)}$。格罗布斯导出了 $g_{(n)} = \dfrac{x_{(n)} - \bar{x}}{\sigma}$ 及 $g_{(1)} = \dfrac{\bar{x} - x_{(1)}}{\sigma}$ 的分布,确定显著度 $\alpha$(一般为 0.05 或 0.01),按表 2-2 确定临界值 $g_0(n,a)$,因此

$$P\left[\frac{x_{(n)} - \bar{x}}{\sigma} \geq g_0(n,a)\right] = a \qquad (2\text{-}48)$$

若认为 $x_{(1)}$ 可疑,则有

$$g_{(1)} = \frac{\bar{x} - x_{(1)}}{\sigma} \qquad (2\text{-}49)$$

若认为 $x_{(n)}$ 可疑,则有

$$g_{(n)} = \frac{x_{(n)} - \bar{x}}{\sigma} \qquad (2\text{-}50)$$

当 $g_{(i)} \geq g_0(n,\alpha)$,判别该测量值含有粗大误差,应剔除。

临界值 $g_0(n,\alpha)$　　　　表 2-2

| n | α 0.05 | α 0.01 | n | α 0.05 | α 0.01 |
|---|---|---|---|---|---|
|  | $g_0(n,\alpha)$ | | | $g_0(n,\alpha)$ | |
| 3 | 1.15 | 1.16 | 17 | 2.48 | 2.78 |
| 4 | 1.46 | 1.49 | 18 | 2.50 | 2.82 |
| 5 | 1.67 | 1.75 | 19 | 2.53 | 2.85 |
| 6 | 1.82 | 1.94 | 20 | 2.56 | 2.88 |
| 7 | 1.94 | 2.10 | 21 | 2.58 | 2.91 |
| 8 | 2.03 | 2.22 | 22 | 2.60 | 2.94 |
| 9 | 2.11 | 2.32 | 23 | 2.62 | 2.96 |
| 10 | 2.18 | 2.41 | 24 | 2.64 | 2.99 |
| 11 | 2.23 | 2.48 | 25 | 2.66 | 3.01 |
| 12 | 2.28 | 2.55 | 26 | 2.74 | 3.10 |
| 13 | 2.33 | 2.61 | 27 | 2.81 | 3.18 |
| 14 | 2.37 | 2.66 | 28 | 2.87 | 3.24 |
| 15 | 2.41 | 2.70 | 29 | 2.96 | 3.34 |
| 16 | 2.44 | 2.75 | 30 | 3.17 | 3.59 |

## 五、测量结果的误差分析

测量误差衡量测量准确度的重要参数,是评价测量结果参考价值的主要依据,给出测量结果时,应给出测量结果的误差范围。

### 1. 直接测量结果的误差估计

对于以量程的百分数表示准确度等级的仪器仪表的测量结果,测量误差为

$$\Delta A = \Delta \tag{2-51}$$

$$\gamma_A = \frac{\Delta}{A_x} \times 100\% \tag{2-52}$$

式中:$\Delta$——仪器仪表的基本误差或允许误差。

若进行了多次测量,还应考虑随机误差。若多次测量的标准偏差的估计值为$\sigma$,则测量误差为

$$\Delta A = \pm (aA_m\% + K\sigma)$$
$$\Delta A = \pm (|\Delta| + K\sigma) \tag{2-53}$$

式中:$K$——置信因子。

### 2. 间接测量结果的误差估计

1) 误差合成的一般公式

设测量结果 $y$ 是 $n$ 个独立变量 $A_1, A_2, \cdots, A_n$ 的函数,即

$$y = f(A_1, A_2, \cdots, A_n) \tag{2-54}$$

假如各独立变量所产生的绝对误差分量为 $\Delta F_i$ 相对误差分量为 $\gamma F_i$,则由这些误差分量综合影响而产生的函数总误差等于各误差分量的代数和,即

$$\Delta y = \sum \Delta F_i \tag{2-55}$$

$$\gamma_y = \sum \gamma F_i \tag{2-56}$$

式中:$\Delta y, \gamma_y$——函数的绝对总误差和相对总误差;

$\Delta F_i = C_\Delta \Delta A_i$,其中 $C_\Delta$ 为绝对误差传递系数,$\Delta A_i$ 为独立变量 $A_i$ 的绝对误差;

$\gamma F_i = C_\gamma \gamma_{A_i}$,其中 $C_\gamma$ 为相对误差传递系数,$\gamma_{A_i}$ 为独立变量 $A_i$ 的相对误差。

2) 误差传递系数的确定

只要误差传递系数 $C_\Delta$ 和 $C_\gamma$ 已知,可由局部误差 $\Delta A_i$ 和 $\gamma_{A_i}$ 求出函数总误差,确定误差传递系数是误差合成的关键,可采用微分确定法、数值计算确定法和试验确定法。

(1) 微分确定法。利用函数各自变量的微分确定误差传递系数,适用于已知函数的关系式,且函数 $y$ 是各独立变量的显函数的场合,是一种最常用的误差传递系数确定法。

设函数 $y$ 是 $n$ 个独立变量 $\Delta A_i = A_i - A_{0i}(i=1,2,\cdots,n) A_1, A_2, \cdots, A_n$ 的函数

$$y = f(A_1, A_2, \cdots, A_n) \tag{2-57}$$

独立变量 $A_i$ 的绝对误差

$$\Delta A_i = A_i - A_{0i} (i = 1, 2, \cdots n) \tag{2-58}$$

函数 $y$ 的实际值为 $y_0$,函数总误差 $\Delta y$ 为

$$\Delta y = y - y_0 \tag{2-59}$$

$$y_0 = f(A_{01}, A_{02}, \cdots, A_{0n}) \tag{2-60}$$

若函数 $y$ 在 $y_0$ 的邻域内连续可导,则函数 $y$ 在 $y_0$ 的邻域内可展开为泰勒级数,并略去高阶项

$$y = y_0 + \frac{df}{dA_1}\Delta A_1 + \frac{df}{dA_2}\Delta A_2 + \cdots \frac{df}{dA_n}\Delta A_n = \sum_{i=1}^{n}\frac{df}{dA_i}\Delta A_i = \sum_{i=1}^{n}\Delta F_i \qquad (2\text{-}61)$$

式中:$\Delta F_i, \frac{df}{dA_i}\Delta A_i$——函数的绝对误差分量。

与 $\Delta F_i = C_\Delta \Delta A_i$ 相比较可得

$$C_{\Delta i} = \frac{df}{dA_i} \qquad (2\text{-}62)$$

式(2-61)表明:变址 $A_i$ 对函数 $y$ 的绝对误差传递系数等于 $y$ 对 $A_i$ 的一阶偏导数。根据相对误差的定义,函数 $y$ 的相对误差为

$$\gamma_y = \frac{\Delta y}{y} = \frac{1}{y}\sum_{i=1}^{n}\frac{df}{dA_i}\Delta A_i = \sum_{i=1}^{n}\frac{1}{y}\frac{df}{dA_i}\Delta A_i = \sum_{i=1}^{n}\frac{\partial \ln f}{\partial A_i}\Delta A_i = \sum_{i=1}^{n}\gamma F_i \qquad (2\text{-}63)$$

式中:   $\ln f$——函数 $Y$ 的自然对数;

$\gamma F_i, \frac{\partial \ln f}{\partial A_i}\Delta A_i$——函数 $Y$ 的相对误差分量。

与 $\gamma F_i = C_{\gamma i}\gamma_{Ai}$ 相比较可得

$$C_{\gamma i} = \frac{\partial \ln f}{\partial A_i}\Delta A_i \qquad (2\text{-}64)$$

式中:$\gamma_{Ai}$——变量 $A_i$ 的相对误差。

式(2-63)表明,变量 $A_i$ 对函数 $y$ 的相对误差传递系数,等于函数 $y$ 的对数对 $A_i$ 的一阶偏导数乘以 $A_i$。

(2)数值计算确定法。利用计算机的数值计算确定误差传递系数,适用于函数关系复杂,不易求导的场合,尤其是多变量的隐函数,如多元线性方程组。

设函数 $y$ 是 $n$ 个独立变量 $A_1, A_2, \cdots, A_n$ 的函数,即

$$F(y, A_1, A_2, \cdots, A_n) = 0 \qquad (2\text{-}65)$$

则

$$y = F^{-1}(A_1, A_2, \cdots, A_n) \qquad (2\text{-}66)$$

式中:$F^{-1}$——$F$ 的反函数,可由计算机编程求解。

在给定的计算点 $A_{10}, A_{20}, \cdots, A_{i0}, \cdots A_{n0}$,函数(计算)值为 $y_0$,即

$$y_0 = F^{-1}(A_{10}, A_{20}, \cdots, A_{i0}, \cdots, A_{n0}) \qquad (2\text{-}67)$$

若研究变量 $A_i$ 的误差传递系数,给 $A_{i0}$ 一个增量 $\Delta A_{ij}$,此时函数值为

$$Y_{0j} = F^{-1}(A_{10}, A_{20}, \cdots, A_{i0} + \Delta A_{ij}, \cdots, A_{n0}) \qquad (2\text{-}68)$$

函数 $y$ 的绝对误差分量为

$$\Delta F_i = \Delta y_{ij} = y_{0j} - y_0 \qquad (2\text{-}69)$$

由于 $\Delta F_i = C_{\Delta ij}\Delta A_{ij}$,则

$$C_{\Delta ij} = \frac{\Delta y_{ij}}{\Delta A_{ij}} \qquad (2\text{-}70)$$

同理可得

$$C_{\gamma ij} = \frac{\gamma_{yij}}{\gamma_{Aij}} = \frac{\Delta y_{ij}/y_0}{\Delta A_{ij}/A_{i0}} \tag{2-71}$$

(3) 试验确定法。若能对某被测量的各种误差因素进行定量控制,则被测量的各种误差因素的误差传递系数可由试验法确定。

在第 $i$ 个误差原因 $Q_i$ 变化而其他误差原因保持不变时,对被测量 $y$ 的增量 $\Delta y$ 和误差原因 $Q_i$ 的变化量 $\Delta Q_i$ 进行测量,得到测量列

$$|\Delta y_{ij}, \Delta Q_{ij}|$$

式中:$\Delta Q_{ij}$——第 $j$ 个误差原因的第 $j$ 次增量;

$\Delta y_{ij}$——$\Delta Q_{ij}$ 引起的被测量 $y$ 的增量。

利用最小二乘法原理,可得回归直线

$$\Delta y_i = C_{\Delta i} \Delta Q_i + \Delta y_0 \tag{2-72}$$

式中:$C_{\Delta i}$——误差原因 $Q_i$ 的传递系数的试验估计值。

上述推导中未涉及被测量 $y$ 和误差源之间的函数关系,即可确定误差传递函数,它不仅可以确定与被测量有函数关系的变量的误差传递系数,还可确定与被测量无函数关系的测量条件和测量环境的误差传递系数。

## 第三节 试验数据采集

### 一、数据采集技术

汽车试验中所需采集的信号,大多是在时间和幅值上均连续变化的模拟量。试验信号的处理绝大多数由数字计算机完成,而处理的结果又常以模拟量形式"反馈"给外部的试验系统。这就需要解决模拟量与数字量之间的相互转换问题,即采样与重构(恢复),如图 2-9 所示。

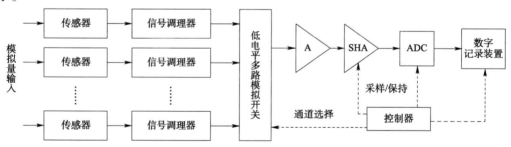

图 2-9 数据采集系统

为将传感器输出的模拟信号送至计算机中进行处理,需将其转换成数字量。将连续的模拟信号转换成数字量的过程称为采样,A/D 转换器是采样的常用工具。

连续的模拟信号 $x(t)$ 经过采样过程后变换为离散的信号(或简称采样信号),$x_s(t)$ 离散信号相邻两个采样值之间的时间间隔 $\Delta t$,称为采样周期,用 $T_s$ 表示。

采样周期 $T_s$ 决定了采样信号的质量与数量:$T_s$ 太小,会使 $x_s(t)$ 的数量剧增,占用大量的计算机内存;$T_s$ 太大,会使模拟信号的某些信息丢失,这样,若将采样后的信号恢复成原来

的信号,就会出现失真现象,影响数据处理的精度。因此,必须有一个选择采样周期 $T_s$ 的依据,以确保 $x_s(t)$ 能不失真地恢复成原信号 $x(t)$,这就是香农(Shannon)采样定理。

设传感器输出的连续信号为 $x(t)$,其傅里叶变换为 $X(f)$,如果 $X(f)$ 和采样周期 $T_s$ 满足
$$X(f) = T_s \cdot X_s(f)$$

为了避免数据处理中混叠现象的发生,采样频率必须大于等于信号中最高分析频率的2倍。实际工作中,一般采样频率应选为处理信号中最高分析频率的2.56倍或更高。

多路模拟开关的选用应考虑如下一些因素:

(1)对于信号电平较低的场合,可选用低压型多路模拟开关,但需具有严格的抗干扰措施。

(2)在切换速度要求高,路数多的情况下,应尽可能选用单片的模拟开关,因为这样可使每路特性参数基本一致;在使用多片组合时,也宜选用同一型号的芯片以尽可能使每个通道的特性一致。

(3)在选择多路模拟开关的速度时,要考虑到与后级设备速度的匹配,关的速度应略高于采样保持放大器和A/D转换器的速度。

(4)在使用高精度采样保持放大器和A/D转换器进行精密数据采集时,应充分考虑模拟开关的传输精度。多路模拟开关在数据采集系统中,主要用作通道选择。

1. 采样保持器(SHA)

如果直接用A/D转换器对模拟量进行转换,则应考虑到任何一种A/D转换器都需要有一定的时间来完成量化及编码的操作。在转换过程中,模拟量的变化,将直接影响转换精度。特别是在同步系统中,几个并联的量均需要取同一瞬时值,若仍直接送入A/D转换器进行转换(共用一个A/D转换器),则所得到的几个量就不是同一时刻的值,无法进行计算和比较。所以要求输入到A/D转换器的模拟量在整个转换过程中保持不变,但转换后,又要求A/D转换器的输入信号能够跟随模拟量变化。能够完成上述任务的器件,称为采样保持放大器(SHA)。

SHA主要由模拟开关、存储介质和缓冲放大器A组成。采集时间是SHA的一个关键动态指标,主要取决于电容量和输入放大器的最大供电电流,采集时间范围为15ns~10us。任何SHA所具有的最高采样速率均由采样与保持状态所需要的时间之和来决定。保持状态的时间主要由采用SHA的系统决定;用于采样方式的最小时间则由满足给定精度的采集时间确定。

2. 模数(A/D)转换器

A/D转换器的作用是对每一个由采样保持电路在时间上离散的模拟电压值输出一个 $n$ 位二进制数字量。A/D转换技术有很多种,但只有少数几种能以单片集成的形式来实现。最常用的两种A/D转换技术是计数器式A/D转换器和逐次逼近式A/D转换器。

(1)计数器式A/D转换器。计数器式A/D转换器是最简单、最廉价的A/D转换器。一个计数器控制着一个D/A转换器,随着计数器由0开始计数,D/A转换器输出信号。

(2) $T_s \leq \dfrac{1}{2f_c}$。那么,由采样信号 $x_s(t)$ 可以唯一地确定连续函数 $x(t)$,具体写作

$$x(t) = \frac{\Delta t}{\pi} \sum_{n=-\infty}^{\infty} x(n\Delta t) \frac{\sin\left[\dfrac{\pi}{\Delta t}(t-n\Delta t)\right]}{t-n\Delta t} \tag{2-73}$$

式中，$n=0, \pm1, \pm2\cdots, x(n\Delta t)$ 为第 $n$ 点（即 $t=n\Delta t$）的函数值 $x_n$。

采样定理表明，$x(t)$ 只要满足 $|f|>f_c$ 时有 $X(f)=0$，则以 $T_s \leq \dfrac{1}{2f_c}$ 采得的离散序 $\{x_n\}$ 就能完全表征连续函数 $x(t)$。因此，采样定理提供了选择采样间隔的准则。若以 $f_s$ 表示采样频率，则有

$$f_s = \dfrac{1}{T_s} \geq 2f_c \tag{2-74}$$

## 二、采样方式

采样方式有实时采样（Real – Time sampling）和等效时间采样（Equivalent – Time Samplink）两种。对实时采样，当数字化一开始，信号波形的第一个采样点就被采样并数字化。然后，经过一个采样间隔，再采入第二个子样，这样一直将整个信号波形数字化后存入波形存储器。实时采样的优点在于信号波形一到就采入，因此适用于任何形式的信号波形，重复的或不重复的，单次的或连续的。又由于所有采样点是以时间为顺序，因而易于实现波形显示功能。实时采样的主要缺点是时间分辨率较差，每个采样点的采入、量化和存储等必须在小于采样间隔的时间内完成。若对信号的时间分辨率要求很高，那么实现起来就比较困难。

等效时间采样技术可以实现很高的数字化转换速率，但这种采样方式的应用前提是信号波形是可以重复产生的。由于波形可以重复取得，故采样可以用较慢的速度进行。采样的样本可以是时序的（步进、步退、差额），也可以是随机的。这样就可以把许多采集的样本合成一个采样密度较高的波形。一般也常将"等效时间采样"称为"变换采样"。

## 三、计算机数据采集系统

计算机数据采集系统主要由传感器、信号调理器、多路模拟开关、放大器、A/D 转换器、采样保持器、控制器和数据记录装置等组成，如图 2-10 所示。

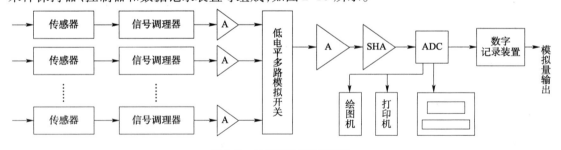

图 2-10　计算机数据采集系统

**1. 多路模拟开关（MUX）**

在工程测试中，经常会遇到多路数据采集的问题，如果每一路都单独采用各自的输入回路，即每一路都采用放大、采样/保持和 A/D 转换等环节，不仅成本会成倍增加，还会导致系统体积庞大以至于从结构上无法实现。因此，除少数特殊情况外，常采用公共的采样保持器及 A/D 转换电路，而要实现这种设计，就需采用多路模拟开关。多路模拟开关的主要作用是把多个模拟量参数分时地接通并送到 A/D 转换器，即完成由多到一的转换。

随着大规模集成电路的发展，各厂家已推出各种各样的多路模拟开关。多路模拟开关

的通道数有 4 路、8 路和 36 路等。由于组成多路开关的电路不同,多路模拟开关又分为 TTL 升高的阶梯电压。输入的模拟电压与 D/A 转换器生成的电压被送至比较器进行比较,当两者一致或基本一致(在允许的量化误差范围)时,比较器辅以个指示信号,立即停止计数器计数。此时,D/A 转换器的输出值就是采样信号的模拟近似值,其相应的数字值由计数器给出。

2. 逐次逼近式 A/D 转换器

逐次逼近式 A/D 转换器采用的是从最高位逐位试探的方法。转换前寄存器各位清 0。转换时,将最高位置设为 1,并将 D/A 转换器的输出值与测得的模拟值进行比较,如果是"低于",则该位的 1 被保留;如果是"高于",则该位的 1 被清除。然后,次高位置为 1,再比较,决定去留,直至最低位完成相同的比较过程。寄存器从最高位到最低位都试探过一遍的最终值就是 A/D 转换的结果。

计数器式 A/D 转换器和逐次逼近式 A/D 转换器都属于负反馈式比较型 A/D 转换器。但对于一个 $n$ 位 A/D 转换器,逐次逼近式只需 $n$ 次比较就可以完成 A/D 转换;而计数器式的比较次数却不固定,最多可能需 $2^n$ 次。逐次逼近式 A/D 转换器是中速(转换时间 1ms ~ 1μs)8 ~ 16 位 A/D 转换器的主流产品。

3. 数据采集系统控制

整个数据采集系统由控制器控制。控制器使系统的各个部件以适当的时间执行自己的功能。它依次给出一系列脉冲,使多路模拟开关选择通道、采样保持放大器进行采样保持、启动 A/D 转换器和数字记录装置投入工作。简单的数据采集系统只能实现顺序采样和选点采样,这两种采样方式都是反复执行同一程序。复杂的大型采集系统常由计算机控制,如图 2-10 所示。

# 第四节 试验数据处理

## 一、静态试验数据的处理

1. 试验数据结果的表达

静态试验数据指的是不随时间变化而变化的测量数据。其数据一般是在等精密度或不等精密度测量条件下获得的离散带有误差的测量列。测量的结果通常用数字、图形和经验公式三种方式表达。数字表达可以采用测量误差分析理论写出测量结果;图形表达是根据试验结果做出尽可能反映真实情况的曲线;经验公式表达是利用回归分析的方法确定经验公式的函数类型及其参数。试验数据经验公式的表达能够比较客观地反映数据的内在规律性,并且形式紧凑,便于用数学分析方法进一步从理论上进行研究。

试验数据结果的图形表达形象直观,易显示出数据变化的趋势和特征,便于找出数学模型和预测某种现象,但若在作图过程中对某些问题处理不当,则会造成一些假象而得出错误的结论。因此,正确地用图形法表达试验数据,必须对坐标选择、分度和数据描点等问题进行认真的考虑。

(1)坐标的选择与分度 常用作图坐标有直角坐标和极坐标两种。在直角坐标中,又可分为均匀分度的直角坐标和非均匀分度的直角坐标,后者如对数坐标、三角函数坐标等,作图时应根据具体情况合理选择。工程上多采用直角坐标。在数据变化具有指数特征时,用对数坐标可缩图幅。

通常 $x$ 作为自变量,以横坐标表示,$y$ 作为因变量,以纵坐标表示。在直角坐标中,线性分度应较多,分为 1、2、5 最为方便,应尽量避免使用易引起读数误差的 3、6、7、9 这类分度;坐标分度取值应与测量精密度相吻合。分度值过小会人为地夸大测量精密度,造成错觉;反之,分度值过大会人为地降低原有的测量精密度。无论是自变量还是因变量,坐标线的标度值不一定从零开始。在分度值与测量精密度相适应的前提下,坐标线标度值的起点可取低于试验数据最小值的某一整数,终点可高于最大值的某一整数,以便使试验数据的图像占满整个幅面。两坐标轴的比例尺不一定相同,可根据具体情况进行选择。坐标线标度值标出的有效数字应与测量数据的有效数字相同,每个坐标轴都应注明名称与单位。

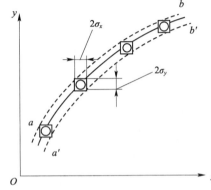

图 2-11　坐标纸上标出数据点

(2) 数据描点与曲线描绘　在一般情况下,根据试验数据即可在坐标线上标出数据点。如果考虑到试验的误差,则应采用空心圆、三角形、矩形、正方形、十字形及叉号等表示不同的数据,其中心代表算术平均值,半径或边长代表测量误差,如图 2-11 所示。矩形的一边等于自变量标准误差的两倍,即 $2\sigma_x$;另一边则等于因变量标准误差的两倍,即 $2\sigma_y$。如果自变量与因变量的标准误差相等,则习惯用空心圆代表各数据点,圆心为算术平均值,半径为标准误差值。

在曲线描绘中,数据点不可能全部落在一条光滑的曲线上。一般绘制曲线的原则是:曲线应光滑匀整,所有数据点要靠近曲线,大体上随机地分布在曲线两侧并落在误差带范围内,但不必都在曲线上。在曲线急剧变化的地方,数据点应选密一些,如图 2-12 所示。

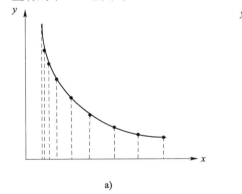
a)

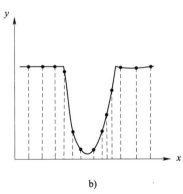
b)

图 2-12　实验数据点的曲线描绘

当数据的分散度较大时,徒手绘制曲线较困难,在要求不太高时,可采用下面两种简便方法。

① 分组平均法。分组平均法是把试验数据点分成若干组,每组包含 2~4 个数据点不等,然后分别求出各组数据点几何质心的坐标 $(\bar{x}_1,\bar{y}_1),(\bar{x}_2,\bar{y}_2),\cdots,(\bar{x}_m,\bar{y}_m)$,按其几何质心

坐标进行曲线描绘的方法。利用分组平均法描绘的曲线,由于进行了数据平均,因此在一定程度上减小了测量过程中随机误差的影响。各几何质心点的分散程度显著减少,从而使作图较为方便和准确。分组的数目应视具体情况而定。分组太细,平均效果不明显;分组太粗,会因平均点很少,给作图带来困难,还可能掩盖住函数本身的特性。因此,曲线斜率较大或变化规律重要的部分可分得细些,曲线较平坦部分可分得粗些。

②残差图法。当描绘的曲线存在直线关系时,若所得直线是最佳的,则此时的残差和 $\sum v_i \approx 0$ 及残差平方和 $\sum v_i^2 \approx 0$ 趋向最小值。若所得直线与理想的最佳直线发生了偏斜,则此时的残差和 $\sum v_i \neq 0$。做出 $v_i - x_i$ 的残差图,分析其变化规律然后予以修正,这就是利用残差图法修正直线的基本思想。

设试验数据服从于一条理想的直线 $AA'$,如图2-13a)所示。图中 $BB'$ 代表有偏差的直线。对这样有偏差的直线,其修正过程可归纳如下:

a. 列出试验数据对 $(x_i, y_i)$ 之值,并标注在坐标纸上。

b. 根据坐标点作一条直线如图2-13b)所示,并求出此直线的方程 $y = ax + b$。

c. 求出各 $x_i$ 所对应的残差 $v_i = y_i - (ax_i + b)$,作残差图如图2-13c)所示。$v_i$ 的分布表现了所描绘直线的偏差程度。

d. 求出残差直线方程 $v = a'x + b'$。

e. 根据修正值的定义,可求得直线 $y = ax + b$ 经修正后的直线方程为 $y = a_1 x + b_1$,

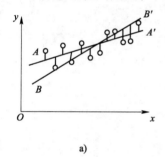
a)
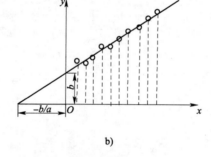
b)
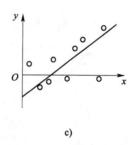
c)

图2-13 利用残差图法修正直线

式中,$a_1 = a + a'$;$b_1 = b + b'$。

修正后的直线方程参数 $a_1$ 和 $b_1$ 值并不是理想的最佳直线方程参数值,只是比 $a$ 和 $b$ 更接近实际值。通常修正一次即能满足一般要求,如果要求特别高时,可进行多次修正,直到满足要求为止。

**2. 回归分析与曲线拟合**

在静态试验数据处理中,寻求用简便的经验公式表达各变量之间的关系是很重要的。根据最小二乘法原理确定经验公式的数理统计方法称为回归分析。处理两个变量之间的关系称为一元回归分析。处理多个变量之间的关系称为多元回归分析。

通过回归分析寻求经验公式,需要解决三个问题,即:确定经验公式的函数类型;确定函数中的各参数值;对该经验公式的精度做出评价。

(1)一元线性回归 若两个变量间的关系是线性的,则称一元线性回归,它是工程和科研中常见的直线拟合问题。

①回归方程的确定。将两个变量的各个试验数据点画在坐标纸上,如果各点的分布近

似于一条直线,则可考虑采用线性回归。设线性回归方程为
$$\hat{y} = ax + b \tag{2-75}$$
式中:$\hat{y}$——计算出的因变量值;
$x$——自变量值;
$a$、$b$——线性回归系数。

实测值 $y$ 与计算值 $\hat{y}$ 之差 $v = y - \hat{y}$ 代表残差。残差 $v$ 越小,说明回归直线越接近理想的最佳直线。因此,确定回归直线的原则是找出一条直线与实测数据间的误差比任何其他直线与实测数据间的误差都小,即残差的平方和最小,这就是最小二乘法的基本思想。可写作
$$Q_y = \sum_{i=1}^{n} v_i^2 = \sum_{i=1}^{n}(y_i - \hat{y}_i)^2 = \min \tag{2-76}$$
式中:$Q_y$——残差的平方和;
$y_i$——实测值;
$\hat{y}_i$——回归直线上的理论计算值。

将式(2-75)代入式(2-76),则有
$$Q_y = \sum_{i=1}^{n}[y_i - (a + bx_i)] = \min \tag{2-77}$$
令 $\partial Q_y/\partial a = 0, \partial Q_y/\partial b = 0$,即可求出 a、b 的数值为
$$a = \bar{y} - \overline{bx} \tag{2-78}$$
$$b = \frac{l_{xy}}{l_{xx}} \tag{2-79}$$

式中:$\bar{x} = \frac{1}{n}\sum_{i=1}^{n}x_i$;

$\bar{y} = \frac{1}{n}\sum_{i=1}^{n}y_i$;

$l_{xx} = \sum_{i=1}^{n}(x_i - \bar{x})^2 = \sum_{i=1}^{n}x_i^2 - \frac{1}{n}(\sum_{i=1}^{n}x_i)^2$;

$l_{xy} = \sum_{i=1}^{n}(x_i - \bar{x})(y_i - \bar{y}) = \sum_{i=1}^{n}x_i y_i - \frac{1}{n}\sum_{i=1}^{n}x_i \sum_{i=1}^{n}y_i$。

式中:$n$ 为试验数据个数。

②回归方程精度与显著性检验。确定回归直线后,可根据自变量 $x$ 预报或控制因变量 $y$ 值。预报或控制的效果即回归方程的精度问题。通常采用方差分析来检验回归效果,确定回归方程的精度。任一组试验数据中,变量 $y$ 的变动情况可以用各测量值 $y_i$ 与其平均值 $\bar{y}$ 之差的平方和来表示,称为总离差平方和,记作 $Q_z$
$$Q_z = l_{yy} = \sum_{i=1}^{n}(y_i - \bar{y})^2 = \sum_{i=1}^{n}[(y_i - \hat{y}_i) + (\hat{y}_i - \bar{y})]^2 \tag{2-80}$$
$$= \sum_{i=1}^{n}(y_i - \hat{y}_i)^2 + \sum_{i=1}^{n}(\hat{y}_i - \bar{y})^2 + 2\sum_{i=1}^{n}(y_i - \hat{y}_i)^2(\hat{y}_i - \bar{y}) \tag{2-81}$$
由于 $y_i$ 随机地分布在估计值 $\hat{y}_i$ 的两边,当试验点数很多时,式(2-80)中第三项为零,则
$$Q_z = \sum_{i=1}^{n}(y_i - \hat{y}_i)^2 + \sum_{i=1}^{n}(\hat{y}_i - \bar{y})^2 = Q_y + U \tag{2-82}$$

式中, $Q_y = \sum_{i=1}^{n}(y_i - \hat{y}_i)^2$; $U = \sum_{i=1}^{n}(\hat{y}_i - \overline{y})^2$。$U$ 称为回归平方和,它反映了回归直线上点 $\hat{y}_i$ 对平均值 $\overline{y}$ 的变动,如图 2-14 所示。$Q_y$ 为残差平方和,它反映了试验数据 $y_i$ 与回归直线的偏离程度。$Q_y$ 的均方根值 $\hat{\sigma}$ 称为残差标准误差,它可以用来衡量所有随机因素对 $y$ 的一次性观测的平均变差的大小。$\hat{\sigma}$ 越小,回归直线的精度越高。

$$\hat{\sigma} = \sqrt{\frac{Q_y}{n-2}} = \sqrt{\frac{\sum_{i=1}^{n}(y_i - \hat{y}_i)^2}{n-2}} = \sqrt{\frac{\sum_{i=1}^{n}[y_i - (a + bx_i)]^2}{n-2}} \quad (2-83)$$

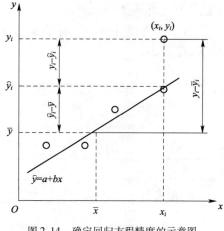

图 2-14 确定回归方程精度的示意图

$U$ 和 $Q_y$ 可按下式计算,即

$$U = \sum_{i=1}^{n}(\hat{y}_i - \overline{y})^2 = \sum_{i=1}^{n}(a + bx_i - a - b\overline{x})^2 = b^2 \sum_{i=1}^{n}(x_i - \overline{x})^2 = b^2 l_{xx} \quad (2-84)$$

$$Q_y = Q_z - U = l_{yy} - b^2 l_{xx} = l_{yy} - b l_{xy} \quad (2-85)$$

一个回归方程是否显著,即 $x$ 与 $y$ 的线性关系是否密切,取决于 $U$ 及 $Q_y$, $U$ 越大, $Q_y$ 越小,说明 $y$ 与 $x$ 的线性关系越密切。回归方程显著性检验常采用 F 检验法(即方差分析法)和相关分析法。

a. F 检验法。方差又称为均方,而自由度是表征在计算随机变量平方和时,有多少个随机变量独立线性函数要考虑的数。因此,方差分析的关键是在正确计算平方和的基础上,决定其自由度:

总离差平方和 $Q_z$ 的自由度为 $n-1$。由于平方和相对应的自由度具有可叠加性,因此总的自由度 $f$ 也等于回归平方和的自由度 $f_U$ 与残差平方和的自由度 $f_Q$ 之和,即

$$f = f_U + f_{Q_y} \quad (2-86)$$

回归平方和的自由度 $f_U$ 对应自变量的个数,在一元线性回归中,$f_U = 1$,因此

$$f_{Q_y} = f - f_U = n - 2 \quad (2-87)$$

令统计量 $F$ 为

$$F = \frac{U/f_U}{Q_y/f_{Q_y}} \quad (2-88)$$

对于一元线性回归,则

$$F = \frac{U/1}{Q_y/(n-2)} \quad (2-89)$$

根据显著性水平 $\alpha$ 及自由度 $f_U, f_{Q_y}$,查 F 分布表得到 $F_\alpha(1, n-2)$ 值,F 分布表中两个自由度 $f_1$ 和 $f_2$ 分别对应于 $f_U$ 和 $f_{Q_y}$。检验时,一般需查出分布表中所对应的三种显著水平 $\alpha$ 的数值,记为 $F_\alpha(1, n-2)$,将这三个数值与由式(2-89)计算的 $F$ 值进行比较:若 $F \geq F_{0.01}(1, n-2)$,则回归高度显著;若 $F_{0.05}(1, n-2) \leq F \leq F_{0.01}(1, n-2)$,则回归显著;$F \leq F_{0.10}(1, n-2)$,则回归不显著。

高度显著又称为在 0.01 水平上显著;显著又称为在 0.05 水平上显著;不显著是指 $y$ 与

$x$ 的线性关系不密切。

将上述方差分析的所有平方和及自由度归纳在一个简单的表格中,这种表称为方差分析表,见表2-3。

方差分析表　　　　　　　　　　　表2-3

| 变差来源 | 平方和 | 自由度 | 方差 | $F$ 值 | 显著性 |
|---|---|---|---|---|---|
| 回归 | $U = bl_{xy}$ | 1 | | $F = \dfrac{U/1}{Q_y/(n-2)}$ | |
| 残差 | $Q_y = l_{yy} - bl_{xy}$ | $n-2$ | $\hat{\sigma}^2 = \dfrac{Q_y}{n-2}$ | | |
| 总计 | $Q_y = l_{yy}$ | $n-1$ | | | |

b. 相关分析法。检查回归直线是否正确,还可以采用相关分析法。由于回归平方和 $U$ 与总离差平方和 $Q_z$ 的比值反映了回归的效果,该比值越大,即 $U$ 越大,$Q_z$ 越小,则两变量的线性关系越密切。因此,令

$$r = \sqrt{\frac{U}{Q_z}} = \sqrt{\frac{bl_{xy}}{l_{yy}}} = \frac{l_{xy}}{\sqrt{l_{xx}l_{yy}}} \tag{2-90}$$

式中:$r$ 为相关系数,$0 \leq |r| \leq 1$。若 $|r| = 1$,表示所有的试验点都严格地分布在同条直线上,即其有确定的线性关系。若 $|r|$ 趋近于零,则认为 $x$ 和 $y$ 之间没有线性关系。

(2)一元非线性回归。在实际问题中,当两个变量之间不符合线性关系时,一般分两步求得所需的回归方程,即选取合适的函数类型,然后求解相关函数中的回归系数和常数项,一元非线性回归分析是实验数据处理中的曲线拟合问题,通常是通过变量转换把回归曲线转换成直线,然后用一元线性回归方法求解,或者直接用回归多项式来描述两变量之间的关系。

①化曲线为直线的回归。化曲线为直线的回归需通过四个步骤来完成:选取合适的函数类型;通过变量转换把非线性函数关系转化为线性关系函数;进行一元线性回归分析;通过变量反转换,将求出的线性关系还原为非线性关系,即得到所要求的拟合曲线。

在选取并确定合适的函数类型时,可以采用比较法,将试验数据作图后与典型曲线比较,以确定曲线类型;也可根据专业知识,从理论推导或根据试验经验确定两变量之间的函数类型。必须指出,回归方程 $Y = A + BX$ 是对变量转换后的数据所做的最佳拟合,经过逆转换后所得的回归方程 $\hat{y} = f(x)$,虽然在一般情况下,对原始试验数据具有较好的拟合精度,但不一定是最佳的拟合。因此,在可能的情况下,最好用不同类型的方程进行拟合并比较其精度,然后择优选用。

②多项式回归。若一组试验数据很难用一个典型函数曲线来描述,则可用一个多项式来逼近。设多项式为

$$y = a_0 + a_1 x + a_2 x^2 + \cdots + a_m x^m \tag{2-91}$$

对试验数据进行多项式回归,首先要确定多项式的次数,然后再求出系数值。多项式次数的确定一般采用差分法,多项式系数的确定常采用最小二乘法。

回归曲线拟合的效果可用相关系数 $R$ 来评定。

$$R = 1 - \frac{\sum(y_i - \hat{y}_i)^2}{\sum(y_i - \bar{y})^2} \quad i = 1, 2, \cdots, n \tag{2-92}$$

应当注意,$R$ 与将曲线函数转换后所求得的直线回归的相关系数 $r$ 决非一回事,不能混

淆。$R$越接近1,表明所拟合曲线的效果越好,其回归越显著。曲线拟合的精度也可用残差标准误差$\hat{\sigma}$来表示,$\hat{\sigma}$越小,说明回归曲线的精度越高。$\hat{\sigma}$的计算式为:

$$\hat{\sigma} = \sqrt{\frac{Q_y}{n-q}} = \sqrt{\frac{\sum_{i=1}^{n}(y_i - \hat{y}_i)^2}{n-q}} \tag{2-93}$$

式中:$q$——回归方程中待定系数个数。

(3)多元线性回归 若因变量$y$与多个变量有关,则为多元回归问题。多元回归中最简单的是多元线性回归。许多非线性回归和多项式回归都可化为多元线性回归问题来研究。

多元新型回归模型为

$$y = b_0 + b_1 x_1 + b_2 x_2 + \cdots b_m x_m + \varepsilon \tag{2-94}$$

式中:$b_0, b_1, b_2, \cdots, b_m$——未知参数;

$\varepsilon$——随机误差。

设有$n$组试验测量数据$[(y_i, x_{i1}, x_{i2}, \cdots, x_{im})], i=1, 2, \cdots, n(n>m)$,其回归关系方程为

$$Y = BX + \varepsilon \tag{2-95}$$

式中:$Y = (y_1 y_2 \cdots y_n)^T$;

$B = [b_0 b_1 b_2 \cdots b_m]$;

$X = \begin{bmatrix} 1 & x_{11} & \cdots & x_{1m} \\ 1 & x_{21} & \cdots & x_{2m} \\ \vdots & \vdots & & \vdots \\ 1 & x_{n1} & \cdots & x_{nm} \end{bmatrix}$;

$\varepsilon = (\varepsilon_1 \varepsilon_2 \cdots \varepsilon_n)^T$。

求回归方程,实际上是对模型中的参数$B$进行估计,可用高斯消元法、迭代法等数值计算法进行求解。

## 二、动态试验数据的处理

**1. 数据的分类**

动态试验数据指的是随时间变化而变化的测量数据,通常是以时间为自变量的连续函数$x(t)$,根据试验数据所表征的变化特点,试验数据可分为确定性数据和随机性数据两类。

(1)确定性数据 能用明确的数学关系式描述的数据,称为确定性数据,它可以分为周期性数据和非线性周期性数据两种。周期性数据包括正弦周期性数据和复杂周期性数据;而非周期性数据:包括准周期性数据和瞬变数据。

①正弦周期性数据。正弦周期性数据由单一频率$f_0$组成,可表示为

$$x(t) = X\sin(2\pi n f_0 t + \varphi_0) \tag{2-96}$$

式中:$X$——振幅;

$f_0$——频率;

$\varphi_0$——初始相位角。

②复杂周期性数据。复杂周期性数据的时间历程和频谱如图2-15所示。由傅里叶级数理论可知,任何一个满足于狄利克雷条件的周期性函数都可以展开成若干简谐函数之

和，即

$$x(t) = X_0 + \sum_{n=1}^{\infty} X_n \sin(2\pi n f_1 t + \varphi_n) \qquad (2-97)$$

式中：$X_0 = \dfrac{1}{T}\int_{-\frac{T}{2}}^{\frac{T}{2}} x(t)\mathrm{d}t$。

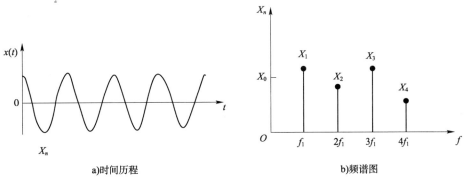

a)时间历程　　　　　　　　　　　b)频谱图

图 2-15　复杂周期性数据的波形和频谱

$$X_n = \sqrt{a_n^2 + b_n^2} \quad (n=1,2,3\cdots) \qquad (2-98)$$

$$a_n = \frac{2}{T}\int_{-\frac{T}{2}}^{\frac{T}{2}} x(t)\cos(2\pi n f_1 t)\mathrm{d}t \qquad (2-99)$$

$$b_n = \frac{2}{T}\int_{-\frac{T}{2}}^{\frac{T}{2}} x(t)\sin 2\pi n f_1 t\,\mathrm{d}t \qquad (2-100)$$

式中：$\varphi_n$——相位角，$\varphi_n = \arctan\dfrac{a_n}{b_b}$；

$T$——周期，$f_1 = \dfrac{1}{T}$。

③准周期性数据。准周期型数据的时间历程有几个频率之比为无理数的正弦波叠加而成。可表达为

$$x(t) = \sum_{n=1}^{\infty} X_n \sin(2\pi f_n t + \varphi_n) \qquad (2-101)$$

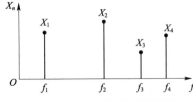

图 2-16　准周期性数据的频谱

式中，频率比 $f_n/f_{n+1}$ 为无理数。在频谱图上，呈现为间隔不等且间隔之比唯物隶属的离散谱线，如图 2-16 所示。

④瞬变数据。式（2-102）即为一瞬变数据，其图形如图 2-17a）所示。瞬变数据的频率图已不能用离散谱线表示，而呈现为连续谱，如图 2-17b）所示。

$$x(t) = \begin{cases} Ae^{-at}\cos bt & t \geq 0 \\ 0 & t > 0 \end{cases} \qquad (2-102)$$

（2）随机性数据。不能用明确的数学关系式描述的数据，称为随机性数据；随机数据在每个瞬时的值是不确定的，只能用数理统计的方法来分析其统计特性；随机性数据影随机现象产生的，而随机现象的进行过程用随机过程来描述。随机过程可分为平稳过程屯平稳过程两类。

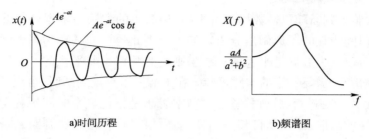

a) 时间历程  b) 频谱图

图 2-17 瞬变数据的实践历程和频谱

所谓平稳过程,是指其统计特性不随时间的推移而变化的随机过程。具体地说,随机过程在任一组时间 $t_1,t_2,\cdots t_n$。的概率密度与 $t_1+\Delta,t_2+\Delta,\cdots,t_n+\Delta$ 的概率密度相同。

平稳过程的均值、方差、均方值是与时间无关的常量,其相关函数及协方差仅是时移的函数,而与过程的起止时刻 $t$ 无关。因此,平稳过程最重要的特点是过程在不同时刻具有相同的统计特征。与平稳过程相反,非平稳过程的统计特性是随着时间的推移而变化的。

平稳过程可分为各态历经过程和非各态历经过程。若随机过程的总体平均参数,可用任时间历程按时间平均所求得的统计参数来代替,则这类随机过程称为各态历经随机过程若满足

$$E[X(t)] = \lim_{T\to\infty}\frac{1}{2T}\int_{-T}^{T}x(t)\mathrm{d}t$$

$$E[X(t)X(t+\tau)] = \lim_{T\to\infty}\frac{1}{2T}\int_{-T}^{T}x(t)x(t+\tau)\mathrm{d}t \tag{2-103}$$

则说明平稳过程 $X(t)$ 具有各态历经性。

实践证明,许多随机现象都可以在不同程度上看作是各态历经随机过程,因此,可以用实践充分长的单个样本函数时间平均统计参数时间平均统计参数来代替总体的平均统计值。

2. 数据分析与处理的步骤

试验数据的分析与处理是整个试验过程的一个重要环节。测量系统所提供的数据通常以电压时间历程的形式出现,它是隐含事物内在规律的原始资料,只有经过一定的处理和分析,才能从原始记录中获取有用的信息。数据分析的项目及步骤与数据的最终用途有关,也与数据本身的类型有关。它大体包括数据准备、数据检验及数据分析等工作。

(1) 数据准备。为使数据适用于分析与处理,首先要进行数据预处理,其目的是检测和剔除在测量过程中由于严重的噪声、信号丢失等原因造成的异常数据。

采用数字处理法分析时,在数据预处理后还要进行波形采样、数据标定、均值零化以及消除趋势项等工作。在动态测量数据处理中,有时还要进行滤波处理,使信号在分析前滤去干扰噪声。

(2) 数据检验。数据检验首先是判断试验数据是确定性的还是随机性的。常用频谱分析方法判断试验数据的确定性。若某一时间历程的频谱是离散的,那么它一定是确定性的试验数据;若频谱是连续的,并且多次重复测量能得到相同的结果,则它是确定的瞬变数据,否则为随机性的试验数据。

对于随机性数据,一般要对试验数据进行平稳性、周期性和正态性的检验。

①平稳性检验。判断随机性数据是否平稳,最简单的方法是根据产生此数据的现象和物理特性,结合时间历程的图形做出分析。如果产生此数据的基本物理因素不随时间变化而变化,那么就可以认为数据是平稳的;反之,则说明数据是非平稳的。采用这种直观分析方法进行平稳性检验,需要一定的实践经验。在不能做出直观判断时,可以运用统计检验原理—轮次(游程)检验法进行,这种检验法的基本思想是指把一个时间历程记录分成相等的 $m$ 段,计算每一段的均值、方差和自相关函数,然后根据轮次检验法判断是否存在非平稳的趋势,若没有非平稳的趋势存在,则数据是平稳的。

②周期性检验。周期性检验主要是判断数据中是否含有周期分量。最有效的方法是通过数据分析,再根据样本的概率密度函数、自相关函数和自功率谱图形来判断。周期性数据的概率密度函数呈碗形,而一般随机性数据的概率密度函数呈钟形;周期性数据的功率谱是 $\delta$ 函数,它的自相关函数是周期函数。当随机性数据中混有周期分量时,概率密度函数呈驼峰形,自相关函数呈现连续振荡形,功率谱函数图形会出现一个尖峰。

③正态性检验。正态性检验的办法是利用计算机进行概率密度函数处理,然后与正态分布密度函数比较做出判断。也可用 $\chi^2$ 检验法进行处理分析。

(3)数据分析。试验数据的类型不同,分析法也不同。对于确定性数据,可以寻求数学函数式或经验公式来表达。而对随机性数据,一般从以下三个方面进行描述:

①时间域描述:自相关函数和互相关函数。

②幅值域描述:均值、均方值、方差以及概率密度函数等。

③频率域描述:自功率谱密度函数和互功率谱密度函数等。

在工程技术测量中,有些随机性试验数据可简化成各态历经随机过程予以处理,因此其统计特性可用单个样本函数上的时间平均来描述。

# 第三章 汽车整车性能试验

## 第一节 概述

本章主要是从试验角度讲解汽车性能的测试技术与试验方法,将理论知识与试验方法结合起来。在进行汽车设计开发时,不仅要考虑汽车物理结构的设计,更重要的是考虑汽车结构所应具有的满足顾客需求的内在特性,这些特性称之为汽车性能。汽车的主要性能有以下几个方面:

(1)动力性。指汽车在良好的路面直线行驶时由车辆受到的纵向外力决定的所能达到的平均行驶速度,其评价指标为最高车速、加速能力、爬坡能力、驾驶性、牵引能力等。

(2)燃油经济性。指汽车以最少的燃料消耗量完成单位运输工作量的能力,其评价条件为设计标准载荷下每行驶 100km 消耗掉的燃料量(L),其评价指标包括等速油耗、综合油耗、行驶里程等。

(3)操纵稳定性。指汽车在行驶状态下能否安全按照驾驶员的意愿(操作)完成改变运动方向和改变运动速度,且遇到外界干扰时,汽车能抵抗干扰而保持稳定的行使能力,评价指标主要包括转向回正、稳态回转、转向轻便性、蛇形、直线行驶能力等。

(4)制动性能。汽车行驶时在短距离内停车与且维持行驶方向稳定,以及汽车在长坡时维持一定车速的能力称为汽车制动性,其评价指标主要有制动效能、制动效能的恒定性、方向稳定性、制动距离等。

(5)平顺性。指汽车在一般行驶速度范围内行驶时,能保证乘员不会因车身振动而引起不舒服和疲劳的感觉,以及保持所运货物完整无损的性能。

(6)通过性。在一定装载质量下,汽车能以足够高的平均车速通过各种坏路及无路地带和克服各种障碍的能力,称为汽车的通过性。

(7)环境适应性。主要分为乘员热适应性和车辆热适应性,主要指汽车空调技术在汽车上的应用,其目的在创造室内舒适的气候环境,保护驾驶员与乘员的身体健康,改善驾驶工作条件,提高汽车的安全性能,其评价指标主要有整车空调系统除霜、除雾、采暖、降温等性能。

## 第二节 动力性试验

汽车动力性能是汽车最基本、最重要的性能之一,其主要评价指标有:汽车的最高车速、汽车的加速时间、汽车的最大爬坡度。通过对汽车进行动力性能各项评价指标的测试,可以知道该车型是否符合设计要求,为产品改进提供依据;通过对不同车型进行动力性能试验,可以知道各种车型的动力性能状况,为将开发新的车型提供参考数据。

汽车动力性试验主要分为道路试验和室内试验两种,下面分别介绍一下这两种试验方法。

## 一、道路试验方法

**1. 汽车动力性能试验常规试验项目**

对于手动挡车型,见表3-1。

手动挡动力性能试验常规试验项目　　　　　　　　　表3-1

| 序号 | 试验项目 | | 执行标准 |
|---|---|---|---|
| 1 | 汽车最低稳定车速试验 | Ⅳ挡 | GB/T 12547—2009 |
|  |  | Ⅴ挡 |  |
| 2 | 汽车最高车速试验 | Ⅳ挡 | GB/T 12544—2012 |
|  |  | Ⅴ挡 |  |
| 3 | 汽车加速性能试验 | 原地起步连续换挡加速性能试验 | GB/T 12543—2009 |
|  |  | Ⅳ挡加速性能试验 |  |
|  |  | Ⅴ挡加速性能试验 |  |
| 4 | 汽车最大爬坡度试验 | | GB/T 12539—1990 |

对于自动挡车型,见表3-2。

自动挡动力性能试验常规试验项目　　　　　　　　　表3-2

| 序号 | 试验项目 | | 执行标准 |
|---|---|---|---|
| 1 | 汽车最低稳定车速试验 | D挡 | GB/T 12547—2009 |
| 2 | 汽车最高车速试验 | D挡 | GB/T 12544—2012 |
| 3 | 汽车加速性能试验 | 原地起步连续换挡加速性能试验 | GB/T 12543—2009 |
|  |  | D挡加速性能试验 |  |
| 4 | 汽车最大爬坡度试验 | | GB/T 12539—1990 |

**2. 试验条件**

(1)试验过程中,轮胎冷充气压力应符合该车技术条件的规定,误差不超过10kPa。试验时应是无雨无雾天气;相对湿度小于95%;气温0~40℃;平均风速小于3m/s,阵风不得超过5m/s;侧风小于2m/s。

(2)应在清洁、干燥、平坦的沥青或混凝土铺装的直线道路上进行。道路长2~3km,宽不小于8m,纵向坡度在0.1%以内。

(3)汽车最高车速试验在试验场高速环路上进行;汽车最大爬坡度试验在试验场标准坡上进行。

**3. 实验仪器**

道路试验通常采用五轮仪或非接触式汽车速度测量仪来记录汽车行程、车速、行驶时间。五轮仪主要由主机、第五轮传感器和脚踏开关等部分组成,如图3-1所示。测试时把第五轮安装在汽车车身上(汽车本身有四个轮子,传感器为第五轮,故称五轮仪),使其能够在地面上滚动。第五轮支架上装有一个磁电式速度传感器(或光电式速度传感器),其磁头靠近矩形齿。第五轮旋转时,磁头与矩形齿之间的间隙周期性变化使通过传感器线圈的磁通量发生相应变化,主机可据此计算出汽车行驶的距离及行驶速度。五轮仪是接触地面进行测量的,因此,高速测量时,内于滑动、跳动和轮胎气压的变化均会使测量结果产生误差。

图 3-1 五轮仪

非接触式汽车速度测量仪没有滚动的第五轮,测试时把传感元件用吸盘吸附在汽车保险杠(或其他部位)下部,传感元件可以向路面发射某种光束,并能接收路面的反射波,根据反射波的变化情况,可测出汽车的行驶速度。

五轮仪主机由单片计算机控制,由传感器信号接口、键盘、显示器、微型打印机等部分构成。第五轮、脚踏开关等传感器产生的电信号输送到主机,经放大、处理、运算后,在显示器上显示出测试过程的数据变化及测试结果,微型打印机可把测试结果及测试过程中汽车行驶速度的变化曲线打印出来,还可以通过键盘输入测试项目及预先设定的初始值等。

4. 试验方法

1)最低稳定车速试验

测试距离为 100m;在车速稳定(车速变化范围小于 1km/h,同时要求车辆传动系不抖动)后,测试出汽车行驶 100m 的时间;要求试验往、返各进行一次,并且往、返试验路段应尽量重合;完成 100m 测试后,快速踩下加速踏板,发动机不应熄火,传动系不得发生抖动,汽车能平稳地加速行驶。根据两个方向测出来的行驶 100m 的时间,算出平均时间,然后计算出两个方向的最低稳定车速的平均值。

2)原地起步连续换挡加速性能试验

要求起步时,变速器置于该车的起步(Ⅰ挡)挡位,起步时发动机转速应为该车型发动机最大转矩对应的转速(如在发动机最大转矩对应的转速起步时,车辆出现轮胎打滑,应适当降低发动机转速,使车辆处于打滑的临界点时起步),当发动机达到最大功率转速时,力求迅速无声地换挡(换挡后立即将节气门全开),直至该试验车在该试验路段所允许的车速;用五轮仪记录汽车的初速度和加速行驶的全过程和加速时间。要求试验往、返各进行一次,并且往、返试验路段应尽量重合。对两个方向测出来的时间和距离分别进行平均并绘制曲线图,如图 3-2 所示。

3)最高车速试验

试验测试距离为 200m;在车速以最高的稳定车速行驶通过预定测试路段过程中,测试出车辆行驶 200m 的时间;试验往返各进行一次。根据两个方向测出来的行驶 200m 的时间,算出平均时间,然后计算出两个方向的最高车速的平均值。

4)最大爬坡度试验

试验测试距离为 10m;根据厂方提供的该车型最大爬坡度,选择适当的坡度。

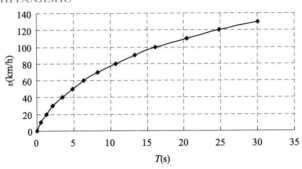

图 3-2 原地起步连续换挡加速性能试验

(1)非越野车爬坡试验方法。

试验车使用最低挡,如有副变速器也至于最低挡,将试验车停在接近坡底的平直路段上;试验车停于坡底,按正常状况起步,起步后将节气门全开进行爬坡;测试并记录汽车通过测试路段的时间及发动机转速;爬坡过程中监视各仪表(如冷却液温度,机油压力)的工作情况;爬至坡顶后,停车检查各部位有无异常现象发生,并做详细记录。如在厂定最大总质量状态下,第一次爬不上,可进行第二次,但不超过两次;在厂定最大总质量状态下,爬不上厂方规定的坡度,测量停车点(后轮接地中心)到坡底距离,并记录爬不上去的原因。如没有厂方规定的坡度,可增减装载质量或采用变速器较高一挡(如Ⅱ挡)进行试验,再按式(3-1)中折算为厂定最大总质量下,变速器使用最低挡时的爬坡度。

(2)越野车爬坡试验方法。

试验车变速器使用最低挡,分动器亦置于最低挡,全轮驱动,停于接近坡道的平直路上;起步后,将节气门全开进行爬坡;当试验车处于坡道上时,停住车辆,变速器置于空挡,发动机熄火 2min,再起步爬坡;测量并记录通过测试路段的时间及发动机转速;爬坡过程中监视各仪表的工作状况,爬至坡顶后,检查各部位有无异常现象,并做详细记录。

5.试验数据处理

1)坡度计算

最大爬坡度

$$a_m = \sin^{-1}\left(\frac{G_{a实}}{G_a} \cdot \frac{i_l}{i_实} \cdot \sin a_实\right) \tag{3-1}$$

式中:$a_m$——试验时的实际坡度(°);

$G_{a实}$——汽车实际总质量(kg);

$G_a$——汽车厂定最大总质量(kg);

$i_l$——最低挡总速比;

$i_实$——实际总速比;

$a_实$——试验用坡道的实际坡度(°)。

2)爬坡的平均车速

$$v = 3.6L/t\,(\text{km/h}) \tag{3-2}$$

式中:$t$——通过测试路段的时间(s);

$L$——坡道有效长度(m)。

6.试验结果评价

试验车辆以匀速的状况爬上坡,说明此时车辆以接近其最大爬坡能力在爬坡;试验车辆以加速的状况爬上坡,说明这种载荷状态还不是车辆的最大爬坡能力,需要加载进行爬坡;试验车辆以减速的状况爬上坡,说明这种载荷状态还不是车辆的最大爬坡能力,需要减载进行爬坡;试验车辆未能爬上坡,说明这种载荷状态下还不是汽车的最大爬坡能力,需要减载进行爬坡。

## 二、室内台架试验

汽车驱动轮的输出功率、驱动力、加速能力等汽车动力性指标,可以在室内条件下在底盘测功机上试验;而汽车的传动效率、车轮滚动阻力系数等有关参数也可在室内条件下采用相应台架设备进行试验。

1.汽车底盘测功机的功能

底盘测功机是汽车底盘综合性能试验设备,其基本功能如下:

(1)测试汽车驱动轮输出功率。
(2)测试汽车的加速能力。
(3)测试汽车的滑行能力和传动系统传动效率。
(4)测试校正车速—里程表。
(5)间接测试发动机功率。

利用底盘测功机滚筒装置作为活动路面,以测功机的制动力矩模拟汽车的行驶阻力,则凡是汽车在运行中进行的试验项目,在配备所需仪器设备后均可在底盘测功机上进行。如采用油耗仪测试汽车在各种工况下的油耗;采用气体分析仪测试汽车在各种工况下的排气成分和烟度等。

2.底盘测功机的构造

底盘测功机一般由滚筒装置、测功装置、飞轮机构装量等构成,其机械部分的结构如图3-3所示。

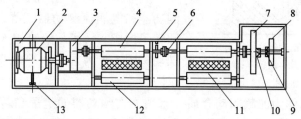

图3-3 底盘测功机机械部分结构示意图

1-框架;2-电涡流测功机;3-变速器;4-主动滚筒;5-速度传感器;6-万向节;7、8-飞轮;9、10-电磁离合器;11-举升器;12-从滚动筒;13-压力传感器

1)滚筒装置

测功试验时,汽车驱动轮在滚筒上滚动,驱动滚筒旋转。因此,滚筒装置的作用相当于能够连续移动的路面,支撑车轮,并传递功率、转矩、速度。底盘测功机的滚筒装置有单滚筒和双滚筒两种类型,如图3-4所示。

单滚筒直径较大,因而滚筒表面曲率小。试验时,轮胎与滚筒表面的接触面积大,滑转率小,行驶阻力小,因而测试精度高。

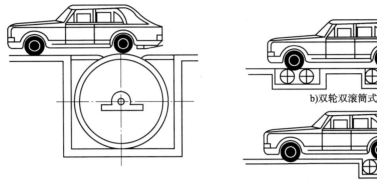

a) 单轮单滚筒式  b) 双轮双滚筒式  c) 单轮双滚筒式

图 3-4 滚筒装置的结构简图

双滚筒直径较小,因而滚筒表面曲率大,轮胎与滚筒表面的接触面积小,车轮比压和变形大,滑转率大,从而使滚动阻力增大,测试精度低,滚筒表面状况越接近路面状况越好。双滚筒是在底盘测功机上应用最多的一种形式,但其附着系数较低。

双滚筒底盘测功机的滚筒中心距应依据滚筒直径选取,应保证汽车试验时不会发生向前(或向后)超出滚筒的现象。

2) 测功装置

测功装置用于吸收和测量汽车驱动轮的输出功率,通常称为测功器。汽车在试验台上测功试验时,只有驱动轮运转,其车身静止不动,因而用底盘测功机测试汽车的技术状况,必须用加载装置模拟汽车在道路上行驶时受到的各种阻力。因此,测功装置也是一个加载装置。

底盘测功机常用的测功器有水力测功器、电力测功器和电涡流测功器三类。测功器主要由定子和转子构成。转子与滚筒相连,定子可绕其主轴线摆动。图 3-5 为常用水冷电涡流测功器的结构示意图。

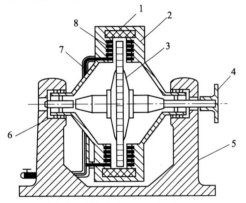

图 3-5 水冷电涡流测功器结构示意图
1-励磁线圈;2-定子;3-转子;4-联轴器;5-底座;
6-轴承;7-冷却水管;8-冷却室水沟

水力测功器用水作为加载制动介质。水填充在测功器的定子和转子之间,转子转动时对其起阻碍作用,形成制动力矩,并把该力矩传递给定子。通过调节进出水量控制水面高度,可获得不同大小的制动力矩。

电力测功器又称平衡电机,作为负载使用时,其作用相当于直流发电机;作为驱动机械使用时,其作用相当于直流电动机。

电涡流测功器的定子内部沿圆周布置有励磁线圈和涡流环,转子的外圈上加工有均匀分布的齿与槽,齿顶与涡流环间留有一定的空气间隙。当励磁线圈通直流电时,在其周围形成磁场,因而磁力线通过定子、气隙、涡流环和转子形成闭合磁路。由于通过转子齿顶的磁通比通过齿槽的磁通大,因此转子旋转时,通过定子内圈涡流环上的某点的磁通呈周期性变化。磁通的变化在定子涡流环内将产生感应电流以阻止磁通的变化。电涡流和励磁线圈形成的磁场相互作用,使转子受到一个制动力矩(与滚筒旋转方向相反),起到加载作用;同时,定子也受到一个与制动力矩大小相等、方向相反的力矩。通过测力装置可测得使定子转动的力矩大小,并可测定汽车驱动轮经滚筒输出的转矩。

3) 飞轮机构

飞轮机构用于模拟汽车在非稳定工况下运行时的阻力,进行非稳定工况的性能试验(如加速性能、滑行性能等)。通常飞轮机构采用离合器以实现与滚筒的自由接合。

飞轮转动惯量可以根据相同车速下,底盘测功机滚筒和飞轮机构在测试时的动能与汽车在道路上行驶时的动能等效的原则确定。

4) 测量装置

底盘测功机的测量装置由测力装置、测距装置和测速装置组成。

测力装置主要由测功器外壳、测力臂、测力传感器及信号处理电路等组成。测功器的外壳(定子)用轴承安装在轴承座上,可绕转子轴转动。测力臂的一端装在外壳上,另一端装测力传感器。

测力装置的工作原理如图 3-6 所示(以电涡流测功器为例)。测功器工作时,电涡流与其磁场的相互作用对转子形成制动力矩 $M_b$,同时,外壳(定子)也受到一个与 $T_b$ 大小相等、方向相反的力矩 $M$,迫使外壳连同固定其上的测力臂转动,使之对测力传感器产生压力或拉力。该力经过标定即可测量作用于滚筒上的驱动力矩和驱动力。

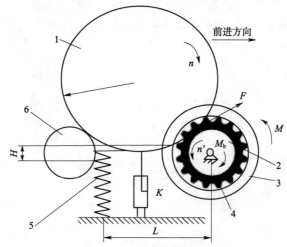

图 3-6 测力传感器工作原理

1-车轮;2-前滚筒;3-涡流机定子(外壳);4-涡流机转子;5-测力传感器;6-后滚筒

测速装置一般由测速传感器、中间处理装置和指示装置构成。

光电式测速装置主要由光电传感器计数器和印制电路构成。光电传感器主要由光源、光电盘、光电池组成。光电盘安装在从动滚筒一端并由滚筒带动旋转,光源和光电池固定在光电盘两侧,光源发出的光线可通过光电盘上的孔照在光电他上。试验时,滚筒带动光电盘旋转,把持续发出的光线切割成光脉冲,从而在光电池的两极间产生电脉冲,如图 3-7a)所示。由于光电盘的孔数是一个定值,所以计数器所记录的电脉冲数可折算为滚筒旋转过的因数。因此根据滚筒的圆周长,可折算得到汽车驶过的距离。显然,用单位时间内记的电脉冲数,可折算得到试验车速。

磁电式测速传感器由信号盘齿轮和磁头(感应线圈及永久磁铁)等组成,如图3-7b)所示。信号盘固定装在滚筒轴上,磁头固定在机架上。当信号盘随滚筒旋转时,其齿依次越过固定磁头,引起磁阻的变化,感应线圈中的磁通量随之变化,使磁电传感器输出交变的感应电动势,即信号电压。显然,该脉冲信号的频率或周期可折算得到车速值。

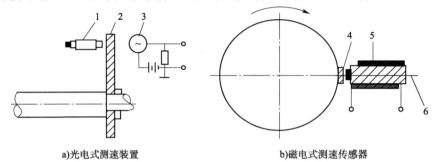

图3-7 测速装置
1-光源;2-圆盘;3-光电池;4-齿轮;5-感应线圈;6-永久磁铁

5)反拖装置

反拖装置用于提供原动力以驱动汽车驱动轮相传动系统运转,以测试底盘测功机滚筒系统的机械损失、汽车传动系统的机械损失及车轮在滚筒上的滚动阻力。

反拖装置由反拖电动机、离合器及测力装置组成,如图3-8所示。反拖电动机通过离合器直接与滚筒轴连接,其转速可通过变频调速装置调节。测力装置则用于测定汽车和底盘测功机传动系统的阻力。

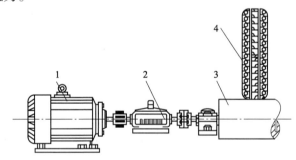

图3-8 反拖装置
1-反拖电动机;2-转矩计;3-滚筒;4-轮胎

6)控制系统

控制系统一般由控制柜、计算机及控制软件等组成,可实现数据采集与处理、结果输出、电涡流测功器载荷控制和其他附件控制等。

7)其他附属装置

此外,底盘测功机还配置有举升、锁定、引导、安全、冷却风机等附属装置。

### 三、汽车动力性的台架试验

1.汽车底盘输出功率的检测方法

(1)在动力性检测之前,必须按汽车底盘测功机说明书的规定进行试验前的准备。台架举升器应处于上升状态。无举升器的滚筒必须锁定。车轮轮胎表面不得夹有小石子或坚硬之物。

（2）汽车底盘测功机控制系统、道路模拟系统、引导系统、安全保障系统等必须工作正常。

（3）在动力性检测过程中，控制方式处于恒速控制，起动汽车，逐步加速并换至直接挡，当车速达到设定车速（误差±0.5km/h）并稳定15s后（时间过短，检测结果重复性较差），计算机方可读取车速与驱动力数值，并计算汽车底盘输出功率。

（4）输出检测结果并记录环境状态。

2.检测结果分析

当被测车辆的检测结果低于标准值时，说明驱动轮输出功率不足。其原因主要有两个方面：一是发动机技术状况不良，本身输出功率低；二是传动系的功率损失大。发动机的功率可用无负载测功方法来检查，传动系的功率损失可能在离合器、变速器（分动器）、中央制动器、万向传动机构、主减速器、差速器和轮毂等处。如果是滑行距离不足，说明底盘技术状况不良。

汽车使用中，机械效率随着传动系技术状况的变化而变化。新车的机械效率并不是最高，只有传动系完全走合后，各部调整最佳时，才使机械效率达到最大值，滑行距离最长。随着车辆的继续使用，磨损逐渐扩大，润滑条件变差，配合情况逐渐恶化，摩擦损失也逐渐增加，因而机械效率也就逐渐降低。所以底盘测功，能为评价底盘总的技术状况提供重要的参考数据。

## 第三节　燃油经济性试验

### 一、试验设备

汽车燃油经济性的试验有两种方法，一是道路试验，二是台架检测。一般而言，汽车检测站因受到场地条件限制，无法用道路试验方法检测汽车的燃油经济性，因此，常在底盘测功机上，参照有关规定，模拟道路试验方法检测汽车的燃油经济性。

汽车燃油经济性的台架试验设备，除了底盘测功机以外，还需油耗仪（或称燃油流量测试仪）。

汽车的燃油消耗量是由油耗仪来测量的。油耗仪由油耗传感器和显示装置构成。油耗仪种类很多，按测试方法可分为容积式油耗仪、质量式油耗仪、流量式油耗仪和流速式油耗仪。下面主要介绍容积式油耗仪和质量式油耗仪。

1）容积式油耗仪

容积式油耗仪的工作原理是使被测流体充满一定容量的测量室，通过充满测量室的次数则可得出被测流体的总量，再除以测定时间间隔或行驶里程即可得平均燃料消耗量。

容积式油耗仪分为定容式和容量式两种。定容式油耗仪主要用于汽油发动机的台架试验。它通过测量消耗一定容积的燃料所需时间来计算燃料消耗量，不能用于瞬时油耗的测量。

容积式油耗仪可以进行连续测量，按结构分为多种：膜片式、往复活塞式和四活塞联动式等。膜片式油耗仪具有结构简单、密封性好、对燃料清洁性要求低的优点，但使用中膜片产生塑性变形不可避免,因而需要经常校准。往复活塞式油耗仪的密封和排气不易解决,目前使用较少。四活塞联动式油耗仪具有结构紧凑、布置对称、计量精度高、适合道路试验的优点,目前主要采用这种结构,但该结构设备成本高,对燃料的清洁性要求高。图3-9所示为四活塞联动式油耗仪的组成结构,它由滤清排气装置、四活塞联动式油耗传感器、路程传感器、油耗测量仪表和快速连接接头等组成。

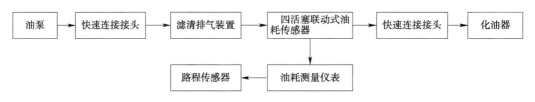

图3-9 四活塞联动式油耗仪的组成

(1)滤清排气装置。为保护流量传感器,燃料在进入流量传感器前必须进行滤清,滤清器滤芯用陶土制成,滤芯中心的磁环可增强燃料中金属杂质的滤清效果。排气机构主要由浮子室、浮子及排气阀组成,它与滤清装置装在一起,其结构如图3-10所示。浮子室的作用是将油泵输出的脉动压力变成均匀压力,并使燃料在浮子室中有缓冲停留时间,使油、气更好地分离,提高计量精度。

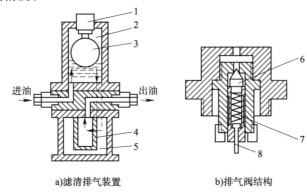

a)滤清排气装置  b)排气阀结构

图3-10 四活塞联动式油耗仪的滤清排气装置
1-排气阀;2-油气分离器;3-浮子;4-滤芯;5-滤清室;6-针阀;7-弹簧;8-挺杆

当浮子随液面升高时,首先通过挺杆压缩弹簧,再由弹簧推动针阀上升,使针阀关闭阀孔,浮子在浮力作用下将继续上升压缩弹簧,直到浮子的浮力和针阀重力及弹簧反力平衡时,液面保持在一定高度。当气体进入浮子室,液面下降,浮子靠自重下降,首先使压缩弹簧伸张,但此时阀门尚未打开,只有当气体占有的容积使液面降低到使压缩弹簧张力小于针阀自重时,针阀才打开,这样就使气体在浮子室中有一定的存储容积,保证了缓冲排气的作用,并使针阀开启次数大大减少。

(2)行星活塞式油耗传感器。图3-11所示为行星活塞式油耗传感器的流量变换结构的工作原理。该装置由十字形配置的4个活塞和旋转曲轴构成,用于将一定容积的燃料流量转变为曲轴的旋转。

在泵油压力作用下,燃料推动活塞往复运动,4个活塞往复运动一次则曲轴旋转一周,完成一个进排油循环。活塞在油缸中处于进油行程还是排油行程,取决于活塞相对于进、排油口的位置。图3-11a)表示活塞1处于进油行程,来自曲轴箱的燃料在$P_3$推动其下行,并使曲轴作顺时针旋转。此时,活塞2处于排油行程终了,活塞4处于排油行程中,燃料从活塞4上部经$P_1$从排油口$E_1$排出,活塞5处于进油终了。当活塞和曲轴位置如图3-11b)所示时,活塞1处于进油行程终了,活塞2处于进油行程,通道$P_4$导通,活塞4处于排油行程终了,活塞5处于排油行程,燃料从通道$P_2$经排油口$E_2$排出。图3-11c)和图3-11d)的进排油状态及曲轴旋转方向如图中箭头所示。如此循环往复,曲轴每旋转一周,各缸分别泵油一次,从而具有连续定容量泵油的作用。曲轴旋转一周的泵油量为

$$V = 2h\pi d^2 \tag{3-3}$$

式中:$V$——四缸排油量,$cm^3$;

$h$——曲轴偏心距,cm;

$d$——活塞直径,cm。

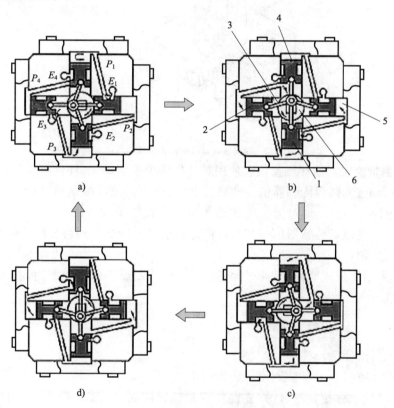

图3-11 四活塞联动式流量传感器的工作原理

1、2、4、5-活塞;3-连杆;6-曲轴;$P_1$、$P_2$、$P_3$、$P_4$-油道;$E_1$、$E_2$、$E_3$、$E_4$-排油口

由式(3-3)可知,经过上述流量变换机构的转换后,测量燃料消耗量转化为测量流量变换结构曲轴的旋转圈数。这可由安装在曲轴一端的信号转换装置完成。一般采用光电测量装置进行信号转换,把曲轴旋转圈数转化为电脉冲信号。

(3)信号转换装置。如图3-12所示,信号转换装置由主动磁铁、从动磁铁、转轴、光栅、发光二极管和光敏管等组成。主动磁铁装在曲轴端部、从动磁铁装在转轴端部,两磁铁相对安装但磁铁之间留有间隙,目的是构成磁性联轴器。光栅固定在转轴上,由转轴带动旋转,

光栅两侧装有发光二极管和光敏管,光敏管用于接收发光二极管发出的光线。光栅位于二者之间,其作用是把发光二极管发出的连续光线转变为光脉冲。曲轴转动时,通过磁性联轴器带动转轴和光栅旋转,光栅在发光二极管和光敏管之间旋转,使光敏管接收到光脉冲,由光敏管的光电作用将光脉冲转换为电脉冲信号输入到测量显示仪表,该电脉冲数与曲轴转过的圈数成正比。

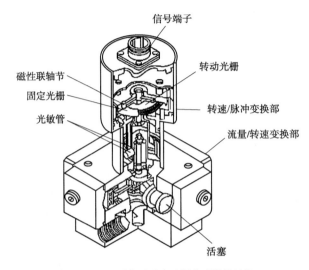

图 3-12 四活塞联动式油耗传感器的结构

（4）油耗测量仪表。油耗测量仪表使用单片机作为控制单元,硬件电路包括流量传感器信号的隔离整形电路、路程传感器信号的测量电路、单片机及外围电路、键盘及 LED 显示电路、串口通信电路等组成。通过流量传感器信号和油耗测量仪表的定时装置信号可计算得到燃料消耗量,通过流量传感器信号和路程传感器信号可计算得到百公里油耗值。

2）质量式油耗仪

质量法是采用质量式油耗仪,通过测量消耗一定质量燃料所经历的时间,由下式计算得到燃料消耗量。

$$Q_t = 3.6 \frac{G}{t} \tag{3-4}$$

式中:$Q_t$——燃料消耗量,g;

$t$——消耗质量为 $G$ 的燃料所经历的时间,s。

质量式油耗仪由称量装置、计数装置和控制装置构成,如图 3-13 所示。称量装置的秤盘上装有油杯 1,燃料经电磁阀 3 加入油杯。电磁阀的开闭由装在平衡块上的行程限位器 8 拨动两个微型限位开关 6 和开关 7 进行控制。光电传感器由两个光电二极管 5、10 和装在菱形指针上的光源 9 组成,用于给出油耗始点和终点信号。光电二极管 5 为固定式,光电二极管 10 装在活动滑块上,滑块通过齿轮齿条机构移动,齿轮轴与鼓轮 12 相连,计量的燃料量通过转动鼓轮 12 从刻度盘上读出。计量开始时,光源 9 的光束射在光电二极管 5 上,光电二极管发出信号使计数器 13 开始计数,随着油杯中燃料的消耗,指针移动。当光束射到光电二极管 10 上时,光电二极管 10 发出信号,使计数器停止计数。

质量式油耗仪不仅能精确测量平均燃料消耗量,而且能够实时输出瞬态燃料消耗量。

第三章 汽车整车性能试验

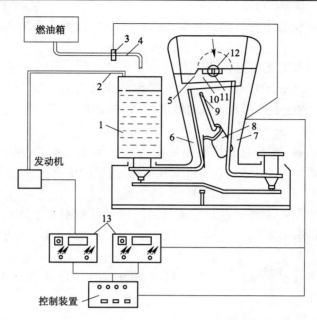

图 3-13 质量式油耗仪
1-油杯;2-出油管;3-电磁阀;4-加油管;5、10-光电二极管;6、7-限位开关;8-限位器;9-光源;11-鼓轮机构;12-鼓轮;13-计数器

## 二、试验要求

(1) 温度要求 5～30℃,尽可能接近 25℃为宜;风速≤1m/s。

(2) 道路条件应符合 GB/T 12534—1990《汽车道路试验方法通则》中的规定。

(3) 汽车应磨合行驶最少 3000km;轮胎花纹保持在 50%～90%。

(4) 试验过程中的载荷为半载,即整车整备质量加上 180kg,当额定载荷的 50% 大于 180kg 时应,以额定载荷的 50% 加载(包括驾驶员和设备)。

(5) 载荷质心应分布在前排外侧座椅 $R$ 点(即制造厂的设计基准点,用于确定由制造厂规定的每个座位最后的正常位置,它是模拟人体躯干和大腿的胯关节中心位置,并相对于所设计汽车结构而建立的坐标,这一点称为"座位基准点"。)连线的中点位置($R$ 点位置定义详见 GB/T 12673—1990《汽车主要尺寸测量方法》)。

## 三、试验方法

1. 直接挡节气门全开加速燃料消耗量的道路试验

1) 试验条件

(1) 被测车辆载荷要求。除有特殊规定外,乘用车为规定乘员数的一半(取整数);城市客车为总质量的 65%;其他车辆为满载,乘员质量及其装载要求按 GB/T 12534—1990 的规定执行。

(2) 试验仪器。车速测定仪器和燃料流量计的精度为 0.5%;计时器的最小读数为 0.1s。

(3) 试验一般规定。被测车辆必须清洁,关闭车窗和驾驶室通风口,只允许开动为驱动车辆所必需的设备;由恒温器控制的空气流必须处于正常调整状态。被测车辆必须按照规定进行磨合,试验前车辆必须进行预热行驶,使汽车发动机、传动系统及其他部分预热到规定的温度状态。

（4）气象条件。试验时无雨无雾、相对湿度小于95%,气温为0~40℃,风速不大于3m/s。

（5）道路条件。各项试验应在清洁、干燥、平坦的用沥青或混凝土铺装的直线道路上进行。道路长2~3km,宽度不小于8m,纵向坡度在0.1%以内。

2）检测方法

试验时,汽车挂直接挡(没有直接挡用最高挡)以(30±1)km/h的速度,稳定通过50m的预备段,从测试路段的起点开始,节气门全开加速,通过测试路段,测量并记录通过测试段的加速时间、燃料消耗量及汽车在测试段终点时的速度。

试验往返各进行两次,测得同方向加速时间的相对误差不大于5%。取测得4次加速时间试验结果的算术平均值作为测定值,为保证试验结果的准确性,同方向加速时间误差最好不大于1.0s。

对于轻型汽车,规定试验路段为400m;可在500m路段的试验数据中截取通过400m长的试验数据进行处理。

2. 等速燃料消耗量的道路试验

1）试验条件

同直接挡节气门全开加速燃料消耗量的道路试验的实验条件。

2）检测方法

（1）根据GB/T 12545.1~12545.2—2001的规定,乘用车只进行90km/h和120km/h两个速度下的等速行驶燃料消耗量试验。

（2）试验测试路段长度为500m,汽车用90km/h和120km/h两个速度挡位。测量过程中,加速踏板应保持不动,等速行驶,通过500m的测试路段,测量通过该路段的时间及燃料消耗量。

（3）根据GB/T 12545.2—2001规定,商用车中城市客车和双层客车(包括城市铰接式客车)按照4工况循环进行试验,如图3-14所示;其他车辆按照6工况循环进行试验,如图3-15所示。

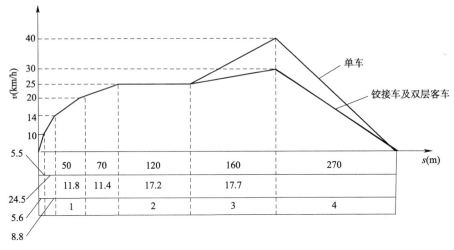

图3-14 城市客车和双层客车4工况循环试验

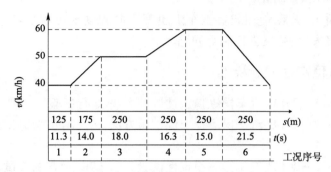

图3-15 其他车辆6工况循环试验

(4)试验车速从20km/h(最小稳定车速高于20km/h时,从30km/h)开始,以每隔10km/h均匀选取车速,直至最高车速的90%,至少测定5个试验车速,同一车速往返各进行二次。

(5)被测车辆在多工况的终速度的偏差为±3km/h,其他各工况速度偏差为±1.5km/h。在各种行驶工况改变过程中,允许车速的偏差大于规定值,但在任何条件下超过车速偏差的时间不大于1s,即时间偏差为±1s。

(6)以车速为横轴,燃料消耗量为纵轴,绘制等速燃料消耗量散点图,根据散点图绘制等速燃料消耗量特性曲线。

3.模拟加载量的汽车百公里等速燃油消耗量台架检测

进行等速行驶燃料消耗量试验时,测功机的特性应符合GB/T 12545.1—2001中的规定。

1)试验环境条件

(1)环境温度:0~40℃。

(2)环境相对湿度:小于85%。

(3)大气压力:80~110kPa。

2)确定模拟加载量

$$P_{PAU} = P_k - P_{PL} - P_C \qquad (3-5)$$

以此作为测功机的模拟加载量。

3)等速百公里燃油消检测方法

(1)把汽车驱动轮驶入底盘测功机滚筒装置,把油耗传感器接入汽车的燃油管路。

(2)设定好试验车速,起动发动机,变速器挂直接挡。

(3)逐渐踩下加速踏板,使测功机指示的功率值等于计算值并使之稳定,此时按下油耗测量按钮,当驱动轮在滚筒上驶过不少于500m的距离时,即可从显示装置上读出汽车的等速百公里油耗值。为消除偶然因素的影响,应重复试验3次,取其平均值作为被测汽车在给定测试条件下的百公里油耗值。

## 第四节 汽车操纵稳定性试验

汽车操纵稳定性的研究,是与汽车车速的不断提高分不开的。早期的低速汽车,还谈不上操纵稳定性问题,最早提出操纵稳定性问题,是在具有较高车速的赛车上。后来,随着车速的不断提高,在轿车、大客车和载货汽车上也都不同程度地出现了类似的问题。如:飘、贼、反应迟钝、晃、丧失路感、失去控制等问题。

## 一、汽车操纵稳定性试验标准

(1)GB/T 6323.1—2014《汽车操纵稳定性试验方法 蛇行试验》;

(2)GB/T 6323.2—2014《汽车操纵稳定性试验方法 转向瞬态响应试验(转向盘转角阶跃输入)》;

(3)GB/T 6323.3—2014《汽车操纵稳定性试验方法 转向瞬态响应试验(转向盘转角脉冲输入)》;

(4)GB/T 6323.4—2014《汽车操纵稳定性试验方法 转向回正性能试验》;

(5)GB/T 6323.5—2014《汽车操纵稳定性试验方法 转向轻便性试验》;

(6)GB/T 6323.6—2014《 汽车操纵稳定性试验方法 稳态回转试验》;

(7)GB/T 6323.12—2014《汽车操纵稳定性试验方法 转向盘中间位置操纵稳定性试验》;

(8)QC/T 480—1999《汽车操纵稳定性指标限值与评价方法》;

(9)GB/T 12549—1990《汽车操纵稳定性术语及其定义》。

转向系统的性能好坏直接影响汽车的行车安全,其技术状况常用转向盘自由行程、转向角和转向力作为诊断参数进行检测诊断。

1)转向盘自由行程及其检测

转向盘自由行程指汽车转向轮位于直线行驶状态时,转向盘可自由转动的转角。若转向盘自由行程过大,说明从转向盘至转向轮运动传递链中的若干配合副因磨损过度而出现松旷现象。因此,转向盘自由行程为一综合诊断参数。

GB 7258—2012《机动车运行安全技术条件》有关转向盘自由转动量的要求是,机动车转向盘的最大自由转动量不允许大于:

①最高设计车速不小于100km/h 的机动车 20°;

②三轮汽车 45°;

③其他机动车 30°。

简易转向盘自由行程检测仪由刻度盘和指针两部分组成。刻度盘通过磁座吸附在仪表板或转向柱管上,指针固定于转向盘外缘,亦可相反。检测时,汽车处于直线行驶位置,把转向盘转至空行程极限位置后,调整指针使之指向刻度盘零度;而后把转向盘转至另一侧极限位置,其自由行程即为指针所指刻度。

转向盘自由行程也可用转向参数测量仪或转向测力仪检测。

2)转向盘转向角和转向力检测

操纵稳定性优良的汽车,应有适度的转向轻便性。转向沉重,则易使驾驶员疲劳或转向不正确、不及时而影响行车安全;转向太轻,则驾驶员路感太弱、方向飘移而不利于安全行车。转向轻便性可用转向角和转向力作为参数诊断。在动态或静态情况下,用转向参数测量仪或转向测力仪等仪器,就可测得转向力和对应转角的大小。转向轻便性的检测一般可采用原地转向力检测、低速大转角(8 字行驶)转向力检测和弯道转向力检测,可按有关国家标准的规定进行。

国家标准 GB 7258—2012《机动车运行安全技术条件》中有关转向力的要求是：机动车在平坦、硬实、干燥和清洁的水泥或沥青道路上行驶，以 10km/h 的速度在 5s 之内沿螺旋线从直线行驶过渡到直径为 24m 的圆周行驶时，施加于转向盘外缘的最大切向力不应大于 245N。

转向盘转动阻力可以用测力计拉动转向盘的轮缘进行测量，也可以用汽车转向盘转向力-角仪进行检测。转向盘转向力-角仪一般由操纵盘、检测仪主机、连接装置等部分组成。图 3-16 所示为 ZC-2 型转向盘转向力-角仪的结构示意图。操纵盘与力矩传感器相连，通过连接装置与被测转向盘相连接。检测仪主机包括微机板、接口板、力矩传感器等。测量时，把检测仪对准被测转向盘中心，调整连接装置与转向盘连接并固定好。转动操纵盘，转向力通过力矩传感器传递到被测转向盘上，进而使转向盘转动以实现汽车转向。此时，力矩传感器将转向力矩转变成电信号，由检测仪主机完成数据采集、分析和显示。

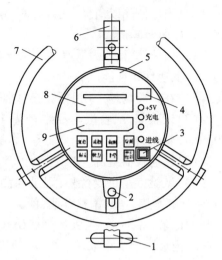

图 3-16 ZC—2 型转向盘转向力-角仪
1-定位杆；2-固定螺栓；3-电源开关；4-电压表；5-检测仪主机；6-连接装置；7-操纵盘；8-打印机；9-显示器

## 二、操纵稳定性试验

1. 稳态回转试验

（1）在试验场地上，用明显颜色画出半径为 15m 或 20m 的圆周。

（2）接通仪器电源，使之预热到正常工作温度。

（3）试验开始之前，汽车应以侧向加速度为 $3m/s^2$ 的相应车速沿画定的圆周行驶 500m 以使轮胎升温。

（4）驾驶员操纵汽车以最低稳定速度沿所画圆周行驶，待安装于汽车纵向对称面上的车速传感器在半圈内都能对准地面所画圆周时，固定转向盘不动，停车并开始记录，记下各变量的零线，然后，汽车起步，缓缓连续而均匀地加速（纵向加速度不超过 $0.25m/s^2$），直至汽车的侧向加速度达到 $6.5m/s^2$（或受发动机功率限制而所能达到的最大侧向加速度或汽车出现不稳定状态）为止。记录整个过程。

（5）试验按向左转和向右转两个方向进行，每个方向试验三次。每次试验开始时车身应处于正中位置。

中性转向点的侧向加速度值 $a_n$，定义为前、后轴侧偏角差与侧向加速度关系曲线上，斜率为零处的侧向加速度值。在所试的侧向加速度值范围内，未出现中性转向点时，$a_n$ 值用最小二乘法按无常数项的三次多项式拟合曲线进行推算，该值越大越好。

不足转向度 $U$，按前、后轴侧偏角差值与侧向加速度关系曲线上侧向加速度值为 $2m/s^2$ 处的平均斜率（纵坐标值除以横坐标值）计算，该值越小越好。

车厢侧倾度 $K$，按车厢侧倾角与侧向加速度关系曲线上侧向加速度值为 $2m/s^2$ 处的平均斜度(纵坐标值除以横坐标值)计算,该值越小越好。

2. 转向回正试验

转向回正试验分为低速回正试验和高速回正试验。

1) 低速回正性能试验

(1) 在试验场地上用明显的颜色画出半径为15m的圆周。

(2) 试验前,试验汽车沿半径为15m的圆周,以侧向加速度达3m/s²的相应车速行驶500m,使轮胎升温。

(3) 接通仪器电源,使其达到正常工作温度。

(4) 试验汽车直线行驶,记录各测量变量零线,然后调整转向盘转角,使汽车沿半径为15±1m的圆周行驶,调整车速,使侧向加速度达到4±0.2m/s²,固定转向盘转角,稳定车速并开始记录,待3s后,驾驶员突然松开转向盘并做一标记(建议用一微动开关和一个信号通道同时记录),至少记录松手后4s的汽车运动过程。记录时间内节气门开度保持不变。对于侧向加速度达不到4±0.2m/s²的汽车,按试验汽车所能达到的最高侧向加速度进行试验,应在试验报告中加以说明。

(5) 试验按向左转与向右转两个方向进行,每个方向三次。

2) 高速回正性能试验

(1) 对于最高车速超过100km/h的汽车,要进行本项试验。

(2) 试验车速按被试汽车最高车速的70%并四舍五入为10的整数倍。

(3) 接通仪器电源,使其达到正常的工作温度。

(4) 试验汽车沿试验路段以试验车速直线行驶,记录各测量变量的零线。随后驾驶员转动转向盘使侧向加速度达到2±0.2m/s²,待稳定并开始记录后,驾驶员突然松开转向盘并做一标记(建议用一微动开关和一个信号通道同时记录),至少记录松手后4s内的汽车运动过程。记录时间内节气门开度保持不变。

(5) 试验按向左转与向右转两个方向进行,每个方向三次。

本项试验,按松开转向盘(方向盘)3s时的残留横摆角速度绝对值 $\Delta r$ 及横摆角速度总方差 $Er$,两项指标进行评价计分。两个值都是越小越好。要求快速能恢复到稳态值,而且横摆角速度不能有太大的跳动。

$$E_{ri} = \left[ \sum_{j=0}^{n} \left( \frac{r_{ij}}{r_{cn}} \right)^2 - 0.5 \right] \cdot \Delta t \qquad (3-6)$$

式中:$E_{ri}$——第 i 次试验横摆角速度总方差,s;

$r_{ij}$——横摆角速度响应时间历程曲线瞬时值,(°)/s;

$r_{cn}$——横摆角速度响应初始值;

$n$——采样点数,按 $n \cdot \Delta t = 3s$ 选取;

$\Delta t$——采样时间间隔,一般不大于0.2s。

3. 转向轻便性试验

(1) 按图3-17的规定,画好双纽线路径并放置好标桩。

(2) 接通仪器电源,使之预热到正常工作温度。

(3) 试验前驾驶员可操纵汽车沿双纽线路径行驶若干周,熟悉路径和相应操作。随后,使汽车沿双纽线中点"0"处的切线方向作直线滑行,并停车于"0"点处,停车后注意观察车轮是否处于直行位置,否则应转动转向盘进行调整。然后双手松开转向盘,记录转向盘中间位置和作用力矩的零线。

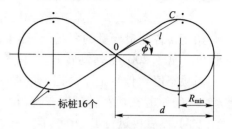

图 3-17 转向轻便性试验

（4）试验时,驾驶员操纵转向盘,使汽车以 10 ± 2km/h 的车速沿双纽线路径行驶,待车速稳定后,开始记录转向盘转角和作用力矩,并记录行驶车速作为监督参数。汽车沿双纽线绕行一周至记录起始位置,即完成一次试验,全部试验应进行三次。在测量记录过程中,驾驶员应保持车速稳定和平稳地转动转向盘,不应同时松开双手,并且在行驶中不准撞倒标桩。

本项试验按转向盘平均操舵力 $F_S$ 与转向盘最大操舵力 $F_m$ 两项指标进行评价计分,两个数值越小越好。

4. 转向瞬态响应（试验阶跃输入）

转向瞬态响应试验（阶跃输入）如图 3-18 所示。

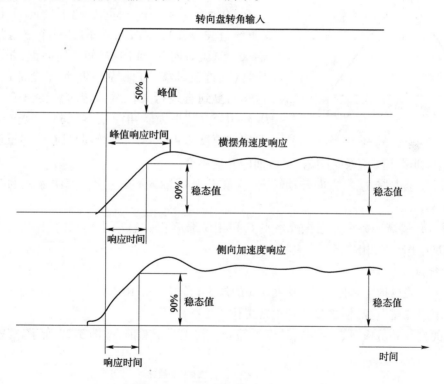

图 3-18 转向瞬态响应试验（阶跃输入）

（1）试验车速按被试汽车最高车速的 70% 并四舍五入为 10 的整数倍确定。
（2）试验前,以试验车速行驶 10km,使轮胎升温。
（3）接通仪器电源,使之达到正常工作温度。在停车状态下记录车速零线。
（4）试验中转向盘转角的预选位置（输入角）,按稳态侧向加速度值 1~3m/s² 确定,从侧向加速度为 1m/s² 做起,每间隔 0.5m/s² 进行一次试验。

(5)汽车以试验车速直线行驶,先按输入方向轻轻靠紧转向盘,消除转向盘自由行程并开始记录各测量变量的零线,经过0.2~0.5s,以尽快的速度(起跃时间不大于0.2s或起跃速度不低于200°/s转动转向盘,使其达到预先选好的位置并固定数秒钟(待所测变量过渡到新稳态值),停止记录。记录过程中保持车速不变。

(6)试验按向左转与向右转两个方向进行。可以两个方向交替进行,也可以连续进行一个方向,然后再进行另一个方向。

本项试验,按侧向加速度值为$2m/s^2$时的汽车横摆角速度响应时间$T$进行评价计分,该值越小越好。

5. 转向瞬态响应试验(脉冲输入)

转向瞬态响应试验(脉冲输入)如图3-19所示。

(1)试验车速按试验汽车最高车速70%并四舍五入为10的整数倍。

(2)试验前以试验车速行驶10km,使轮胎升温。

(3)接通仪器电源,使之达到正常工作温度。

(4)汽车以试验车速直线行驶,使其横摆角速度为$0±0.5(°)/s$。作一标记,记下转向盘中间位置(直线行驶位置)。然后给转向盘一个三角脉冲转角输入。试验时向左(或向右)转动转向盘,并迅速转回原处(允许及时修正)保持不动,记录全部过程,直至汽车回复到直线行驶位置。转向盘转角输入脉宽为0.3~0.5s,其最大转角应使本试验过渡过程中最大侧向加速度为$4m/s^2$。转动转向盘时应尽量使其转角

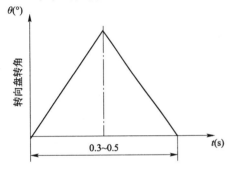

图3-19 转向瞬态响应试验(脉冲输入)

的超调量达到最小。记录时间内,保持油门开度不变。

(5)试验至少按左、右方向转动转向盘(转角脉冲输入)各三次。每次输入的时间间隔不得少于5s。

本项试验按谐振频率$f$、谐振峰水平$D$和相位滞后角$\alpha$三项指标,进行评价计分。$F$越大越好,$D$越小越好,相位滞后角越小越好。

6. 蛇行试验

(1)在试验场地上按图3-20及表3-3的规定,布置标桩10根。

(2)接通仪器电源,使之预热到正常工作温度。

(3)试验驾驶员应具有较丰富的驾驶经验。在正式实验前,按图3-20所示路线,练习五个往返。

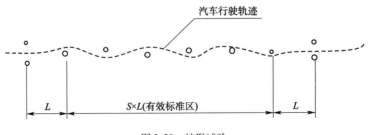

图3-20 蛇形试验

(4)试验汽车以近似基准车速二分之一的稳定车速直线行驶,在进入试验区段之前,记录各测量变量的零线,然后蛇行通过试验路段,同时记录各测量变量的时间历程曲线及通过有效标桩区的时间。

(5)提高车速(车速间隔自行选择),重复第(4)条的过程,共进行10次(撞倒标桩的次数不计在内)。最高车速不超过80km/h。

汽车类型对应试验环境　　　　　　表3-3

| 汽 车 类 型 | 标桩间距(m) | 基准车速(km/h) |
| --- | --- | --- |
| 轿车、轻型客车及最大总质量小于或等于2.5t的货车和越野汽车 | 30 | 65 |
| 中型客车及最大总质量大于2.5t而小于或等于6t的货车和越野汽车 | | 50 |
| 大型客车及最大总质量大于6t而小于或等于15t的货车和越野汽车 | 50 | 60 |
| 特大型客车及最大总质量大于15t的货车和越野汽车 | | 50 |

本项试验,按基准车速下的平均横摆角速度峰值与平均转向盘转角峰值进行评价计分,两个值都是越小越好。评价时,横摆角速度峰值比转向盘转角的加权重。

7. 中间位置转向试验

本项试验为在平直道路上进行的开环试验,试验的初始状态为等速直线行驶,试验标准车速为100km/h,也可以以100km/h车速为基准,提高或降低试验车速(车速间隔为20km/h);

本项试验要求转向盘输入为振荡型转角输入,首选输入形式为正弦波,也可以采用其他输入(如三角形波输入)。转向盘输入频率的基准值为0.2Hz,频率偏差不应超过±10%。输入转角的幅值应足以使车辆的侧向加速度峰值达到基准值,允许的峰值偏差为±10%。为获取侧向加速度1m/s$^2$时良好的试验数据,并保证车辆及其子系统运行范围超出迟滞区,侧向加速度峰值的基准值为2m/s$^2$,当然也可以采用较小的值或不超过4m/s$^2$的其他值。

# 第五节　制动性试验

汽车制动性试验分为道路试验和室内试验两类,但主要采用道路试验。道路试验的项目有:冷态制动效能试验、应急制动系统效能试验、热衰退恢复试验、涉水恢复试验等,其试验规范和方法依照国家标准GB/T 12676—1990《汽车制动性能试验方法》的要求进行。其测试参数为冷制动及高温下(热态)汽车的制动距离、制动减速度、制动时间等。另外,还要试验汽车在转弯与变更车道时制动的方向稳定性。

根据GB 7258—2012《机动车运行安全技术条件》,可以用道路试验和台架试验两种方法检测汽车的制动性能:道路试验时,既可以检测制动距离和制动稳定性,也可以检测制动减速度、制动协调时间和制动稳定性;台架试验主要检测制动力、制动协调时间和左右车轮制动力平衡。试验汽车制动性能时,可选择道路试验或台架试验两种检测方法之一,采用制动距离、制动减速度、制动力三类指标之一进行试验。但当机动车经台架试验后对其制动性能有质疑时,可用规定的道路试验进行复试,并以满载路试的试验结果为准。

## 一、试验仪器

道路试验时,所采用的主要仪器为第五轮仪或非接触车速仪、制动减速度仪和压力传感器。第五轮仪和非接触车速仪是用来测量汽车路试时的行驶距离、行驶时间、速度和制动初速度、制动距离、制动时间等参数的常规仪器。最近,第五轮仪采用电磁感应传感器、光电传感器与数字显示装置,能精确测出起始车速、制动距离和时间以及横向偏移,可以提高试验的准确性。

按照结构形式的不同,制动减速度仪可分为摆锤式和滑块式两种。摆锤式制动减速度仪的原理是在汽车制动时,随着摆锤的摆动而指示不同的减速度值;滑块式减速度仪仅是重块沿一铜管制成的导轨在惯性力作用下移动,按位移不同,指示速度的大小。摆锤式制动减速度仪的测试误差比滑块式制动减速度仪要大。

1. 摆锤式制动减速度仪

摆锤式制动减速度仪由振动元件、传动放大装置、示值机构和阻尼器组成,如图 3-21 所示。

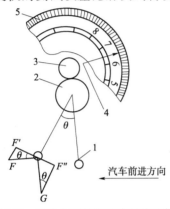

图 3-21 摆锤式制动减速度仪结构示意图
1-金属摆;2-大齿轮;3-小齿轮;4-主动指针;5-仪表板

当汽车以恒定速度行驶时,金属摆处于垂直位置。当速度变化时,金属摆在惯性力作用下产生摆动,其摆动方向反映减速或加速,而摆角大小反映减(加)速度的大小。

设一个质量为 $m$ 的摆锤悬挂在仪器内的 $O$ 点上,当汽车因制动而有减速度 $j$ 时,金属摆受到与汽车前进方向相同的惯性力 $F = mj$,沿金属摆运动圆周切线方向的分力 $F'$,使金属摆绕 $O$ 点向前摆动,并产生朝前的摆角 $\theta$,分力 $F'$ 的大小为

$$F' = F\cos\theta = mj\cos\theta \tag{3-7}$$

当 $F$ 与 $F'$ 大小相等时,金属摆停止向前摆动而稳定平衡在某一摆角的位置上,摆角与减速度之间的基本关系为

$$mj\cos\theta = mg\sin\theta \tag{3-8}$$

从而得 $j = g\tan\theta$。由此可见,减速度的大小与摆角 $\theta$ 的正切成正比关系。只要测出制动时金属摆的摆角,就可以求出减速度值。

2. 滑块式制动减速度仪

滑块式制动减速度仪的结构如图 3-22 所示,滑块由螺旋弹簧系在减速度仪的主体上,且置于上下平行的两根导轨之间,在三个滑轮支撑下可以在导轨上滑动(摩擦力很小)。为了防止滑块移动时冲击过大,用空气阻尼器加以限制。减速度仪记录纸由微电动机带动,记录纸的送进方向与滑块移动方向垂直,而滑块移动方向与汽车行进方向平行。

当汽车以一定的制动初速度制动时,滑块靠惯性继续向前移动,直至滑块惯性力与螺旋弹簧的张力相等后停止移动。滑块滑动过程由固定在其上的记录触针记录在记录纸上,移动距离与汽车减速度成比例。

## 二、试验要求

车辆的质量状态应符合各类试验的相应规定;试验道路应选择干净、平整的沥青或水泥路面,路面坡度≤1%;环境温度应控制在 5~30℃之间,风速≤2m/s;制动初速度不低于规

定车速的98%；试验过程中不能发生车轮抱死，车辆未偏离3.5m宽的试验通道、横摆角小于等于15°且无异常振动，如图3-23所示。

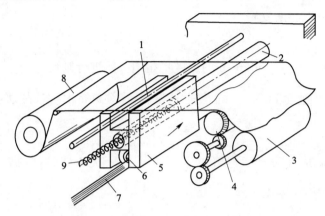

图3-22 滑块式制动减速度仪的结构示意图
1-记录指针；2-空气阻尼器；3-微电动机；4-纸带传送机；5-滑块；6-滑轮；7-导轨；8-记录纸；9-螺旋弹簧

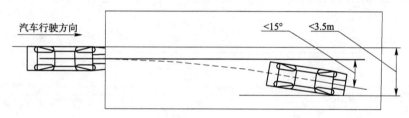

图3-23 制动性试验

## 三、试验方法

1. 0-型试验

（1）车辆满载，轴荷分配按照厂商规定分配；

（2）以表3-4中的参数为准进行制动试验，如有一项超标则判定该项试验不合格；

制动试验参数　　　　　　　　　　　　　　表3-4

| | | |
|---|---|---|
| 发动机脱开的0-型试验 | $v$ | 100km/h |
| | $S \leq$ | $0.1v + 0.0060v^2$ |
| | $dm$ | 6.43m/s² |
| | $F$ | 65~500N |
| 发动机接合的0-型试验 | $v$ | $80\% v_{max} \leq 160$km/h |
| | $S \leq$ | $0.1v + 0.0067v^2$ |
| | $dm$ | 5.76m/s² |
| | $F$ | 65~500N |

（3）如果设计最高车速小于125km/h则不进行该试验，若高于200km/h则以初速度为160km/h进行试验；

（4）车辆空载（除驾驶员外前排可乘坐一个记录人员）重复第（2）项并记录各项参数；

(5)包括熟悉车辆制动效果在内,每次试验最多进行 6 次制动,如果需要增加试验次数需使制动器的温度降到 65~100℃ 之间再进行下次制动。

**2. I-型试验(衰退和恢复)**

1)加热过程

车辆满载,以 $80\%v_{max} \leqslant 120km/h$ 的速度稳定 10s 后进行制动,直至 $\frac{1}{2}80\%v_{max}$ 的速度结束,再用 35s 的时间加速至 $80\%v_{max}$,重复上述试验,连续进行 15 次,制动期间变速器应处在最高档。

2)热态性能

加热过程结束后应在发动机脱开的情况下进行一次 2 试验,数据须满足表 3-5a)中要求。

3)恢复试验

热态性能试验结束后立即在发动机结合的情况下、以 $3m/s^2$ 的平均减速度从 $50km/h$ 进行 4 次停车制动。恢复过程结束后应在发动机脱开的情况下进行一次 2 试验,数据须满足表 3-5b)中要求。

I-型试验  表 3-5

| | | |
|---|---|---|
| a)发动机脱开的热衰退试验 | $v$ | $80\%v_{max} \leqslant 160km/h$ |
| | $S \leqslant$ | $0.1v + 0.0080v^2$ |
| | $dm$ | $4.82m/s^2$ |
| | $F$ | 小于实际制动力 |
| b)发动机脱开的恢复试验 | $v$ | $80\%v_{max} \leqslant 160km/h$ |
| | $S \leqslant$ | 小于实际制动距离150% |
| | $dm$ | 大于实际制动减速度70% |
| | $F$ | 小于实际制动力 |

**3. 应急制动(失效)**

以 $100km/h$ 的初速度进行 I-型试验制动试验。测量参数应在表 3-6 规定范围内。

应急制动试验  表 3-6

| | | |
|---|---|---|
| 发动机脱开的失效试验 | $v$ | $100km/h$ |
| | $S \leqslant$ | $168m$ |
| | $dm$ | $\geqslant 2.44m/s^2$ |
| | $F$ | $65~500N$ |

对汽车制动系统充分了解才能清晰准确地分清各种失效的类型,比如目前汽车应用较多的双管"X"和"H"型制动管路,需要对两条管路分别进行模拟失效制动,才能全面地检测整车的应急制动性能。一般来说需要模拟的失效状态有助力失效、ABS 失效、各条制动管路失效。

分别模拟各种失效状态进行 0-型试验。还应在空载状态下重复各种失效试验。

对于设计车速达不到 $100km/h$ 的汽车,可以采用最高车速进行试验。

4. 驻车制动

车辆满载以小于400N的控制力使车辆能在20%的上、下坡道上保持静止,否则,该项测试部合格。

以30km/h的初速度、以驻车制动方式进行发动机脱开的试验,平均减速度和停车前的瞬时减速度都不应小于$1.5m/s^2$。

5. 试验结束

制动试验结束后应及时恢复原车状态、整理数据、编写报告。

## 第六节　汽车行驶平顺性试验

汽车平顺性试验要采集各种振动与冲击信号,特别是大量随机振动信号,然后以计算机为主体,配以采样、模-数转换以及各种软硬件的数据处理系统,进行平顺性评价指标、频谱及频率响应函数的处理。

汽车平顺性试验相关的标准主要有 GB/T 5902—1986《汽车平顺性脉冲输入行驶试验方法》、GB/T 4970—2009《汽车平顺性随机输入行驶试验方法》、GB/T 7031—2005《机械振动　道路路面谱测量数据报告》、QC/T 474—2011《客车平顺性评价指标及限值》、GB 4783—1984《汽车悬架系统的固有频率和阻尼比测定方法》等。

### 一、试验条件

(1) 车辆条件:车辆按要求装备齐全,并在相应位置设置加速度传感器,轮胎气压符合技术要求。

(2) 道路条件:试验道路应平直,纵坡不大于0.1%,路面不平度应均匀无突变。相当等级为二级(沥青)和三级(砂石)两种。

(3) 气候条件:风速不大于5m/s。

(4) 仪器设备:测试仪器系统包括加速度传感器、前置放大器、磁带记录仪或数据采集器、人体振级测量仪。

### 二、数据的采集和处理系统

平顺性试验要采集大量随机振动信号,然后以微机为主体配以采样、模一数转换以及各种软、硬件的数据处理系统,进行平顺性评价指标、频谱及频率响应函数的处理。

1. 测试仪器系统

测试仪器系统包括加速度传感器、前置放大器和磁带记录仪或数据采集器。

图3-24为测试仪器系统的框图。测量仪器的频率范围应为0.1~300Hz,动态范围不小于60dB。

传感器一般采用压电式加速度计,其安装位置应根据需要而定。如果主要测量整个车身的振动,就必须将传感器安装在车身的刚性部

图3-24　测试仪器系统框图

位,以使测量结果不受安装部位本身结构振动(如地板的弯曲变形等)的影响。但如果需要测量高频的结构振动信号,则应将加速度传感器安装在车身板件上。测量俯仰和侧倾等角振动时,用两个加速度传感器,并应使两者相隔一段距离安装。对于驾驶人和乘员所受到的振动测量,即测量坐垫上的加速度时,要把传感器安装在一个半刚性的垫盘内,如图3-25所示。座椅靠背的振动测量也采用类似的装置。

近年来,各种按照 ISO 2631 标准进行频率加权的"平顺性测量仪"在汽车平顺性试验中得到应用。其测量仪内置有遵循特定要求的标准功能模块,包括必要的带通滤波器和频率加权、求和及求时间历程的均值等程序。更详细的测量信息,则需根据所采用的标准记录硬件,以及对时域信号的幅频分析技术的处理来获得。

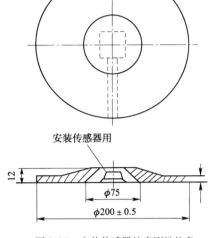

图 3-25 安装传感器的半刚性垫盘

2. 数据处理系统

由测试系统采集振动信号后,数据需要进行处理,才能得到有用的结果。数据处理由数据处理系统来完成。数据处理系统具有快速傅里叶变换(FFT)功能,采用相应的软件快速、精确地进行自谱、互谱、传递函数、相干函数和概率统计等各种数据处理和分析。

平顺性试验过程如图3-26所示。

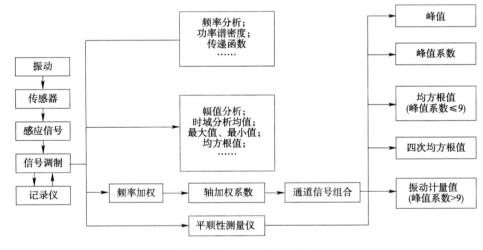

图 3-26 平顺性实验过程图

### 三、试验项目及方法

1. 汽车悬架系统的刚度、阻尼和惯性参数的测定

通过测定轮胎、悬架、坐垫的弹性特性(载荷与变形的关系曲线),可以求出在规定载荷下轮胎、悬架、坐垫的刚度。由加、卸载曲线包围的面积,可以确定这些元件的阻尼。另外,还要测量悬架(车身)质量、非悬架(车轮)质量、车身质量分配系数等。

## 2. 悬架系统部分固有频率(偏频)和阻尼比的测定

将汽车前轮、后轮分别从一定高度抛下,记录车身和车轮质量的衰减振动曲线,分别求得车身质量和车轮质量振动周期 $T$、$T'$,如图 3-27 所示。然后,按下式算出各部分固有频率:

车身部分固有频率 $f_0$ 为

$$f_0 = \frac{\omega}{2\pi} = \frac{1}{T} \tag{3-9}$$

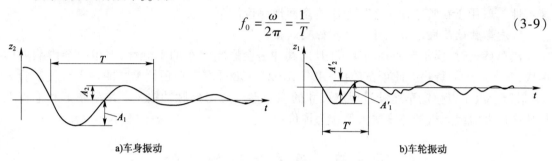

a) 车身振动　　　　　　　　　　b) 车轮振动

图 3-27　悬架系统衰减振动曲线

车轮部分固有频率 $f_t$ 为

$$f_t = \frac{\omega_t}{2\pi} = \frac{1}{T'} \tag{3-10}$$

车身和车轮部分的衰减率 $\tau$ 和 $\tau'$ 分别为

$$\tau = \frac{A_1}{A_2} \tag{3-11}$$

$$\tau' = \frac{A'_1}{A'_2} \tag{3-12}$$

然后,按式(3-13)和式(3-14)求出车身和车轮部分阻尼比 $\xi$ 和 $\xi'$

$$\xi = \frac{1}{\sqrt{1+\frac{4\pi^2}{\ln^2\tau}}} \tag{3-13}$$

$$\xi' = \frac{1}{\sqrt{1+\frac{4\pi^2}{\ln^2\tau'}}} \tag{3-14}$$

用同样方法可以求出"人体—座椅"系统之间的部分固有频率和阻尼比。

## 3. 汽车振动系统的频率响应函数的测定

在实际随机输入的路面上或在电液振动台上,给车轮以 0.5~30Hz 范围的振动输入,记录车轴、车身、坐垫上各测点的振动响应;然后由数据统计分析仪处理,按车轴/输入、车身/车轴、坐垫/车身可相应得到车轮、悬架、坐垫各环节的频率响应函数。其幅频特性的峰值所在频率即为各环节的固有频率,根据共振时的振幅 $A$ 近似求出各环节的阻尼比 $\xi$,即

$$\xi = \frac{1}{2\sqrt{A^2-1}} \tag{3-15}$$

## 4. 实际路面随机输入行驶试验

此项试验是评定汽车平顺性的最主要试验。按照 GB/T 4970—1996《汽车平顺性随机输入行驶试验方法》进行。

各种车辆因工作条件不相同,其试验要求的路况、车速、传感器安装位置等也有所不同。

平顺性随机输入试验主要以总加权加速度均方根值 $a_w$ 来评价。根据试验中记录的振动加速度时间历程,通过数据处理设备得到加速度功率谱密度,并可计算各 1/3 倍频程带宽中心频率 $f_{ci}$ 的加速度均方根 $a_i$,进而可求得 $a_w$。这些评价指标随车速的变化曲线称为"车速特性",可用于在整个使用车速范围内全面地评价汽车平顺性。

5. 汽车驶过凸块或凹坑脉冲输入行驶试验

汽车行驶时,偶尔会遇到凸块或凹坑,其冲击会影响汽车的平顺性,严重时会影响人体健康,破坏运载的货物。此项试验按 GB/T 5902—1986《汽车平顺性单脉冲输入行驶试验方法》进行。汽车以一定车速驶过规定尺寸的三角形凸块得到脉冲输入。用坐垫上和地板上加速度最大值或加权加速度最大值作为评价指标。

## 第七节　汽车通过性试验

汽车通过性试验包括汽车通过性几何参数测试、汽车最大挂钩牵引力和行驶阻力的试验、特殊路面及地形的通过性试验等。

### 一、通过性参数测试

通过性参数包括:最小离地间隙、接近角、离去角、纵向通过角、转弯直径和转弯通道圆。

1. 测试条件

(1)测试场地应具有水平坚硬覆盖层的支撑表面,其大小应允许汽车作全圆周行驶。

(2)汽车转向轮应以直线前进状态置于测试场地上。

(3)汽车轮胎气压应符合设计要求。

(4)汽车前轮最大转角应符合该车的技术条件规定。

2. 测试仪器、设备

(1)高度尺:量程 0～1000mm,最小刻度 0.5mm。

(2)离地间隙仪:量程 0～500mm,最小刻度 0.5mm。

(3)角度尺:量程 0°～18°,最小刻度 1°。

(4)钢卷尺:量程 0～20m,最小刻度 1mm。

(5)行驶轨迹显示装置。

(6)水平仪。

3. 测试部位及载荷状况

(1)接近角、离去角、纵向通过角的测试。测试部位如图 3-28 所示,测试的载荷状况分别测空车和满载两种状况。

(2)最小离地间隙的测试部位。测试支撑平面与车辆中间部分最低点的距离且指明最低点部件(图 3-29),测试的载荷状况为满载。

(3)汽车转弯直径的测定。

汽车转弯直径的测定步骤如下:

①在前外轮和后轮胎面中心的上方,在车体离转向中心最远点和最近点垂直地面方向,

分别装置行驶轨迹显示装置。

②汽车以低速行速,转向盘转到极限位置,保持不动,待车速稳定后起动显示装置,使各测点分别在地面上显示出封闭的运动轨迹之后,将车开出轨迹外。

③用钢卷尺测试各测点在地面上形成的轨迹圆直径,应在互相垂直的两个方向测试,取算术平均值作为测试结果。

④汽车向左转和向右转各测定一次。

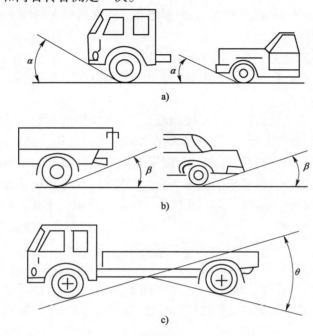

图 3-28　接近角、离去角、纵向通过角测试

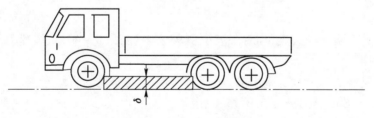

图 3-29　最小离地间隙测试

## 二、汽车稳定性参数的测试

汽车的静态横向稳定性是汽车设计和结构布置是否合理的重要方面。

汽车停放在坡度角为 $\alpha$ 的坡道上时,随着 $\alpha$ 的增大,左侧车轮的载荷 $Z_1$ 增大;右侧车轮的载荷 $Z_2$ 减小。其侧翻的临界角 $\alpha_f$ 为

$$\tan\alpha_f = \frac{B}{2h_g} \tag{3-16}$$

由此可见,汽车横向侧翻的临界角度口,与汽车的轮距 $B$ 和质心高度 $h_g$ 有关。汽车的静态横向稳定性是汽车设计和结构布置合理性的重要特性之一。

GB 7258—2012《机动车运行安全技术条件》规定：

（1）客车在乘客区满载、行李舱空载的情况下测试时，向左侧和右侧倾斜最大侧倾稳定角均应大于等于28°（对专用校车均应大于等于32°）；且除定线行驶的双层（公共）汽车外，在空载、静态条件下，向左侧和右侧倾斜最大侧倾稳定角均应大于等于35°。

（2）罐式汽车和罐式挂车在满载、静态状态下，向左侧和右侧倾斜最大侧倾稳定角应大于等于23°。

（3）其他机动车在空载、静态状态下，向左侧和右侧倾斜最大侧倾稳定角应大于等于：
①三轮机动车：25°；
②总质量为整备质量的1.2倍以下的机动车：30°；
③总质量不小于整备质量的1.2倍的专项作业车和轮式专用机械车：32°；
④其他机动车：35°。

在汽车倾斜试验台上检验汽车静态横向稳定性时，应使汽车的纵向中心线平行于倾斜试验台转轴的中心线，将汽车制动后，用绳索在汽车将出现滑移或翻倒的反方向上拴住，但绳索上不应预先施加拉力。此后，将试验台缓慢而稳定地倾斜，当倾斜角达到规定的值时，车辆不翻倒为合格。如若测取某车辆的最大横向稳定角，则将倾斜试验台继续缓慢而稳定地倾斜，当汽车出现侧滑或翻转时，即刻从试验倾斜角度指示盘上记下读数值。以同样的方法，左右倾斜各2~3次，而后取其平均值作为车辆的最大横向稳定角。

### 三、牵引试验

汽车牵引性能试验主要用于确定汽车牵引挂车的动力性能，包括牵引力性能试验和最大拖钩牵引力性能试验。其试验方法按国家标准GB/T 12537—1990《汽车牵引性能试验方法》进行。

1. 试验条件

1）气候条件

试验时应是无雨无雾天气，相对湿度小于95%，气温为0~40℃，风速为不大于3m/s。

2）试验道路

试验道路应是清洁、干燥、平坦的，用沥青或混凝土铺装的直线道路。道路长度为3km左右，宽度不小于8m，纵向坡度在0.1%以内。

由于路面对通过性影响非常大，所以在进行最大挂钩牵引力试验时，选择试验场地要特别注意，场地应平整，土壤干湿度适宜，坚实度、抗剪强度及疏松层应大体均匀。场地大小要保证完成同类路面的试验项目。

3）试验车辆装载质量

无特殊规定时，装载质量均为厂定最大装载质量或使试验车处于厂定最大总质量状态。装载质量应均匀分布，装载物应固定牢靠，试验过程中不得晃动和颠离；不应因潮湿、散失等条件变化而改变其质量。

4）轮胎气压

测定最大拖钩牵引力时，试验车的轮胎气压应不小于制造厂规定的最低轮胎气压值。其他试验条件与车速试验相同。

2. 试验仪器、器具

负荷拖车或能施加负荷的一般拖车；自动记录牵引力计及量程适当的牵引力传感器，测试精度为2%；速度测试仪，测试精度为1%；计时器，最小读数为0.1s。

在进行车辆性能试验时，利用负荷拖车可以在平坦试验路面上模拟车辆的各种行驶工况。

负荷拖车由电子元件和机械部分组成。其主要测控系统如图3-30所示，主要由功率吸收器、力传感器、速度传感器、手控盒、计算机等组成。

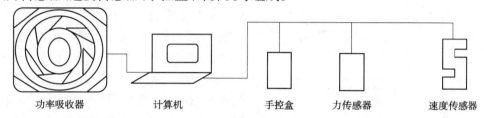

图3-30 负荷拖车测控系统

功率吸收器将旋转动能转变为热能并予以吸收，用以产生负荷。计算机通过直流控制器调节流过功率吸收器的电流强度，控制负荷的大小。

功率吸收器由两部分组成：定子部分和转子部分，其中定子绕有16组电磁线圈。电流流过电磁线圈产生磁场，当转子在定子内旋转时，便会切割磁力线而感生电流，感生电流的磁场与励磁电流磁场相互作用，产生电磁阻力矩，功率吸收器才能吸收能量使负荷拖车才能产生负荷。调节电磁线圈中的电流强弱，可以控制拖车的负荷大小。

负荷拖车的车轮轮轴通过传动系统与功率吸收器的转子相连（图3-30），当拖车由车辆牵引前进时，车轮滚动，从而带动转子转动。

力传感器在拖车的前部，用于测量拖车施加于试验车辆的负荷。负荷拖车产生负荷，力传感器受载后将载荷转换为电信号并输入计算机进行处理。

速度传感器安装在负荷拖车的轮轴传动系统上，用于测量负荷拖车的速度，即试验车辆的速度。试验时，负荷拖车的车轮转动，速度传感器将产生脉冲信号并输入计算机。

有线手控盒与计算机相连，用于控制负荷拖车加载、卸载，并调节负荷拖车速度与负荷。

3. 牵引性能试验

用牵引杆连接试验车和负荷拖车，牵引杆应保持水平，如图3-31所示；如使用一般拖车也采用前述的连接方式。试验时，牵引杆纵轴线和行车方向保持一致。如果用钢丝绳牵引，两车之间的钢丝绳长度应大于15m。试验车辆有自锁差速器时应锁住。

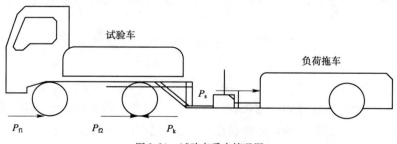

图3-31 试验车受力情况图

汽车起步，加速换挡至试验需要的挡位；节气门全开，加速至该挡最高车速的80%左右；负荷拖车施加负荷，在发动机正常使用的转速范围内，测取5~6个间隔均匀的稳定车速和该车速时的拖钩牵引力。

测试时，车速须稳定10s以上。往返各进行一次，试验数据记入牵引性能试验记录表中。取其算术平均值作为试验结果。据此可绘出汽车的牵引性能曲线，如图3-32所示。

**4. 最大挂钩牵引力试验**

试验汽车的传动系统处于最大传动比位置，有自锁差速器时应锁住。如果用钢丝绳牵引，两车之间的钢丝绳长度应大于15m。

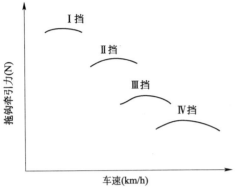

图3-32 汽车牵引性能

试验开始时，应缓慢起步，待钢丝绳（或牵引杆）拉直呈水平状态时，逐渐将加速踏板踩到底（节气门全开），到达该工况最高车速80%左右的车速时，负荷拖车施加负荷，试验车车速平稳下降，直至发动机熄火或驱动轮完全滑转为止，从自动记录牵引力计上读取最大拖钩牵引力。往返各进行一次相同的试验，以两个方向的最大拖钩牵引力的算术平均值作为试验结果。

**5. 模拟爬坡度试验**

负荷拖车可以提供可以调节的稳定负荷，据此可以进行汽车的其他动力性试验。如：在汽车爬坡时，拖钩牵引力主要用来克服爬坡阻力，因此，用负荷拖车模拟汽车的坡度阻力，可以进行汽车的爬坡能力试验。

**6. 行驶阻力及滚动阻力系数试验**

行驶阻力试验与最大拖钩牵引力试验基本相同，不同的是汽车不是自行，而是试验车辆变速器置于空挡，用另外一辆带纹盘的汽车拖拽试验车辆。试验时，用纹盘以稳定速度拖动试验车辆前进，记录仪所记录的拉力即为行驶阻力。如果所记录的拉力值变化很大，这说明地面质量很不均匀，根据情况考虑是否更换试验路面。

采用有动力负荷拖车可以测量汽车滚动阻力及滚动阻力系数。试验时，首先将试验车的半轴取出，以消除发动机及传动系统的阻力矩的影响。负荷拖车以较低的速度等速牵引试验车行驶时，空气阻力和加速阻力均很小，可以忽略不计。这样，牵引力与试验车的滚动阻力很接近，所测出的拖钩牵引力即为滚动阻力。

测出滚动阻力后，根据试验车的总质量可以换算得到滚动阻力系数值。

# 第八节 环境适应性试验

汽车环境适应性试验是贯穿于汽车研制、定型、生产和使用等过程中的一项重要基础性工作，是汽车环境适应性设计的基础和有效手段。通过环境适应性试验，可以发现汽车设计中存在的缺陷，并采取必要的纠正或防护措施，提高汽车的环境适应能力。

## 一、整车热平衡性能试验

1. 术语解释

汽车热平衡:指汽车动力总成(发动机、变速器、驱动桥)系统各部分温度与环境温度差值达到稳定。

环境温度:汽车行驶时周围环境阴影下1.5m高度的空气温度。

冷却介质:起冷却作用的物质,包括发动机冷却液、发动机润滑油、变速器润滑油、驱动桥润滑油等。

冷却常数:汽车热平衡时冷却介质温度与环境温度的差值。

冷却介质最高许用环境温度:汽车动力总成(发动机、变速器、驱动桥)正常工作所允许的冷却介质最高温度(由生产厂商给定)。

许用环境温度:汽车热平衡时冷却介质最高许用环境温度与冷却常数的差值,取冷却介质最小许用环境温度作为整车许用环境温度。

2. 试验车辆试验条件设定

①轮胎气压应符合汽车技术条件的规定,误差不超过±10kPa。

②车辆的节温器应强制全开。

③电子风扇高速挡状态短接到高速挡;如果试验条件有要求时可进行不短接。

④试验前,车辆应进行充分预热,发动机出水及机油温度达到正常工作条件。

⑤对于试验工况要求的空调开启状态,空调打开到最大制冷状态和最大出风量状态,空调换气使用外循环模式。

⑥试验载荷为车辆最大设计总质量。

3. 试验环境条件设定

①温度:30℃±3℃,如果试验条件有要求可选38℃±1.5℃。

②相对湿度:50%±5%。

4. 测量项目及传感器安装位置

测量项目及传感器安装位置见表3-7,但不局限于此表所述内容。

**测量项目及传感器安装位置**　　　　表3-7

| 测量项目 | 传感器安装位置 |
| --- | --- |
| 发动机机油温度 | 油底壳放油螺塞处,如果设计阶段有要求时可进行不同选择设定 |
| 散热器出口温度 | 靠近发动机进水口,散热器出口胶管水流中心处 |
| 散热器进口温度 | 靠近发动机出水口,散热器进口胶管水流中心处 |
| 散热器进风温度 | 散热器和冷凝器之间的空隙 |
| 散热器出风温度 | 散热器冷却风扇处 |
| 环境空气温度 | 安装在应避免风机的出风对其有直接影响处 |
| 空气滤清器入口温度 | 空滤进气口下(管内轴线方向)5cm~10cm处 |
| 变速器油温 | 放油螺塞处(自动变速箱的车辆) |
| 发动机转速 | 点火线圈 |
| 排气温度 | 排气歧管出气口向内约5~10cm处 |
| 机舱内温度 | 发动机机体中心上方2cm处 |

**5. 试验方法一**

①自动变速器车辆采用 D 挡,手动变速器采用相应挡位。

②使用一挡,施加阻力按 9% 坡道计算,发动机转速按最高转速的 65% 运行(不得超过 4000r/min)。A/C(空调)打开。

③使用二挡,施加阻力按 6% 坡道计算,发动机转速按最高转速的 65% 运行(不得超过 4000r/min)。A/C(空调)打开。

④使用二挡,施加阻力按 9% 坡道计算,发动机转速按最高转速的 65% 运行(不得超过 4000r/min)。A/C(空调)打开。

⑤最高挡,如果车辆最高车速低于 140km/h,按最高车速试验,其他情况下按车速 140km/h 试验,车速偏差在 ±2km/h 以内。A/C(空调)打开。

⑥空挡,发动机怠速,在距车前 20cm 处放置障碍物,以模拟在交通拥挤时尾随前车的情况。A/C(空调)打开,自动变速器踩刹车,如试验中变速器油温过热,则变速器置于 N 挡,重新试验。

**6. 试验方法二**

自动变速器车辆采用 D 挡,手动变速器采用相应挡位。

①发动机最大转矩转速工况。

汽车以 Ⅱ 挡、节气门全开的状态行驶,控制发动机转速稳定在最大转矩转速,偏差在 ±2% 或 ±50% r/min(取两者中较大值)以内。A/C(空调)打开。

②发动机额定功率转速工况。

汽车以 Ⅱ 挡、节气门全开的状态行驶,控制发动机转速稳定在额定功率转速,偏差在 ±2% 或 ±50% r/min(取两者中较大值)以内。A/C(空调)打开。

③模拟爬坡工况。

汽车选用在 3/4 额定转速的状态下能爬上 7% 坡度的最高挡,再通过控制节气门使汽车在 3/4 额定转速的状态下行驶,偏差在 ±2% 或 ±50r/min(取两者中较大值)以内。A/C(空调)打开。

④高速行驶工况。

汽车以最高挡、90% 最高车速或 140km/h(取两者中较小者)的状态行驶,车速偏差在 ±2km/h 以内。A/C(空调)打开。

⑤熄火浸置工况。

在④结束后迅速停车并熄火。

⑥怠速工况。

空挡,发动机怠速,在距车前 20cm 处放置障碍物,以模拟在交通拥挤时尾随前车的情况。A/C(空调)打开,自动变速器踩刹车,如试验中变速器油温过热,则变速器置于 N 挡,重新试验。

## 二、整车温度场性能试验

试验车辆设定条件为原车状态,以外条件同热平衡试验条件。

**1. 试验环境条件设定**

①温度:38℃ ±1.5℃。

②相对湿度:50%±5%。

2. 试验方法

试验方法同热平衡试验。试验数据采集:各行驶工况结束后,车辆立即熄火浸置,再次采集4min的试验数据,两次试验数据作为最终的试验结果。

3. 温度点测量要求

常规温度点测量要求,有特殊需要测量的点可以根据需要进行布置。

1)冷却液出口温度

测点位置:温度传感器置于发动机出水口到散热器之间无分流的水管内,安装中必须保证其传感器和冷却液充分接触距离不小于10mm,如较细水管必须保证传感器达到水管中心位置。

2)冷却液进口温度

测点位置:温度传感器置于发动机进水口到散热器之间无分流的水管内,安装中必须保证其传感器和冷却液充分接触距离不小于10mm,如较细水管必须保证传感器达到水管中心位置。

3)机油温度

测点位置:温度传感器应置于发动机机油标尺前部5mm或放油螺栓处。

4)排气歧管出口

测点位置:温度传感器应置于发动机排气歧管出口处,见图3-33。

图3-33 排气管

5)氧传感器表面温度

测点位置:温度传感器置于氧传感器线束表面靠近三元催化器处。

6)三元催化器表面温度

测点位置:温度传感器置于三元催化器表面(正反面),见图3-34。

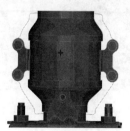
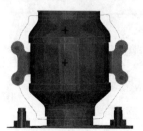

图3-34 三元催化器(正反面)

7)排气管表面温度

测点位置:温度传感器置于排气管的表面,见图3-35。

图 3-35　排气管和三元催化器

8）油底壳表面温度

测点位置：温度传感器置于发动机油底壳表面，见图 3-36。

9）发动机体温度

测点位置：温度传感器置于发动机体表面，见图 3-37。

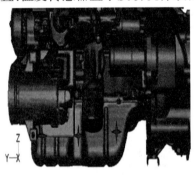
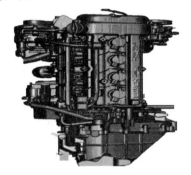

图 3-36　油底壳　　　　　　　图 3-37　发动机体

10）发动机排气管罩温度

测点位置：温度传感器置于发动机排气管罩表面，见图 3-38。

11）排气管出口温度

测点位置：温度传感器置于排气管表面，见图 3-39。

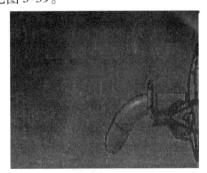

图 3-38　发动机排气管罩　　　　　　　图 3-39　尾管出口

# 第四章 汽车可靠性与耐久性试验

## 第一节 概　　述

汽车可靠性是汽车最重要的性能之一,它是用户最为关心的性能,也关系到出车率和使用成本,可靠性差,会直接影响产品销售。可靠性与设计技术、全面质量管理、原材料和协作件质量的控制等密切相关。汽车可靠性提高了,就意味着汽车整车技术水平提高了,因此,汽车可靠性行驶试验是一项必不可少的重要试验。

### 一、汽车可靠性定义

所谓汽车可靠性,就是汽车产品在规定的条件下和规定的时间内完成规定功能的能力。可靠性包括四个主要因素,即对象、规定条件、规定时间及规定功能。对象即所研究的系统或构成,汽车可靠性试验中的对象即试验汽车;规定的条件是指试验汽车的使用条件,诸如道路、载荷、气象、驾驶及维修等,以及存放条件;规定的时间是指某一特征使用时间,例如,可靠性行驶试验时间、保用期、第一次大修里程及报废期等。另外,汽车产品定型试验进行的可靠性行驶试验里程(50000km)也属于规定的时间范畴的;规定的功能是指汽车使用说明书或设计任务书中明确的基本功能,例如动力性、燃料经济性、噪声性能及排放性能等。对于不能完成功能,称为失效或者故障,也就是不可靠。

在汽车可靠性中,大体上将故障分为两大类,其一是零部件损坏导致汽车停驶或工作不正常的突发性故障,称为硬故障;其二是使汽车性能不稳定或性能下降到最低限度以下的渐衰型故障,称为软故障,两种故障都被认为是不能完成规定功能的故障。

### 二、汽车故障

产品在规定的条件下和规定的时间内,丧失其规定功能的事件称为故障(也称失效)。对于已经发生但尚未被发现的,或者是维修、拆检过程中发现的故障称为潜在故障。

汽车是一个复杂的系统,出现的故障模式多种多样,而各种故障对汽车危害度的分析,并按其对整车的危害程度进行分类。而故障的危害度主要从其对人身安全的危害、对完成功能的影响及造成经济损失等方面进行衡量。

我国《汽车产品质量检验评定办法》中对故障的分类是按其造成整车致命损伤(人身重大伤亡及汽车严重损坏)的可能性(概率)进行简单分类的。规定致命损伤概率接近1的称为致命故障;概率接近0.5的称为严重故障,概率接近0.1的称为一般故障;概率接近零的称为轻微故障或安全故障。故障分类的具体规定详见表4-1。

故 障 分 类 规 定                  表 4-1

| 故障类型 | | 分 类 原 则 |
|---|---|---|
| 1 | 致命故障 | 危及行驶安全,导致人身死亡,引起主要总成报废,造成重大经济损失,或对周围环境造成严重危害 |
| 2 | 严重故障 | 影响行驶安全,导致主要总成、零部件损坏或性能显著下降,并不可用随车工具和易损备件在短时间(约30min)内修复 |
| 3 | 一般故障 | 造成停驶或性能下降,但一般不会导致主要总成、零部件损坏,并可用随车工具和易损备件或价值很低的零件在短时间(约30min)内修复 |
| 4 | 轻微故障 | 一般不会导致停驶或性能下降,不需更换零件,用随车工具在短时间(约5min)内能轻易排除 |

# 第二节　汽车可靠性试验类型

## 一、可靠性试验按目的分类

按试验目的分为如下四种可靠性试验。

1. 可靠性考核试验

试验目的是确定稳定生产的汽车产品可靠性是否达到要求。汽车产品质量检查监测部门进行的汽车产品质量检查的可靠性试验属于这类试验。

2. 可靠性鉴定试验

可靠性鉴定试验系指鉴定汽车新产品或改进设计后的汽车产品的可靠性是否达到鉴定标准的可靠性试验。

3. 可靠性测定试验

试验目的是测定未知可靠性水平的汽车可靠性,例如,分析进口汽车样车的可靠性,商检汽车可靠性等。

4. 可靠性研制试验

试验目的是测定汽车产品可靠性水平,例如在新产品研制过程中,一边测定汽车样车的可靠性水平,一边进行改进,使汽车样车的可靠性逐步提高,直到达到设计任务书要求的水平为止。通常,新产品定型试验前几轮的可靠性行驶试验属于这类试验。

## 二、可靠性试验按试验方法分类

可靠性试验按试验方法分为如下四种。

1. 快速可靠性试验

将对汽车寿命产生影响的主要条件集中实施(所谓的载荷浓缩),使得在尽可能短的时间内获得相当于常规试验在长时期内得到的试验结果,即在汽车试验道路上进行的具有一定快速系数的可靠性试验。近年来由于国内汽车试验场的建设并投入使用,国内大多数汽车制造厂都采用此种方法进行可靠性试验。

2. 常规可靠性试验

常规可靠性试验是在公路或一般道路上,使汽车以类似或接近汽车实际使用条件进行的试验。该试验是最基本的可靠性试验,试验周期较长,但试验结果最接近实际的状况。

3. 特殊环境可靠性试验

汽车在严寒、高温、低气压、盐雾等特殊环境下进行的可靠性试验。

4. 极限条件可靠性试验

极限条件可靠性试验系指对汽车施加在实际使用条件下可能遇到的少量极限载荷所进行的试验。例如发动机超转速运转、冲击沙坑等试验,主要是指对车身及其附件的试验。

## 第三节　汽车可靠性试验方法

### 一、试验条件

以前我国各汽车制造厂对汽车主要是进行常规可靠性试验,而随着海南汽车试验场、二汽襄樊汽车试验场、一汽农安汽车试验场、总后定远汽车试验场、交通部通州汽车试验场的先后建成并投入使用,快速可靠性试验日益受到重视,并且汽车制造厂利用汽车试验场进行可靠性试验的也越来越多了。

1. 装载质量

轿车装载质量按 GB/T 5910—1998《轿车　质量分布》的规定,即人的质量按 68kg 计算,人均行李按 7kg 计算。

2. 燃料、润滑油、动力转向油、制动液及冷却液

试验汽车使用的燃料、润滑油、动力转向油、制动液及冷却液的牌号和规格,都应该符合该车技术条件和现行国家标准的规定。可靠性行驶试验中基本性能初试和复试,必须使用同一批生产的燃料、润滑油、动力转向油、制动液及冷却液,同时还要测量燃料的密度,以便于将燃料密度试验数据校正到标准状态下的数据。绝对不允许使用不符合尤其是低于技术条件规定的燃料和润滑油,以免发生零部件的异常损坏。

3. 轮胎气压

可靠性试验中,轮胎冷态充气压力应符合该车技术条件的规定,尤其是可靠性基本性能试验,要求轮胎气压误差不得超过±10kPa。在试验中还应该经常检查气压,确保轮胎具有正常磨损及良好的安全性能,并且按技术条件规定按时调换轮胎的位置或按最少行驶里程 6000km 调换一次。

4. 气象

可靠性行驶试验的气象条件是全天候型的,而且应该选择多种多样的,而可靠性试验中的性能试验,其气象条件要求很严格,具体内容如下:

① 无雾、无雨的天气;

② 相对湿度小于95%;

③ 气温 0～40℃;

④ 风速不高于 3m/s。

对于特殊地区使用的汽车或特殊用途的汽车应在相应的特殊气象条件下(如严寒、湿热等)试验。

5．试验道路

1）常规可靠性试验道路

常规可靠性试验道路应按 GB 7031—2005 选定。但在实际试验中，一般的汽车制造厂不可能使用路面计进行路面谱测定，只能对路面做较为细致的直观描述和拍照典型路段照片，据此选择可靠性试验道路。另外，对于一些砂石土路和凹凸不平的坏路，一般经常有公路维护人员对其进行定期维护，路面总有不同程度的改变。上述两种原因往往使可靠性行驶试验道路不标准或不稳定，影响试验结果，因此，在选择可靠性行驶试验道路时应予以充分重视。

2）平原公路

路面平整度为 C 级或 C 级以上，宽度应符合国家一级或二级公路标准中的平原微丘公路的要求；最大坡度小于 5%，一般应小于 3%；路面宽阔平直，视野良好，汽车能持续以较高车速行驶，距离大于 50km。

3）坏路

路基坚实，路面凸凹不平的道路。有明显的搓板波，分布均匀的鱼鳞坑等。路面不平度为 E 级或 E 级以下，试验车在这种路面上行驶时，应受到较强的振动和扭曲负荷，但不应有太大的冲击。

近年来由于国家公路条件的不断改善，这种路面已很难找到。

4）山路

平均坡度大于 4%，最大坡度为 15%，连续坡长大于 3km，路面平整度为 C 级以上。

5）城市道路

大、中城市交通干线街道，路面平整度为 C 级以上。

6）试车场可靠性试验道路

试车场可靠性试验道路一般应包括：具有固定路形的特殊可靠性道路(如石块路、卵石路、鱼鳞坑路、搓板路、扭曲路、凸块路、沙槽、水池、盐水池等)，高速跑道，坡道，砂土路等。可按国内各汽车试验场的试验规程执行。

6．试验仪器

在汽车可靠性试验行驶试验中，除了进行基本性能试验所需仪器外还需要行驶工况记录仪、气象仪、秒表、半导体温度计、发动机转速表、坡度计、路面计等。

## 二、试验车辆准备

用于可靠性试验的车辆一般不少于 3 辆。

1．接车检查

轮胎气压应符合汽车技术条件的规定，误差不超过 ±10kPa；

车辆的节温器应强制全开；

电子风扇高速挡状态短接到高速挡；如果试验条件有要求时可进行不短接；

试验前，车辆应进行充分预热，发动机出水及机油温度达到正常工作条件；

对于试验工况要求的空调开启状态,空调打开到最大制冷状态和最大出风量状态,空调换气使用外循环模式;

试验载荷为车辆最大设计总质量。

2. 汽车的驾驶与维护(预防维修)

试验汽车的驾驶与技术维护应按该车使用说明书的规定执行,技术维护也可按该车维护规范卡进行。对于新型汽车,可以参照国内同类汽车的维护维修技术规范或按照国外同类汽车的维护技术条件进行维护(暂时维护)。

### 三、汽车可靠性行驶试验规范

1. 快速可靠性行驶试验

快速可靠性行驶试验都在汽车试验场内进行,行驶规范按各试验场可靠性试验规范进行(见第十二章试验场介绍)。定型试验必须在经国家有关机关批准的有资质的汽车试验场进行。

2. 常规可靠性行驶试验

轿车常规可靠性行驶试验总行驶里程为 50000km,其中各种道路里程比例为:凹凸不平坏路里程占 30%;山区公路占 30%;平原公路占 40%,并且 1/4 行驶里程中应进行高速行驶,高速行驶的平均车速不得低于该车最高车速的 70%,持续行驶时间不得低于 1h。

在常规可靠性行驶试验过程中,在保证安全的前提下,应尽可能以高速行驶,并且不得挂空挡滑行;为了考查汽车灯光、仪表的可靠性,应包括一定比例的夜间行驶里程,一般夜间行驶里程不少于试验里程的 10%(也可以用不干胶纸将前照灯罩上,以白天行驶代替夜间行驶)。

实际上由于受道路限速条件的限制,试验车速很难达到试验条件的要求,又加近年道路条件的不断改善,凹凸不平坏路很难找到,所以现在很少有汽车制造厂采用常规可靠性行驶试验方法进行可靠性行驶试验。

### 四、汽车性能测试

在可靠性行驶试验初期和结束后各进行一次汽车性能试验,以确定是否达到设计要求或国家规定的限值及其稳定程度。检测内容(可按试验类别,根据试验规程的规定有所增减)如下。

1. 动力性

滑行:按 GB/T 12536—1990《汽车滑行试验方法》进行。

最高车速:按 GB/T 12544—2012《汽车最高车速试验方法》进行。

最低稳定车速:按 GB/T 12547—2009《汽车最低稳定车速试验方法》进行。

加速性能:按 GB/T 12543—2009《汽车加速性能试验方法》进行。

2. 燃料消耗量

等速行驶燃料消耗量、限定条件下行驶燃料消耗量:按 GB/T 12545—2008《汽车燃料消耗量试验方法》进行。

多工况燃料消耗量:按 GB/T 19233—2008《轻型汽车燃料消耗量试验方法》进行。

3.制动性

按 GB 12676—1999《汽车制动系统结构、性能和试验方法》进行。

4.噪声

加速噪声:按 GB 1495—2002《汽车加速行驶车外噪声限值及试验方法》进行。

5.操纵稳定性试验

按 GB/T 6323—2014《汽车操纵稳定性试验方法》进行。

6.平顺性试验

(1)按 GB 4970—2009《汽车平顺性随机输入行驶试验方法》进行。

(2)按 GB 5902—1986《汽车平顺性脉冲输入行驶试验方法》进行。

7.防雨密封性

按 GB/T 12480—1990《客车防雨密封性试验方法》进行。

拆检中发现的潜在故障,应计入统计。

## 五、试验数据处理及评价指标计算

1.行驶工况统计

可靠性行驶试验中,每日每班填写行车记录单,试验员依据试验驾驶员填写的行车记录单(试验员每天都应检查行车记录单,确认当日发生的确实情况),定期统计各种试验道路情况:实际行驶里程、平均技术车速、燃油消耗量、机油消耗量等。表 4-2 示出某车型两辆车可靠性行驶试验行驶工况统计。

某车型两辆车可靠性行驶试验行驶工况统计　　　　表 4-2

| 路面 | 车号 | 要求里程(km) | 实际里程(km) | 平均车速(km/h) | 百公里油耗(L/100km) | 备注 |
|---|---|---|---|---|---|---|
| 一般公路 | 1# | 4000 | 4046 | 85 | 6.8 | |
| | 2# | | 4647 | 86 | 7.3 | |
| 高速环道 | 1# | 18000 | 18021 | 140 | 11.2 | |
| | 2# | | 18080 | 143 | 11.4 | |
| 山路 | 1# | 3000 | 3009 | 56 | 7.1 | |
| | 2# | | 3018 | 57 | 7.6 | |
| 组合强化路面 | 1# | 5000 | 5061 | 52 | 10.0 | |
| | 2# | | 5124 | 51 | 8.8 | |

2.故障统计

(1)可靠性行驶试验中,当日班发生的故障应详细的填写在行车记录单上,故障描述要真实、详尽,并记录发生故障时间、里程、故障发生的现象及故障排除措施等,以备试验员能够将故障清楚地、真实地反映在试验报告上。

(2)所有故障均按单车,依发现故障的里程顺序,统计于故障统计表上,故障统计表见表 4-3。故障种类栏目中应填写"本质故障"或"误用故障"。

"本质故障"为试验汽车正常试验状态下产生的,是试验汽车本身潜在的、非人为的、非责任的故障。

故 障 统 计 表  表 4-3

| 序号 | 总成零部件名称 | 故障里程(km) | 故障模式 | 故障描述 | 故障原因 | 排出措施 | 故障级别 | 故障种类 |
|---|---|---|---|---|---|---|---|---|
| 1 | | | | | | | | |
| 2 | | | | | | | | |
| 3 | | | | | | | | |
| … | | | | | | | | |

"误用故障"为试验汽车在可靠性行驶试验中,使用、操作、维护、维修等未按规范执行而出现的故障,属于责任事故、人为故障。

3. 可靠性数据统计计算

依据表 4-3 和 QC/T 900—1997《汽车整车产品质量评定方法》附录 G,对可靠性行驶试验中出现的故障进行分类和统计,分别计算出平均首次故障里程和平均故障间隔里程。

评价指标计算需要按单车分别统计各类故障频次和首次故障里程,实际行驶里程等,表 4-4 示出了某车型五辆车可靠性行驶故障统计。

**可靠性行驶故障统计**  表 4-4

| 项目 | | 车辆编号 | 1# | 2# | 3# | 4# | 5# |
|---|---|---|---|---|---|---|---|
| 故障类别 | 1 | 频次(次) | | | | | |
| | | 首故障里程(km) | | | | | |
| | 2 | 频次(次) | | | 1 | | |
| | | 首故障里程(km) | | | 21290 | | |
| | 3 | 频次(次) | 6 | 3 | 4 | 2 | 3 |
| | | 首故障里程(km) | 5816 | 17960 | 13048 | 13287 | 2726 |
| | 4 | 频次(次) | 3 | | 2 | 1 | 1 |
| | | 首故障里程(km) | 10909 | 28902 | 4345 | 17108 | 23851 |
| 总行驶里程(km) | | | 33638 | 33266 | 33057 | 33028 | 33063 |
| 平均首次故障里程(km) | | | 8827 | | | | |
| 平均故障间隔里程(km) | | | 6387 | | | | |

数据统计中,只考虑和计入"本质故障","误用故障"不计入故障数。未排除故障,只统计一次,故障类别按最严重情况划分,其对应里程为该故障里程。同一里程不同零件发生故障应分别统计。同一零件出现不同模式故障也应分别统计:如果同一个零件发生几处模式相同的故障,则只统计一次,故障类别按最严重的划分。磨合行驶期间发生的故障纳入故障统计并参与评定。

根据表 4-4 的统计数据按下述公式计算平均首次故障里程和平均故障间隔里程。

平均首次故障里程计算公式为

$$T_f = \frac{1}{n}\left(\sum_{i=1}^{n} t_i\right) \qquad (4\text{-}1)$$

式中：$T_f$——平均首次故障里程，km；
　　　$n$——样车数；
　　　$t_i$——第 $i$ 辆样车的首次故障里程，km。当第 $i$ 辆样车在试验期间未发生故障，$t_i$ 按试验截止里程计，公式中的"＝"改为"＞"。

平均故障间隔里程计算公式为

$$T_b = \frac{nt}{r} \tag{4-2}$$

式中：$T_b$——平均故障间隔里程，km；
　　　$n$——样车数；
　　　$t$——检验截止里程（包括磨合里程），km；
　　　$r$——所有样车发生的故障总数，当 $r=0$ 时，按 $r=1$ 计，公式中的"＝"改为"＞"。

## 第四节　拆检试验

### 一、概述

可靠性行驶试验结束后是否进行整车拆检，检查各总成内部的故障、缺陷及其他异常情况，应根据试验委托单要求确定。对试验委托单无要求的，一般不予拆检。遇有不拆检不能确定故障模式、故障原因时，则必须拆检。拆检时检测方法一般为感官评价，根据实际需要进行有关测量。所有的拆检工作必须与生产厂家协商在研究院进行，如果厂家不来人，则由研究院自己组织拆检，不可由厂家拿走自行拆检。整车可靠性试验报告必须包含整车拆检内容，也就是说，拆检时发现的故障应纳入故障统计表中，参与故障统计与计算。耐久性试验结束后必须进行拆检，对主要摩擦副需进行精密测量（耐久性行驶试验开始前，应对这些摩擦副进行初始测量）。

### 二、拆检项目

**1. 车身**

因为车身内部有很多零部件不拆下来是看不到的，所以 50000km 和 50000km 以上可靠性试验和耐久性试验结束后，不管试验委托单是否要求拆检，都应解体整车，重点检查在整车状态下看不到的零部件的故障、缺陷。对于 50000km 以下的试验车，应根据试验车的具体情况而定，一般来说：不需拆检。主要的检查项目见表 4-5。

车身检查项目　　　　　　　　　　表 4-5

| 序号 | 零部件名称 | 检查项目 | 测量项目 |
|---|---|---|---|
| 1 | 车身内外钣件 | 锈蚀、裂纹、开焊、变形 | |
| 2 | 各种悬置件、支承件、连接件、各种胶垫、衬管等 | 锈蚀、裂纹、开焊、碎裂、变形 | |
| 3 | 失效的门锁、发动机舱锁、行李舱锁 | 失效模式、失效原因 | |
| 4 | 失效的玻璃升降器 | 失效模式、失效原因 | |

续上表

| 序号 | 零部件名称 | 检查项目 | 测量项目 |
|---|---|---|---|
| 5 | 座椅 | 变形、断裂、松旷 | |
| 6 | 空调系统 | 磨损、锈蚀 | |
| 7 | 各种铰链 | 磨损、锈蚀、开裂、变形、灵活性、异响 | |
| 8 | 刮水器 | 变形、磨损 | |
| 9 | 门窗 | 开关灵活性、异音、变形、下沉 | |
| 10 | 制动及离合器踏板总成 | 裂纹、变形 | |
| 11 | 地板梁架 | 裂纹、变形 | |
| 12 | 通风道 | 裂纹、变形 | |
| 13 | 各种内饰件 | 裂纹、变形、颜色 | |
| 14 | 各种外饰件 | 裂纹、变形、颜色 | |
| 15 | 其他 | | |

### 2. 发动机

可靠性试验发动机一般不进行拆检,但如果在试验过程中发现烧机油、性能明显下降、油耗明显增加、异响等,则应与生产厂家协商,共同拆检。耐久性试验结束后发动机必须拆检,对主要摩擦副进行精密测量。主要检查和测量项目见表4-6。

发动机检查测量项目　　　　表4-6

| 序号 | 零部件名称 | 检查项目 | 测量项目 |
|---|---|---|---|
| 1 | 缸盖 | 燃烧室积炭、裂纹、变形 | |
| 2 | 缸体 | 缸筒表面状况、气门座状况、轴承座状况、裂纹 | 圆柱度、圆度、气门导管孔径 |
| 3 | 活塞 | 积炭、裂纹、表面状况、环槽状况 | 环槽高度、销孔内径 |
| 4 | 活塞环 | 开口位置、漏光度、活动度、磨损、断裂 | 高度、厚度、开口间隙、弹力 |
| 5 | 活塞销 | 表面状况、磨损 | 直径 |
| 6 | 曲轴 | 表面状况、裂纹、变形、磨损 | 轴颈直径 |
| 7 | 轴瓦 | 表面状况、磨损 | 厚度 |
| 8 | 凸轮轴 | 凸轮及轴径表面状况、磨损 | 凸轮高度、轴径 |
| 9 | 挺杆 | 挺杆表面及端面状况、磨损 | 杆径、高度 |
| 10 | 推杆 | 变形及端面状况 | |
| 11 | 摇臂及摇臂轴 | 端部状况、磨损 | 轴径、孔径 |
| 12 | 气门 | 表面状况、变形、积炭、烧蚀 | 杆径 |
| 13 | 气门弹簧 | 断裂、自由长度 | 自由长度 |
| 14 | 飞轮及齿环 | 松动、轮齿状况、磨损 | |
| 15 | 连杆 | 变形 | |
| 16 | 其他 | | |

如果为了查明发动机主要摩擦副零件(如缸筒、活塞、活塞环、连杆、曲轴、轴瓦、凸轮轴等)磨损情况,需要精密测量,考虑到量具和工作经验,可以委托给生产厂家进行,但试验部

必须派人现场跟踪。

3. 离合器

可靠性试验离合器有滑转、异响等情况发生时应该拆检,查明故障原因。耐久性试验必须拆检,从动盘和主动盘需精密测量。离合器检查测量项目见表4-7。

离合器检查项目　　　　　　　　　　　　　　　表4-7

| 序号 | 零部件名称 | 检查项目 | 测量项目 |
|---|---|---|---|
| 1 | 从动盘总成 | 摩擦片表面、铆钉、花键、减振弹簧、磨损 | 摩擦片 |
| 2 | 主动盘总成 | 龟裂、烧痕、裂纹、变形、铆钉、磨损 |  |
| 3 | 分离杠杆 | 变形、端部磨损 |  |
| 4 | 分离轴承 | 磨损、间隙、活动度 |  |
| 5 | 压力弹簧 | 变形、断裂 | 自由高度 |
| 6 | 离合器壳 | 变形、裂纹 |  |
| 7 | 其他 |  |  |

4. 变速器

可靠性试验变速器一般也不拆检,但如果有异响及怀疑有其他潜在故障时,应和生产厂家协商,进行拆检。耐久性试验必须拆检。变速器主要的检查项目见表4-8。

变速器检查项目　　　　　　　　　　　　　　　表4-8

| 序号 | 零部件名称 | 检查项目 | 测量项目 |
|---|---|---|---|
| 1 | 变速器壳体 | 裂纹、轴承孔变形 |  |
| 2 | 齿轮 | 齿面状况、变速齿轮及啮合套齿端状况、磨损 |  |
| 3 | 轴 | 变形及表面损伤、磨损 |  |
| 4 | 轴承 | 滚道及滚子状况、磨损 |  |
| 5 | 变速机构 | 变速叉轴直径、孔径、叉端部状况、磨损 |  |
| 6 | 同步器 | 磨损及表面状况 |  |
| 7 | 差速器壳 | 裂纹、变形、连接螺栓力矩 |  |
| 8 | 其他 |  |  |

5. 转向机构

可靠性试验转向机构一般也不拆检,但遇有松旷、异响等情况,而又无法判断故障部位及故障模式时,也应和生产厂家协商,进行拆检。以便查明故障部位及故障模式和故障原因。耐久性试验必须拆检。

转向机构主要的检查项目见表4-9。

转向机构检查项目　　　　　　　　　　　　　　表4-9

| 序号 | 零部件名称 | 检查项目 | 测量项目 |
|---|---|---|---|
| 1 | 转向盘 | 裂纹、变形 |  |
| 2 | 转向柱 | 松旷、变形 |  |
| 3 | 转向齿条 | 磨损、齿面状况 |  |
| 4 | 转向器小齿轮 | 磨损、齿面状况 |  |

续上表

| 序号 | 零部件名称 | 检查项目 | 测量项目 |
|---|---|---|---|
| 5 | 转向轴万向节 | 松旷 | |
| 6 | 转向拉杆左右接头 | 松旷 | |
| 7 | 球头销 | 松旷 | |
| 8 | 各种防尘罩 | 变形、破裂 | |
| 9 | 助力器及油管(线路) | 异响、渗漏 | |
| 10 | 其他 | | |

**6. 传动轴**

可靠性试验传动轴一般也不拆检,遇有松旷、异响等情况时,也应和生产厂家协商,共同完成拆检,耐久性试验必须拆检。传动轴主要的检查项目见表4-10。

传动轴检查项目　　　　　　　　　　　　　　　表4-10

| 序号 | 零部件名称 | 检查项目 | 测量项目 |
|---|---|---|---|
| 1 | 驱动轴 | 万向节松旷、花键齿表面状况及磨损 | |
| 2 | 护套 | 变形、损坏 | |
| 3 | 其他 | | |

**7. 悬架系统**

悬架系统发现有异响或怀疑有其他潜在故障而又无法判断故障源和故障模式时,则应拆检。耐久性试验必须拆检。悬架系统检查项目见表4-11。

悬架系统检查项目　　　　　　　　　　　　　　表4-11

| 序号 | 零部件名称 | 检查项目 | 测量项目 |
|---|---|---|---|
| 1 | 转向节 | 变形、裂纹、磨损、锈蚀 | |
| 2 | 转向节轴承 | 松旷 | |
| 3 | 摆臂及球头销 | 变形、裂纹、松旷、锈蚀 | |
| 4 | 摆臂衬套 | 变形、损坏 | |
| 5 | 螺旋弹簧 | 变形、自由高度、锈蚀 | |
| 6 | 缓冲块或胶垫 | 变形、损坏 | |
| 7 | 稳定杆 | 变形、锈蚀 | |
| 8 | 稳定杆胶套 | 变形、损坏 | |
| 9 | 后桥及衬套 | 变形、损坏、裂纹 | |
| 10 | 减振器 | 泄漏、损坏、失效 | |
| 11 | 其他 | | |

**8. 制动系统**

可靠性和耐久性行驶试验结束后,制动系统必须拆检。制动摩擦片和制动盘或鼓必须进行精密测量。制动系统检查和测量项目见表4-12。

制动系统检查和测量项目　　　　　　　表 4-12

| 序号 | 零部件名称 | 检查项目 | 测量项目 |
| --- | --- | --- | --- |
| 1 | 制动摩擦片 | 龟裂、磨损 | |
| 2 | 制动盘或鼓 | 龟裂、表面状况、磨损 | |
| 3 | 制动主缸、助力器、轮缸 | 失效、漏油、防尘罩破损 | |
| 4 | 制动管路 | 变形、漏油、锈蚀 | |
| 5 | 驻车制动操纵杆 | 变形、灵活性 | |
| 6 | 驻车制动拉线 | 锈蚀、灵活性 | |
| 7 | 制动踏板及支架 | 变形、裂纹 | |
| 8 | 其他 | | |

9. 车轮

可靠性和耐久性行驶试验结束后,车轮必须拆检,同时应测量轮胎磨损量。车轮主要的检查和测量项目见表 4-13。

车轮检查和测量项目　　　　　　　表 4-13

| 序号 | 零部件名称 | 检查项目 | 测量项目 |
| --- | --- | --- | --- |
| 1 | 轮辋 | 裂纹、变形 | |
| 2 | 轮胎 | 损伤、老化、磨损 | 花纹高度 |
| 3 | 其他 | | |

# 第五节　汽车耐久性行驶试验方法

汽车耐久性行驶试验里程都很长(至少为一个大修里程),耗时费钱,因此,很多汽车制造厂都将耐久性试验和使用试验结合在一起。所谓使用试验即是将试验车辆无偿或部分有偿的提供给用户,用户按制造厂要求使用,制造厂派人跟踪。

## 一、术语

1. 汽车耐久性

汽车耐久性指汽车在规定的使用和维修条件下,达到某种技术或经济指标极限时,完成功能的能力。

2. 汽车耐久度

汽车耐久度指汽车在规定的使用和维修条件下,能够达到预定的初次大修里程而又不发生耐久性损坏的概率。

3. 汽车耐久性损坏

汽车耐久性损坏指汽车构件的疲劳损坏已变得异常频繁;磨损超过限值;材料锈蚀老化;汽车主要技术性能下降,超过规定限值;维修费用不断增长,已达到继续使用时经济上不合理或安全不能保证的程度。其结果是更换主要总成或大修汽车。

## 二、试验条件

1. 试验车辆

本试验可用汽车使用试验、常规可靠性试验的同一组汽车。

2. 汽车耐久性行驶试验规范

1)试验程序

试验程序按表4-14规定进行。

耐久性行驶试验程序                                表4-14

| 序号 | 试验项目 | 序号 | 试验项目 |
|---|---|---|---|
| 1 | 验收汽车,磨合行驶 | 7 | 耐久性行驶试验 |
| 2 | 发动机性能初试 | 8 | 发动机性能复试 |
| 3 | 汽车主要零件的初次精密测量 | 9 | 使用油耗测量(复测) |
| 4 | 装复汽车后300km磨合行驶 | 10 | 汽车性能复试 |
| 5 | 使用油耗测量(初测) | 11 | 汽车主要零件精密复测 |
| 6 | 汽车性能初试 | 12 | 装复汽车,编制报告 |

注:1. 各项顺序一般不随意变动。

2. 对于汽车耐久性行驶试验中同时安排有使用试验或者常规可靠性试验时,只需衔接,不必重复上述程序。

2)汽车磨合行驶结束后进行发动机性能初试

根据 JB 3743—1984《汽车发动机性能试验方法》的规定,仅测量总功率。

注意:在汽车耐久性行驶试验中,如果发动机大修,则在发动机大修前、后均要按上述的规定各测量一次总功率。

3)汽车主要零件的初次精密测量

①分解汽车后,拆检各总成、零部件,详细记录拆检情况。

②精密测量的零件及其测量项目按本章第四节进行。

③测量精度可根据零件的制造精度来确定,用磨、拉、铰加工的零件,测量精确到0.002mm,高精度零件及为了保证较高配合精度而分组选配的零件,外径测量精确到0.002mm,内径测量精确到0.005mm。对同一零件几次测量的量具精度、测量条件、方法及部位应该一致。

④在维护或排除故障需要换件时,按规定对原件和配件进行精密测量,并作记录。

⑤对第四节所规定测量项目,如果在总成、零部件装配前进行过精密测量,并记有数据,则在试验中可以不做初次精密测量,以装配前测量的数据作为初测数据。

⑥装复汽车后的300km磨合行驶。

汽车为满载状况,行驶车速,停车检查次数,各总成热状态应符合该车使用说明书的规定。检查汽车各总成工作性能、工作声音和工作温度,尤其是转向、制动、各类仪表和灯光的工作性能。

3. 汽车性能初、复试

按本章第三节规定进行汽车性能测试。其中操纵稳定性、平顺性及车身密封性试验只做一次,根据试验情况可以安排在汽车性能初试中做,也可以安排在复试中做。

在汽车耐久性行驶试验中,如果发动机大修,则在发动机大修前、后各做一次动力性、经济性和噪声、排放试验。

4. 耐久性行驶试验

汽车耐久性试验里程不少于其技术文件中规定的第一次大修里程。

汽车行驶道路尽可能包括各地区典型道路,对道路的要求和里程分配参照本章第三节。试验中夜间行驶里程应不少于总里程的20%。

磨合行驶和其他辅助里程计入耐久性行驶试验里程。

试验记录、行驶工况统计,平均首次故障里程、平均故障间隔里程的计算按本章第三节的规定进行。

分车统计试验车维修维护费用。

5. 耐久性试验拆检

汽车试验结束后,为检查各总成内部结构的磨损及其他异常现象,应按相应试验规程的规定对主要总成(包括发动机、离合器、变速器、转向器、驱动桥等)进行部分或全部拆检。

拆检的主要内容见本章第四节列出的汽车一般通用结构拆检项目,其他特殊结构,视车型不同可另行规定拆检项目。

检测方法一般为感官评价,对主要摩擦副应进行精密测量。

拆检中发现的潜在故障,应计入统计。

6. 汽车耐久性损坏判定

本文规定了从故障类别上判断或者从汽车维修和维护费用上判断汽车是否发生了耐久性损坏,其中有一种出现,即判定汽车发生了耐久性损坏。

从故障类别上判断同一辆汽车的发动机、车身、转向系、变速器、驱动桥、前轴和车架等总成中总共发生了两次致命故障,即判定该车发生了耐久性损坏。

两辆以上(包括两辆)汽车,发动机、车身、转向系、变速器、驱动桥、前轴和车架等总成范围内的同一种总成上发生致命故障,即判定这两辆以上(包括两辆)汽车发生了耐久性损坏。

同一辆汽车的发动机、车身、转向系、变速器、驱动桥、前轴和车架等总成中总共发生了两次致命故障,即判定该车发生了耐久性损坏,每辆车在同一总成上发生了十次严重故障折算为该车的一次致命故障。

整车动力性降低25%,燃料消耗量增加30%均判为致命故障。

从汽车维修费用上判断汽车维修和保养费用达到了汽车出厂价格的80%,即判定该车发生了耐久性损坏。汽车维修和保养的工时费、设备费用参照本地区汽车保修规范中有关规定处理,材料费应包括更换的配件费用和轮胎费用,其中自制件按厂价计,外购件按售价计,不包括燃料费。

7. 总成大修条件

1) 发动机总成

汽缸磨损,圆柱度达到0.35~0.50mm;或圆柱度虽未达到上述限度,但是圆度已达到0.1~0.125mm(以上圆柱度和圆度均以其中磨损量最大的一个汽缸为准);最大功率较初试值降低25%以上或汽缸压力达不到初试值的75%;燃料和机油消耗量显著增加时需大修。

2)客车车身

客车车身底梁、顶梁、边柱锈蚀或者断裂;门框、窗框变形;顶部渗漏;蒙皮锈蚀,破损面积较大,需要大修。

3)变速器总成

壳体破裂,轴承孔磨损超限,轴线移位或齿轮及轴严重磨损,需要大修。

4)驱动桥总成

桥壳破裂、变形,半轴套管支承孔磨损超限,主减速器齿轮严重磨损。

# 第五章 汽车典型总成及零部件试验

## 第一节 发动机试验

发动机性能试验是发动机研究、设计及生产过程中的重要组成部分,主要是用于测定发动机各项性能数据。在研究设计过程中,用试验来检验设想的理论;对于发现的问题,通过测试找出存在问题的本质和规律性,提供改进的方向和依据;在生产过程中,通过测试检验产品的质量。

随着技术的发展,发动机的测试仪器和设备已具有精确、灵敏和自动化程度高的特点,一般都是专业公司的产品,许多高新技术广泛地应用于测试设备和仪器。

发动机的性能主要是:动力性、经济性、可靠性和耐久性。近半个世纪来,排放性能成为影响发动机发展的一个重要方面。排放性能的测试不在本节中论述。

动力性和经济性的主要指标是:转速、功率、转矩、燃油消耗等。

发动机性能试验的内容分为一般性能试验、性能匹配调整试验和研究性试验。研究性试验也称为专项试验,它是为某一种目的专门测定其性能而进行的,如对燃烧过程进行的专门研究和动态过程高速摄影等试验项目。匹配调整试验,主要为使发动机各部件间的性能达到最佳的配合,使发动机性能达到最好的状态。

发动机性能试验的主要内容有:功率试验、部分负荷性能试验、性能匹配试验、使用特性试验、各种专项试验及出厂试验等。发动机性能试验在发动机试验台上进行。

### 一、试验台的要求与组成

1. 试验台的基本要求

由于试验任务和目的的不同,对试验台的具体要求也不同。如对试验研究用的试验台,应能灵活方便地改变和控制试验条件和参数,便于安装各种精密仪表。而对内燃机进行精密测量,则经常需要寻求新的测试方法和测试手段,而对试验台的自动化程度则要求不高。对需要长期连续运转的耐久性试验台,则要求有较高的自动化程度,能自行监视报警,自行记录,远距离控制,以防试验人员疲劳和发生意外事故。具体来讲,对试验台有以下几点基本要求:

(1)安装在试验台上的发动机能模拟实际的使用条件或尽可能地接近实际使用条件。
(2)便于安装、调整、检查和更换发动机零部件。
(3)具有广泛的适应能力,能完成不同机型和不同试验目的的试验项目。
(4)有发动机正常工作的监测仪表和测定内燃机各项性能参数的精密测量仪表。
(5)操作简便、可靠,尽量采用先进技术,提高自动化水平,减轻试验人员的劳动强度。

(6)有良好的通风、消音、消烟、隔振设施,尽可能改善试验人员的工作条件。

2.试验台的组成

无论什么用途的内燃机试验台都由以下几个基本部分组成:

(1)试验台基础、铸铁底板和内燃机支架。

(2)制动测功装置。

(3)燃油供给系统。

(4)机油冷却和自动控温系统。

(5)发动机冷却系统。

(6)进、排气系统。

(7)装有各种测量装置、仪表和操纵机构的控制台。

图5-1为发动机试验台组成示意图。

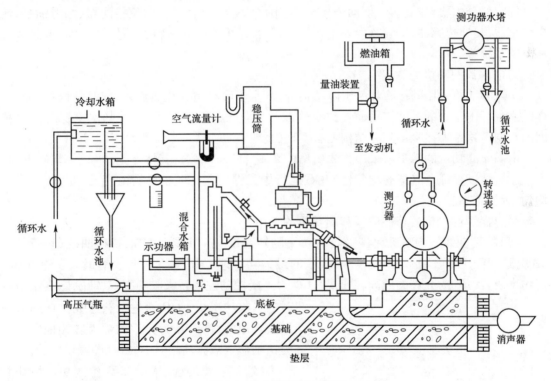

图5-1 发动机试验台架简图

## 二、典型试验设备与技术

1.电涡流测功机

1)电涡流测功机的结构

图5-2为电涡流测功机,电涡流测功机主要由转子部分、摆动部分和固定部分组成。

转子部分主要由转子轴、转子盘、测速齿盘、联轴节等组成,转子盘由导磁材料制成,其外圆带有与柱型齿轮相仿的齿槽,通过联轴节和原动机联结并一起旋转,转子盘用于产生涡流,测速齿盘使转速传感器产生转速脉冲信号。

图 5-2 电涡流测功机

摆动部分主要由涡流环、外环、励磁线圈、摆动水管、测力臂架等组成,励磁线圈中通过励磁电流产生磁场,当转子盘转动时在涡流环上感生出涡电流,使涡流环发热;经摆动水管进入涡流环的冷却水把热量带走。电磁作用又使摆动部分偏转,通过测力臂架作用到转矩传感器上,任其产生与转矩成正比的电信号。

固定部分主要包括底架、摆动体支架、进出水管、水压监测器、油位检测器、润滑油泵、转矩传感器、转速传感器、接线盒等。固定部分支承着摆动部分和转子部分,并完成水路系统和电路系统。

2) 电涡流测功机的特点

涡流测功机采用间接冷却的干隙结构,冷却水不流经空气隙而流入冷却环进行冷却,这样既避免了由于水的锈蚀作用而导致空气隙的变化,又避免了转子与冷却水摩擦对测量精度的影响。这是直接冷却湿隙结构无法实现的。

电涡流测功机的转子盘采用鼓式(柱式)结构、径向气隙。其特点是体积小、装修方便、零件制造精度保证了气隙的均匀性,并在运行中或温度变化时也不会改变,因此,转轴受力均匀、运行可靠。

3) 电涡流测功机的特性曲线和测功机的选用

(1) 特性曲线。测功机允许吸收的功率随转速变化的曲线为它的特性曲线(图 5-3)。$OA$ 为达到额定吸收功率之前所能够吸收的最大功率线。$AB$ 为允许吸收的最大功率线(额定功率线)。$BC$ 为允许的最高转速线。$CO$ 为不受控的空运转吸收功率线,即励磁电流为零时的吸收功率线。$OD$ 为达到额定吸收功率前的最大转矩曲线。$DE$ 为允许的最大转矩曲线。$n_0$ 为达到额定吸收功率时的转速,即额定转速。

(2) 测功机的选用。图 5-3 中测功机特性曲线图中 $OABCO$ 所包括的范围就是测功机所能吸收的功率范围。因此,凡是特性曲线落在这个范围内的原动机,都能被测试。选用测功机必须首先根据原动机的特性曲线按照以上原则进行,其次还要考虑测量范围的合理选择以保证测量精度。

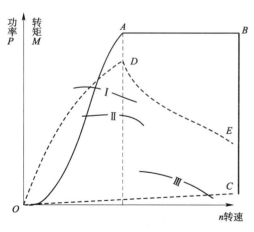

图 5-3 测功机特性曲线与被测原动机假设特性曲线匹配图

例如:图 5-3 中曲线Ⅰ、Ⅱ、Ⅲ为三种不同原动机的特性曲线。原动机选用曲线Ⅱ是正确的,而曲线Ⅰ、Ⅲ对原动机是不合适的,因为它们各有一部分运行范围无法测试。

图 5-4、图 5-5 为 CW 测功机系列中两种不同型号测功机的特性曲线。

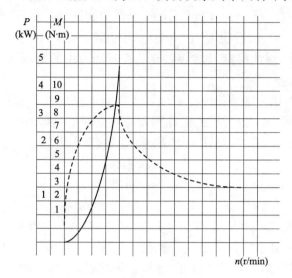

图 5-4　CW5－5000/15000 测功机特性曲线

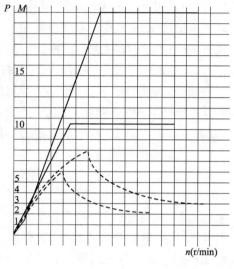

图 5-5　CW20－5000/15000 测功机特性曲线

4）测功机的安装

（1）安装基础。电涡流测功机必须安装在单独的混凝土基础上,混凝土应为高质量的水泥（425 号或 525 号）。基础尺寸由测功机底座的大小决定,基础边缘应与测功机底座边缘有 120~140mm 的距离,基础厚度应不小于 $5\sqrt[5]{L}$（$L$ 为基础长度）。基础四周应设隔震沟。

（2）电涡流测功机应水平安装在混凝土基础上,用 0.02/1000 水平仪测量,气泡不应超过三个小格（在互相垂直的两个方向测量）。安装时应考虑到和被试原动机的对接,还要考虑冷却水的进出,进水管径应不小于涡流测功机入水口管径,排水管应有适当的坡度,使底座的积水能自然排出。

（3）与原动机的对接。由于涡流测功机与原动机中心线的任何偏差都将引起它们的附加振动,在轴与轴承之间产生动负荷,所以一定要尽可能保持两轴中心线重合,不大于 0.2。

连接法兰盘尺寸应严格按照说明书选用,联轴器的参数应与测功机和被测原动机相协调,在材料和强度允许的条件下,应尽量采用较轻的联轴器,联轴器应经过精确的动平衡试验。

轴端应大小合适,其参考力矩见表 5-1。

联轴节所用固紧螺钉的力矩　　　　表 5-1

| 螺钉规格 | M6 | M8 | M10 | M12 | M16 |
| --- | --- | --- | --- | --- | --- |
| 力矩（N·m） | 13 | 32 | 64 | 100 | 275 |

（4）联轴器应装有安全防护罩,防护罩上应装有报警保护开关,防护罩合紧时开关断开,打开时开关接通。

5）测功机的润滑

为降低轴承温度,减小摩擦,防止锈蚀,保证测功机长期安全运行,必须进行润滑。

(1) 主轴承润滑系统原理。接通电源后,润滑油泵开始工作,把润滑油泵入两端主轴承内,经油管流回油室。当油泵发生故障时,报警并停车。油室内装有液面监视器,润滑油量不足时,同样报警。润滑油应选用黏度指数高、运动黏度数值小、酸度低的润滑油。例如,5号高速机械油 HJ-5 或 7号高速机械油 HJ-7,但不得混用。一般一年更换一次润滑油,如发现有变质情况可随时更换。换油时应清洗磁性螺塞、过滤网、输油管及油室中的污垢,同时,应保证油面距油池内顶面 10mm 左右。

换油后,需调节油泵的泵油量为每分钟 16~20 滴,运行 1h 后,主轴承的温度应不超过 40℃,CW5~CW20-5000/15000 型测功机采用油脂润滑。推荐用 2 号航空润滑脂(ZL4S-2SY1508-65)。运行 1000h 后,应更换新油脂,新油脂量以充满轴承空间的 1/3 为宜。

(2) 摆动轴承的润滑。

推荐用 HJ-5 或 HJ-7 高速机械油,约运行一年后,可加注少量新润滑油。

6) 测功机控制系统

电涡流测功机的控制系统各单元装于标准柜中。上部三个抽屉分别为 DAE 力矩显示装置,PMVE 测量调节装置和 SSTE 伺服控制装置。提供节气门执行器工作电压的功率变压器装于柜的下部。节气门执行器的安装及其与发动机节气门的连接由用户根据具体情况进行,要便于节气门开度控制。控制系统与测功机及原动机通过电缆实现电气连接。

(1) DAE 力矩显示装置。

DAE 力矩显示装置如图 5-6 所示。电涡流测功机工作时,安装在涡流测功机上的力矩传感器测量的信号经 X8 电缆传给 DAE 力矩显示装置,经高倍放大倍数,低漂移的精密放大器放大后,在 DAE 面板上用数字和模拟形式显示出来,其中数字显示的是精确的力矩值(单位 N·m),模拟表显示的是实际力矩占满量程力矩的百分比值(具有功率显示功能的 DAE 数字表还可用来显示以 kW 为单位的功率值)。与此同时,代表该力矩实际值得电压被送到 PMVE 测量调节装置,对涡流测功机进行控制调节。

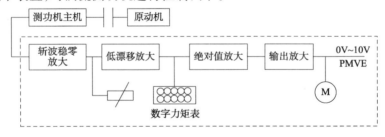

图 5-6 DAE 力矩显示装置

(2) PMVE 的测量调节装置。

PMVE 的测量调节装置如图 5-7 所示,其重要功能是控制和调节涡流测功机,同时兼有转速信号的处理、显示和报警功能。调节控制功能是通过对实际值、设定值的比较,PID 伺服放大器的放大处理后,由输出级来完成。

电涡流测功机工作时,安装在其主轴上的转速传感器将测得的转速信号通过 X7 电缆送到 PMVE 测量装置。该信号经过放大器频率电压转换器后,变换成与转速成正比的 0V~10V 直流电压,用于调节控制转速。转速设定值以高稳定电压(0V~10V)形式给出,通过设定值调节器进行调节。

如果测功机的某种条件或参数超过了设定的极限值,通过 PMVE 自动报警和控制,可自动保护测功机和被试原动机。

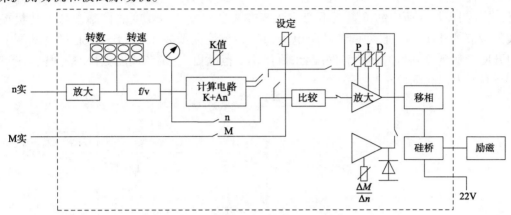

图 5-7　PMVE 调节控制柜

(3) PMVE 调节控制原理。

整个调节控制电路是一个完整的闭环自动调节系统。将测功机的转速(或力矩)实际值与可调的设定值(电压)进行比较,比较后的差值经 PID(比例、积分、微分)放大器放大后,按选定的控制方式自动调节涡流测功机的励磁电流,改变测功机的转速(或力矩)值使其等于设定值,达到所要求的控制特性。

图 5-8 是几种典型控制方式的测功机特性曲线,横坐标为转速,纵坐标为力矩。它们分别是自然特性曲线、转速比例控制特性曲线、转速平方控制方式特性曲线、恒转速它们分别是自然特性曲线、转速比例控制特性曲线、转速平方控制方式特性曲线、恒转速控制方式特性曲线、恒力矩控制方式特性曲线。

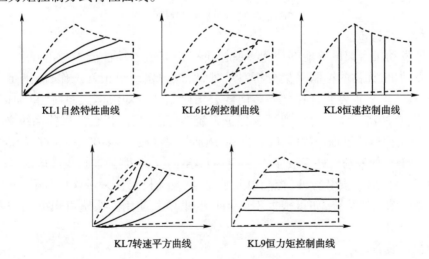

图 5-8　控制特性曲线图

(4) SSTE 伺服控制系统

SSTE 伺服控制系统包括 SSTE 伺服控制装置、FBE 节气门操作盒、FSTE 特性操作盒、FVE 节气门执行器和功率变压器等(见图 5-9)。

SSTE 伺服控制装置主要用于对发动机的节气门开度进行高精度的快速控制,有调位、调节两种控制方式。调位方式是通过操作盒(FBE 或 FSTE)上的旋钮来控制节气门开度大小,使节气门保持在所定的位置上不变。调节方式是使节气门开度的控制参与测功机控制方式的调节,PMVE 通过自动调节励磁电流来满足特性曲线要求,而 SSTE 通过自动调节节气门开度来达到控制目的。两者的配合,可使调节范围更广,调节速度更快,精度更高,SSTE 的特点是断电时自动停车。

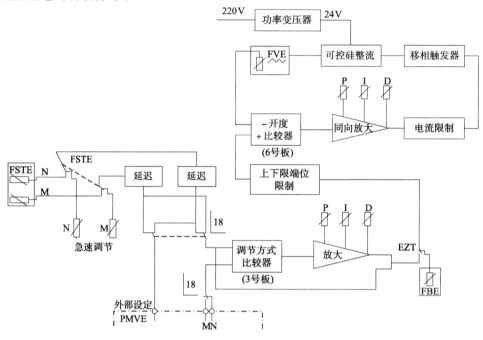

图 5-9 SSTE 调节控制原理框图

2. 发动机恒温装置

为了保证发动机台架试验能够快速、便捷、准确地完成各项性能参数的试验和检测,除了有先进的测功机、优良的控制采集分析系统外,对保证发动机正常工作,能满足各项性能测试的辅助设备,也是重要的选择之一。南峰公司研制的冷却液恒温系统,机油恒温系统,燃油恒温系统,热冲击试验台等台架试验保证系统,是完善发动机台架试验系统必不可少的辅助设备,对发动机试验过程中的冷却液、机油、燃油等温度按 GB 1105.3—1987 所规定的要求进行恒定并可调整,使发动机处于最佳状态下运行,给生产、开发、研制提供准确的试验参数。

系统采用整体结构,安装方便,控制单元独立;与发动机对接采用橡胶软管,各部分可组成一个比较完整的台架系统,亦可根据不同用户要求单独使用。系统可根据用户不同需要设定温度进行控制。

1) 机油恒温装置

(1) 适应范围。发动机机油恒温系统,主要用于车用汽(柴)油发动机的台架性能试验。

发动机零部件配套厂家产品的生产及研制开发,按照内燃机台架试验方法(GB 1105.3—1987)中的有关要求,须对发动机试验过程中的机油温度进行控制并能恒定在某一要求的范围内,确保发动机台架试验的正常进行。

(2)主要组成。机油恒温系统主要有水/水热交换器、电加热器、机油过滤器、循环水泵、机油泵、电动调节阀以及电控系统等组成。

(3)主要技术参数(见表5-2)。

机油恒温装置主要技术参数　　　　　　　表5-2

| 被测发动机功率范围(kW) | 120~300 | 20~120 |
|---|---|---|
| 机油最高工作温度(℃) | 95 | |
| 机油循环量(L/min) | 30~85 | 30~50 |
| 介质黏度(cst) | <50 | |
| 系统精度(K) | <±50(±2) | |
| 机油回路允许工作压力(MPa) | 1.45 | |
| 冷却液最高温度(℃) | >40 | |
| 电源功率/(kW/380V) | 18 | 15 |
| 机油进、出口尺寸(in) | 3/4 | 3/4 |
| 冷却水进出口尺寸(in) | 1 | 3/4 |
| 外形尺寸(长×宽×高)(mm×mm×mm) | 854×754×1540 | 752×702×1490 |
| 整机质量(kg) | 约300 | 约200 |

(4)主要功能。水/水加热循环系统:发动机工作后,机油温度低于设定值时,该系统工作,使循环机油温度能迅速上升,达到发动机工作所需的正常温度范围,并能制动控制。

水/油冷却恒温系统:通过热交换器将循环机油温度降至设定值,再送至发动机使用。

电动调节阀控制:通过调节冷却液出液流量的大小来改变和控制热交换功率,保证送入发动机机油温度的恒定,满足试验要求。

恒温系统:系统与发动机油底壳进、出口对接后,形成机油循环回路,从油底壳放油孔抽取机油,经机油泵、换热器、加热器从进油口将恒温后的机油送入油底壳。此过程与发动机工作同时进行。

(5)系统原理。机油恒温装置系统原理如图5-10所示。

(6)安装要求。机油恒温装置应放置于被测发动机旁;机油恒温装置与发动机之间用橡胶耐热软管连接;机油恒温装置出水口与发动机进水口对接;机油恒温装置进水口与发动机出水口对接;各橡胶软管接头处选用喉箍夹紧。

(7)使用与保养。冷却用水及循环机油应保持洁净,不允许有较大的颗粒物及杂物,以免影响换热器等元件的正常工作;过滤器应经常定期清洗,损坏的过滤网要及时更换;机油泵在循环管路充满机油后方可启动;系统长期不用应排净残余液体。

2)冷却液恒温装置系统

(1)适应范围。发动机冷却液恒温系统,主要用于车用汽(柴)油发动机的台架性能试验;发动机零部件配套厂家产品的生产及研制开发,按照内燃机台架试验方法(GB 1105.3—1987)中的有关要求,须对发动机试验过程中的冷却液温度进行控制并能恒定在某一要求的范围内,确保发动机台架试验的正常进行。

(2)主要组成。冷却液恒温装置系统主要由水/水热交换器、循环水泵、膨胀水箱、集液水箱、电动调节阀、电磁阀以及电控系统等组成。

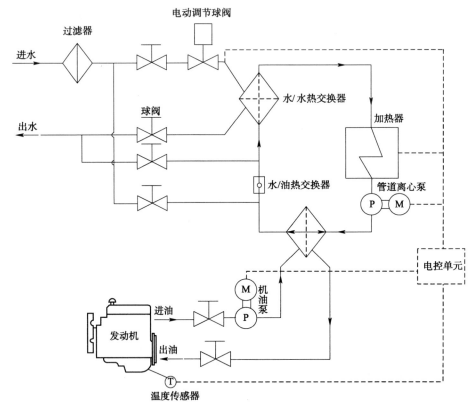

图 5-10 机油恒温装置

(3) 主要技术参数(见表 5-3)。

冷却液恒温装置系统主要技术参数　　　　表 5-3

| 被测发动机功率范围(kW) | 120~300 | 20~120 |
| --- | --- | --- |
| 冷却液最高温度(需考虑温度)(℃) | 130 | |
| 冷却液循环泵流量(L/min) | 250 | 180 |
| 系统精度控制精度(稳态)(K) | ≤±5(2) | |
| 冷却液回路允许工作压力(MPa) | 1 | |
| 冷却液最高温度(℃) | >40 | |
| 电源功率/(kW/380V) | 18 | 15 |
| 外部链接尺寸 | | |
| 冷却液进出口尺寸(in) | 1.5 | 1 |
| 冷却水进出口尺寸(in) | 1.5 | 1 |
| 外形尺寸(长×宽×高)(mm×mm×mm) | 800×450×900 | 630×470×900 |
| 整机质量(kg) | 约350 | 约200 |

(4) 主要功能。水/水冷却恒温系统:通过热交换器将循环冷却液温度降至设定值,再送至发动机使用。

电动调节阀控制:通过调节冷却液出液流量的大小,来改变和控制热交换功率,保证送入发动机冷却液温度的恒定,满足试验要求。

恒温系统:系统与发动机冷却液进、出口对接后,形成冷却液循环回路,经循环泵、换热器从冷却液进口将恒温后的冷却液送入发动机壳体内,保证发动机冷却液出口温度恒定,此过程与发动机工作同时进行。

充液过程:发动机工作前,恒温系统可向发动机内自动定量充液且自动转换到循环过程。

吸液过程:发动机工作完毕,系统可将循环体内使用过的液体全部吸抽至集液水箱中。

(5)系统原理图(见图5-11)。

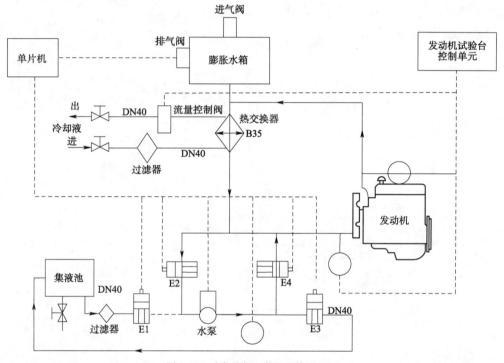

图5-11 冷却液恒温装置系统原理图

(6)安装要求。冷却液恒温装置应放置于被测发动机旁;冷却液恒温装置与发动机之间用橡胶耐热软管连接;冷却液恒温装置出水口与发动机进水口对接;冷却液恒温装置进水口与发动机出水口对接;各橡胶软管接头处选用喉箍夹紧。

(7)使用与保养。冷却用水及循环冷却液应保持洁净,不允许有较大的颗粒物及杂物以免影响换热器等元件的正常工作;过滤器应经常定期清洗,损坏的过滤网要及时更换;循环泵在循环管路充满冷却液后方可启动;系统长期不用应排净残余液体。

3.热冲击试验台

热冲击试验台是在发动机自动化试验台的基础上,增加了专用接口控制单元、冷热循环水箱、控制软件等部分构成的。该系统可按国家标准对柴油发动机进行500h冷、热循环试验。是柴油发动机及相关零部件配套厂家生产、科研、开发的专业设备。

1)主要功能

发动机工作分冷热两个循环过程:急速冷循环过程和热循环过程。急速冷循环过程由冷水箱供水,出水温度≤40℃,时间3min;热循环为额定转速、满负荷,由热水箱供水,出水温度≤90℃,时间7min。

以上如此反复完成规定时间的循环。

(1)温控器能根据冷热水箱的出水温度,通过补充冷水对水箱的温度加以控制,使其恒定在设定的温度上。

(2)冷热循环工作时间、循环次数、冷热水箱温度均可任意设定。

(3)在循环过程中可随时采集转矩、转速、油耗等参数。

(4)计算机对每一个循环记数并累加显示,如因发动机故障、保养、停电等原因停机,计算机能保留原已进行过的循环次数,再开机时能在此基础上累加。

2)系统原理(图5-12)

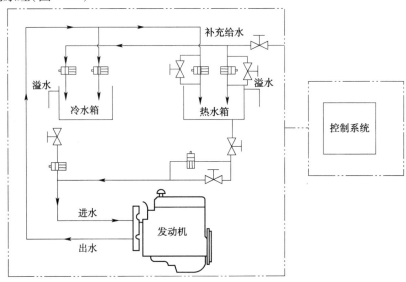

图5-12 热冲击试验台系统原理图

3)安装要求

(1)热冲击试验台应放置于被测发动机旁。

(2)热冲击试验台与发动机之间用橡胶耐热软管连接。

(3)热冲击出水口与发动机进水口对接。

(4)热冲击进水口与发动机出水口对接。

(5)接头处选用喉箍夹紧。

4)使用及保养

(1)热冲击用冷却液及循环水应选择洁净水,不允许有较大的颗粒物及杂物,以免影响电磁阀等元件的正常工作。

(2)过滤器中的过滤网应经常拆下检查并清洗干净,损坏的过滤网要及时更换。

(3)热冲击试验台长期不用时,应将系统中的水排净。

4.高速摄影与激光全息摄影技术

为了不断地提高汽车发动机的性能和减少排气污染,以满足严格的排气净化要求,必须研究与改善燃烧过程。在汽油机中需要了解火花点火及火焰传播的规律和机理,特别对爆燃的形成、分层燃烧的原理,都需要进行深入的研究。在柴油机中要研究燃油喷注过程的特性、混合气的形成机理,以及燃油蒸发、着火及火焰传播的速度等。这些燃烧现象都发生在极短的时间内,只有采用高速摄影的方法才有可能探知其变化过程。

高速摄像机是高速摄影中的主要工具之一。由间歇抓片式发展到现代的超高速摄像机,从拍摄速度为几百幅每秒发展到20000幅每秒以上。

在高速摄影中常用纹影技术,其特点是:不仅能观察火焰传播,而且也能观察混合气的流动、紊流的强度等。还有利用红外线高速摄影的方法来观察温度较低的燃烧领域,结果验证了敲缸发生在火焰传播刚刚结束之前。

高速摄影时一般要制作一个石英窗,作为观察之用。可以从缸盖上观察,也可从活塞下方来观察。在实用的发动机上,缸盖上的气门机构和火花塞(或喷油嘴)占据着几乎所有的空间,开窗口实在不易。一般应用单缸机来研究较为方便,尤其从活塞下方来观察,使得机构更简单,如图5-13所示。还有利用具有冷却功能的内窥镜探头的方法和用光导纤维埋入火花塞或在汽缸垫中设置离子探头等,观察火焰传播和自燃现象。

激光技术的发展使激光光源在高速摄影中得到了广泛的应用,这是由于激光的相干性和平行性好,能获得高的输出功率,更为激光全息摄影的应用创造了条件。试验证明:用全息摄影来研究

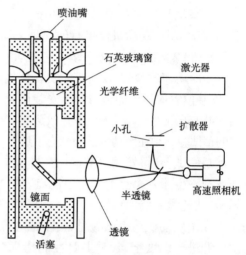

图5-13 高速摄影光学系统示意图

燃烧过程,能获得火焰面的三维形状,这是其他方法不能办到的。特别在汽油机上研究点火和火焰传播,在柴油机上研究喷注的油粒直径、油粒分布及混合气的形成等方面,全息摄影都是相当有效的方法全息摄影多用全息干涉法,这种方法的特点是感知灵敏度稳定、无方向性。干涉条纹可进行定量分析。

在研究汽缸内的燃烧现象时,利用全息摄影和高速摄影相结合的实时全息干涉法,可以连续地观察燃烧过程,这是一个非常有效的方法,其光学系统如图5-14所示。

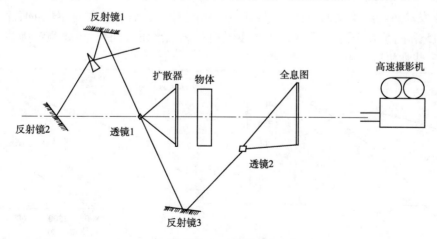

图5-14 全息摄影光学系统示意图

高速全息摄影还可用来连续测定汽缸内气体流动的瞬时变化,以了解燃烧室内的涡流、紊流、喷注及混合气形成等情况,为研究柴油机燃烧过程提供了有利的条件。

### 三、发动机特性试验

1. 发动机功率试验

发动机功率试验可以测定发动机的主要性能指标,如最大功率及其相应的转速、最大转矩及最低燃油消耗率等,以及这些主要性能指标的变化特性。

功率试验分为总功率试验和净功率试验,它们的区别在于发动机工作所需的附件不同。总功率试验时,发动机仅带有能保证其工作的附件,如化油器、润滑油泵、点火组件等,没有这些附件,发动机就不能工作。它表示发动机运转时能产生的最大性能指标。

做净功率试验时,发动机应安装在整车上,工作时所配备的各种附件,应该是原生产装备件,安装位置应尽可能地与实际安装情况相同。它表示发动机装在汽车上运转时,曲轴端能输出的最大有效性能。随着汽车排放法规日趋严格,为了达到最佳排放值,提高动力性和经济性,匹配调整试验必须在净功率试验状态下进行,所以现代发动机的性能指标常用净功率指标来表示。

功率试验时,发动机节气门全开或柴油泵齿条处于最大位置,在发动机转速范围内均匀地选择不少于八个点的稳定工况点,其中必须包括最大转矩点。测量各稳定工况点的转速、转矩、油耗量,并计算功率和燃料消耗率等。

在做发动机功率试验时,由于地理位置的不同和气候季节的差异,大气状态、大气压力、湿度和进气温度不同,对主要性能指标会产生较大的影响。这样,测量的数据就没有可比性。所以,各国都制定有发动机性能试验标准,严格地规定其试验条件和标准大气状态。现在各国的试验标准都向国际标准(ISO)靠拢。从20世纪90年代开始,美国、日本都和ISO标准状况基本一致,欧洲各国都向ECER85统一。

如果功率试验时不能在标准状态的实验室内进行,则可用修正公式进行修正,换算到标准状态的数值。

2. 负荷特性与万有特性试验

负荷特性试验方法一般可以分为三种:

(1) 在发动机转速不变的条件下,测量不同功率时的燃油消耗率赫尔燃油消耗量,其曲线如图5-15和图5-16所示。可用来评价发动机的燃油经济性,有时还要测定排放值。这种方法多用于柴油机试验中。

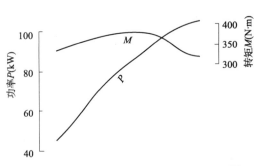 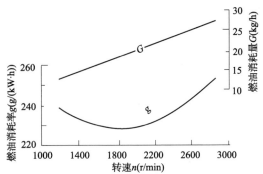

图5-15 性能曲线

(2)在节气门保持不变的条件下进行试验,即部分转速特性试验,多用于汽油机。

(3)根据计算或者道路试验获得的使用特性数据进行试验,它代表汽车的使用工况,用于评价汽车使用的燃油经济特性,具有实用意义。还可采用测定排放值的方法来进行试验,以评定排放特性。

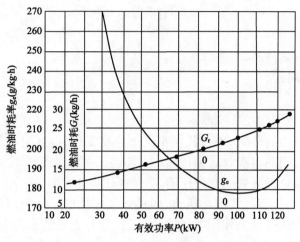

图 5-16 负荷特性曲线

万有特性是将发动机四个主要参数——转速、功率、转矩和燃油消耗率绘制在一个曲线图上,它可以表示发动机在整个工作范围内主要参数的相互关系,用它可以确定发动机最经济的工作区域,这个曲线图称为万有特性曲线,如图 5-17 所示。

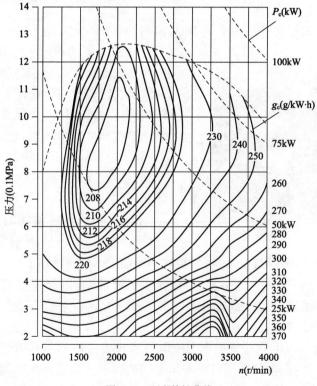

图 5-17 万有特性曲线

万有特性曲线由许多条负荷特性曲线或部分速度特性曲线的数据绘制而成,为了使曲线图准确,一般所用的曲线数不应少于 10 条,采用的曲线越多,绘制的万有特性越准确。

3. 转矩转速测量试验

发动机的转矩和转速是直接测量得来的,而功率由计算得出。其表达式为:

$$P_e = M \cdot n / 9549$$

式中:$P_e$——功率,kW;

$M$——转矩,N·m;

$n$——转速,r/min。

1)转矩的测量

发动机的转矩是应用测功机来测量的。为此,测功机本身应具有吸收能量或传递动力的功能,并具有测量转矩的装置,要在任何工况下稳定工作,故还要有特性控制装置。根据测功机的测量原理,常用的有吸收式和传递式。传递式主要应用转矩仪,在动力的传递过程中测出转矩值。目前,这种装置的应用还不多,转矩仪将在专门章节中论述。

现在应用最普遍的是吸收式测功机,也叫摇摆式测功机。即将测功机的外壳通过轴承支承在支架上,工作时当受外力作用时能自由回转,在外壳上装有力臂,连接载荷单元。这样,就能将作用在外壳上的转矩测量出来。其转矩的表达式为:

$$M = W \cdot D$$

式中:$M$——转矩,N·m;

$W$——作用在载荷单元上的力,N;

$D$——力臂长度,m。

吸收型测功机,根据功率传递工质不同,常用的有:水力型、电力型和电涡流型。

图 5-18 水力测功机

(1)水力测功机。水力测功机如图 5-18 所示,外壳做成摇摆式,内腔流水,当发动机带动转轴旋转时,转轴上的叶轮搅动水,水获得动能,靠摩擦力再将力传给外壳,外壳获得的力由载荷单元来平衡,即可测知转矩的大小。

载荷单元采用一个精密拉压力传感器,它将力的信号传递给二次仪表,再乘以力臂即能得出转矩值。

水力测功机传递动能的大小靠水量的多少来控制,控制水量多少有两种结构形式:变容积式,也叫费鲁特(FROUDE)型;变水量式,也称容克(JUNKERS)型。

水在动能传递过程中要产生热量,所以水要不断流动,以便将热能带走。水温不能太高,以免产生水垢的凝结。水力测功机的优点是:结构简单、造价低、测量范围广,但其稳定性、过渡性和综合程度等都较差。

(2)电力测功机。电力测功机根据交流电机或直流电机的不同可制成交流电力测功机或直流电力测功机。它们都是利用转子与定子间的磁通作为工质来传递转矩的。它们与电机的最大不同点是:将定子外壳制成摇摆式结构。加有力臂,连着载荷单元,电力测功机既能拖动发动机运转,又能作为负载运转,应用范围大。但结构复杂,价格较贵。

直流电力测功机:它是最早应用的电力测功机,由他激式直流发电机制成。它利用可调励磁电流和主回路电流的大小,可任意控制转速和转矩。随着晶闸管技术的发展,能容易地将交流电变成直流电,供测功机运转,又能将发出的直流电变成交流电,输给电网。

交流电力测功机:它是20世纪80年代后期才开始应用的,它是采用交流异步电机制成的。它将直流电机的特性和异步电机的优点结合起来,采用绝缘网双极场效应管技术和电流矢量控制技术,使其具有高动态特性,并且易于控制转速和转矩,在现代发动机试验中获得广泛的应用。

电涡流测功机:它的工作原理,就是利用电涡流的制动作用,将被测功率产生的电涡流变成热能,再用循环水带走热量。这种测功机只能作为吸收功率运转,但由于其结构简单、控制与操作容易、易于自动化、测量精度高、较低惯性和较高的稳定性、价格较低,获得很广泛的应用。

2)转速的测定

现代的测功机都附有转速测量装置,用于测量转速,进行特性控制,还可为计算功率提供转速信号。

现代的测功机几乎都采用磁电式转速计,如图5-19所示。在转轴上装有测速齿盘和装在支架上的磁电传感器。磁电传感器由绕有线圈的永久磁铁制成。齿盘一般制有60个齿。当轴旋转时,每转一周,磁电传感器能产生60个脉冲信号。设脉冲信号的频率为$f(\text{Hz})$,$n$为发动机的转速($\text{r/min}$),$z$为齿数,则

$$f = n \times z/60 = n \times 60/60 = n$$

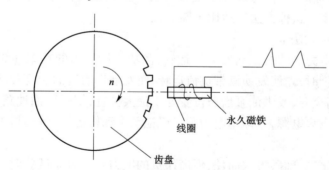

图 5-19 磁铁式转速计原理图

所以,当齿数为60时,磁电传感器脉冲信号的频率与转速的数值相同。

磁电式转速计的结构简单,工作安全可靠,转速精度高,测速范围广,绝大多数测功机都采用这种结构。

其他的转速测量方法将在专门的章节中论述。

4. 机械效率测量试验

发动机的摩擦副在运动中要产生摩擦阻力,形成摩擦损失功率。评价机械摩擦损失大小的指标有:摩擦损失功率及机械效率。用公式表示为:

$$\eta_m = \frac{P_e}{P_e + P_m} \times 100\%$$

式中：$\eta_m$——机械效率；
　　　$P_e$——有效功率，kW；
　　　$P_m$——摩擦损失功率，kW。

测量机械损失功率的常用方法如下。

1）单缸熄火法

在发动机运转工况达到正常状态时，在所测转速下测量的功率为其有效功率 $P_e$。然后将第一缸熄火，这时发动机转速必然降低，应随即降低负荷，使转速迅速恢复到原来的转速，并测量功率 $P_{e1}$，则有 $P_e - P_{e1} = P_{i1}$，依次停止其余各缸，可获得 $P_{i1}$、$P_{i2}$、$\cdots$、$P_{in}$，$P_{in}$ 代表将第 $n$ 个缸熄火后发动机的功率。则其机械损失功率为

$$P_m = \sum_{n=1}^{n} P_{in} - P_e$$

式中：$n$——缸的号数。

则机械效率为

$$\eta_m = \frac{P_e}{\sum_{n=1}^{n} P_{in}} \times 100\%$$

这一方法适用于低速发动机。但目前汽车发动机已发展到高速大负荷的境界，如果这时熄火一缸，必然破坏发动机的平衡，这会带来危害，故现在一般不主张采用此法。

2）油耗线延长法

这种方法称 Williams 法。在做负荷特性试验时，可将低负荷时燃油消耗量适当地多测几点，在绘制负荷特性曲线时，将油耗线延长与功率坐标相交，这时交点到坐标原点间的负值即为摩擦损失功率。这种方法仅适用于柴油机。

3）电力测功机拖动法

这种方法是由电力测功机拖动发动机运转，测功机所测出的功率即为发动机的摩擦损失功率。在实际测量时，先使发动机带负荷运转，使发动机的机油温度和冷却液温度达到正常状态后，将节气门全开，或供油泵齿条位置处于最大位置，切断供油油路，待燃油消耗完若是汽油机还需断开点火电源，立即用电力测功机拖动发动机运转，测功机测出的功率即为摩擦功率。

这种方法的测试精度高，方法简便，但需昂贵的电力测功机。试验时一定要保证润滑油的温度和冷却液的温度，以免造成摩擦功率的变化。

用这种方法的另一大好处是可以分解发动机，测量每一对摩擦副的摩擦损失功率，为了解发动机摩擦损失的根源和降低摩擦损失提供依据。这对提高发动机性能是必要的，但这时必须增加一些保持冷却液温度和油温的加热辅助设备。

4）示功图法

作发动机示功图时，从定速运转时的示功图曲线上可知平均指标压力 $P_i$，从测功机转矩曲线上可知相应点的平均有效压力 $P_e$，则可计算出摩擦损失的平均有效压力 $P_m$ 及机械效率。

5）角加速度法

通过测量发动机加速瞬间的指示转矩、有效转矩、曲轴角速度，可由下式计算出摩擦损失转矩，其公式为

$$M_m = (M_i - M_e - I)\,d\omega/dt$$

式中：$M_m$——摩擦损失转矩；

$M_i$——指示转矩；

$M_e$——有效转矩；

$I$——惯性力矩；

$\omega$——角速度；

$t$——时间。

这种方法是目前能求出整个发动机的摩擦损失转矩的唯一方法。

## 第二节 变速器总成试验

变速器是汽车传动系统中重要的总成之一。目前变速器设计工作中许多计算都需经过试验来验证，以判断设计的新产品在可靠性、寿命、性能各方面是否达到预期结果，并找出薄弱环节，作为改进设计的依据，对于已定型并投入成批生产的产品，在生产过程中也要通过试验来保证产品的质量，至于产品的局部结构改进时，重大的材料和工艺变更同样要通过试验做出是否可行的判断。因此，汽车变速器的产品试验是一项十分重要的工作。

变速器试验中，最接近实际情况的方法是把试验变速器装于汽车上在运输行驶中进行使用试验；其次是试验车在特定行驶条件下进行的道路试验。使用试验和道路试验是必不可少的试验，但其试验周期长、耗费大。

室内台架试验具有试验周期短、不受天气情况、季节、时间以及交通道路条件的限制等优点，而且可在很大程度上排除人为的错误，全部试验条件可以准确地复现，对不同的试验进行对比尤为方便。

### 一、变速器试验项目

变速器作为汽车的一个重要部件，要求使用可靠、寿命长，易于操作和维修，安全、高效、质量轻和成本低。为验证是否满足以上要求，需进行的变速器试验工作是相当复杂的，其试验项目也是全方位的。

1. 变速器性能方面

（1）变速器匹配试验（整车动力性与经济性试验）；

（2）变速器噪声及振动试验；

（3）变速器换挡操作轻便性试验，包括冷态操作试验；

（4）同步器性能试验；

（5）变速器脱挡试验；

（6）变速器密封性能试验；

（7）变速器效率试验。

2. 变速器可靠性方面

（1）变速器静强度和刚度试验；

（2）变速器冲击载荷试验；

（3）变速器换挡拨叉超负荷试验。

3. 变速器寿命台架试验

（1）变速器齿轮轮齿弯曲疲劳寿命试验；
（2）变速器齿轮轮齿接触疲劳寿命试验；
（3）变速器轴承寿命试验；
（4）变速器同步器寿命试验；
（5）变速器油封寿命试验。

4. 变速器产品验收质量考核试验

（1）变速器换挡力测定；
（2）变速器噪声测定；
（3）变速器摩擦力矩测定；
（4）变速器密封性测定。

这里对变速器传动效率试验、疲劳寿命试验及噪声试验加以介绍。

## 二、变速器传动效率试验

汽车变速器传动效率是评价变速器结构合理性及制造水平的重要指标之一，提高变速器的传动效率对降低汽车的动力消耗、改善汽车变速器本身的工作条件、延长其使用寿命均有一定的价值，特别是在目前重视汽车节能的环境下，改善汽车变速器的传动效率日益受到重视。

（1）试验转矩。取该汽车发动机最大转矩$M_{max}$的20%、40%、60%、80%和100%共5种工况。

（2）试验转速。被试变速器第一轴分别按汽车最低稳定车速时的发动机转速和发动机最大功率时的转速进行试验，并在该转速范围内再取3种大体等分的试验转速。

（3）试验用油及油温。试验时按设计规定选定变速器油的品种和油量，油温取40℃、60℃、80℃和100℃。

汽车变速器传动效率用的试验设备通常是开式试验台，也可在封闭功率流式变速器总成试验台上进行，但所用闭式试验台的加载器应能在试验运转过程中随时按要求改变转矩（如采用液压加载器、行星机构加载器、摇摆箱式加载器等），闭式试验台的驱动部分应能变速。在闭式试验台上进行变速器传动效率试验时，被试变速器的输入轴与输出轴均应接入转矩转速传感器，下面介绍开式试验台及其试验方法。

变速器的传动效率随变速器工作状况的不同而变化，试验时按不同的挡位输入转矩及转速、油的品种及油温进行，国内汽车变速器制造厂家推荐按以下工作情况进行试验。

图5-20、图5-21为测定变速器传动效率用的开式试验台装置图。如图5-20所示试验台需较大的制动测功机；如图5-21所示试验台吸收功率装置较小，但测量结果为两台变速器效率的平均值，精度相对低一些。

按如图5-20所示的方式测定变速器效率可分为3种测定方式。

（1）测定变速器输入功率$N_1$和输出功率$N_2$。$N_1$和$N_2$分别由发出功率的电动机和吸收功率的装置测得，可按下式计算传动效率，即

$$\eta = \frac{N_2}{N_1}$$

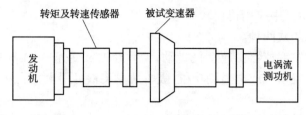

图 5-20 试验单台变速器的开式试验台

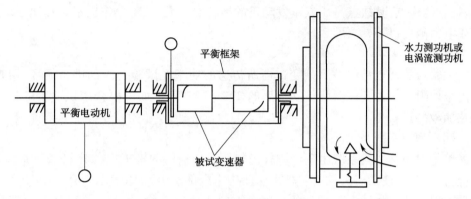

图 5-21 试验两台变速器的开式试验台

(2) 测定试验变速器输入转矩 $M_1$ 和输出转矩 $M_2$。它们分别由变速器输入端和输出端的转矩仪测得,用下列公式计算变速器的效率,即

$$\eta = \frac{M_2}{iM_1}$$

式中:$i$——变速器传动比。

(3) 测定输入转矩 $M_1$ 和变速器壳体上的反作用力矩 $M_p$。为了测定被试变速器的反作用力矩 $M_p$,其壳体必须由轴承支承并加以平衡,这时变速器效率公式为

$$\eta = \frac{1}{2}(1 + M_p/M_1)$$

将两台相同的被试变速器在第二轴凸缘处连接,装于平衡架上。试验时测定 $M_p$ 以及 $M_1$(或 $M_2$)后,按以下方式计算,即

$$\eta = \sqrt{1 - M_P/M_1} \quad (用于测量 M_1 时)$$

$$\eta = \sqrt{\frac{M_2}{M_2 + M_P}} \quad (用于测量 M_2 时)$$

这种试验方法所测的效率是取两台被试变速器的平均值,而两台变速器的质量状况、载荷大小以及回转方向的不一致使测得结果不够精确。

汽车变速器传动效率的实测值,依挡位和车型不同,大致在 0.95~0.99 之间。若测定条件不一致,则数据之间无可比性。

### 三、变速器疲劳寿命试验

汽车变速器的室内台架疲劳试验是变速器台架试验的主要部分,其试验规范比较接近变速器在汽车上的使用条件,通过疲劳试验可以在较短的时间内确定变速器在台架条件下的工作寿命,在实际生产中应用得比较广泛。

试验台有开式和闭式两种。

开式试验台中被试变速器由原动机带动,动力经被试变速器传给功率吸收装置。试验用的原动机可为汽车发动机或电力测功机,吸收功率装置可用水力测功机、电涡流测功机及机械式制动器等。

由于发动机的振动对变速器试验有影响,故用汽车发动机作为试验原动机最接近实际情况,这是它的优点,其缺点是用汽车发动机的运转费用大,试验操作也不如其他原动力(如电动机或电力测功机等)方便。

### 1. 闭式试验台

闭式试验台的特点是将被测试变速器所传递的功率在试验台内部进行循环,用来克服试验台内摩擦阻力仅占变速器所传动功率的 20%~25%,下面简要介绍试验台的封闭功率流系统及加载装置。

1)封闭功率流系统

最简单的封闭功率流系统由 2 个圆柱齿轮箱及 3 根传动轴组成,如图 5-22 所示。为保证该系统自运转,应使两对圆柱齿轮(图 5-22 中未全部示出)的传动比相等。封闭系统产生载荷的最简单方法是将轴 1 与轴 2 各给一个方向相反的转角,并把该相对转角用螺栓固定下来,使轴 1 与轴 2 各存在一方向相反的转矩,这时在整个封闭系统中每个截面均存在着方向相反的平衡扭矩,不论系统是否旋转,此转矩始终存在,形成封闭力流。系统由外加原动机驱动,该原动机的功率用来克服系统内的摩擦损失。

封闭系统中的载荷理论上应为固定值,而实际上在传递过程中,系统的载荷因摩擦损失而变化。

2)加载装置

闭式试验台的加载装置有扭杆式、液压式、摇摆箱式及行星机构式等。

(1)扭杆式加载器。扭杆式加载器是最简单的一种,早期国内汽车变速器试验中应用较多,其缺点是不能在运转过程中加载,且试验台结构环节较多,易出现磨损问题。

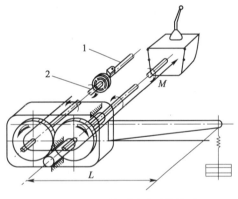

图 5-22 封闭功率流系统简图
1、2—轴

(2)液压加载器。液压加载器由液压箱、加载器及控制器构成,图 5-23 是液压加载器的结构。加载器的油缸经过凸缘与试验台左轴连成一体,叶片与油缸内壁及内端面的配合间隙应尽量小。叶片数量视试验系统刚度大小而定,一般为 2~4 片,刚度大时可增加,当一定压力的液压油进入油缸体的工作腔时,油缸体与叶片轴间便产生相对转动,同时在试验台的两根轴上便产生大小相等方向相反的转矩,转矩可由液压调节,油路系统中的换向阀用来控制加载方向。

加载时输出转矩为

$$M = \frac{PZB \cdot (D^2 - d^2)}{80}(\text{N} \cdot \text{m})$$

式中：$P$——油缸中工作腔与卸压腔间的压力差；

$Z$——叶片数；

$B$——叶片宽；

$D$——叶片外径；

$d$——叶片轴直径。

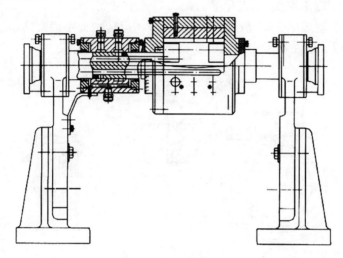

图 5-23 液压加载器的结构

液压加载装置转矩随油压变化的规律比较稳定，运用子程序控制载荷。旋转油缸的结构有多种形式，转矩范围为 500~6000N·m，转角可达 100°，因此适于高频变化载荷试验。

（3）摇摆箱式加载器。图 5-24 为摇摆箱式加载器示意图。封闭系统中的平衡减速器 3 由支架悬起来并可自由旋转，平衡减速器的杠杆上加重砣，以产生封闭系统的载荷。被测试变速器 4 的第一轴顺时针方向旋转，作用于此轴上的转矩为

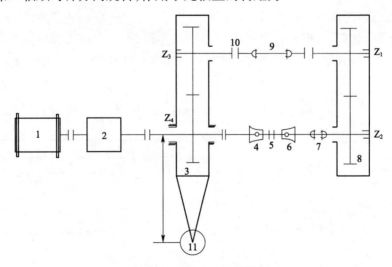

图 5-24 摇摆箱式加载器示意图

1-电动机；2-无级变速器或滑动齿轮式变速器；3-带有悬挂重砣杠杆的平衡减速器；4-被测试变速器；5-变速器二轴联轴节；6-陪试变速器；7-万向传动轴；8-平衡减速器；9-万向传动轴；10-调整角度用的联轴节凸缘；11-重砣

$$M = \frac{GL}{1 + \dfrac{Z_1}{Z_2 \eta}} + M_m$$

式中：$M_m$——作用于减速器靠近电机侧的转矩。

为了使平衡减速器 3 的杠杆在加载后保持水平，在封闭系统中装有能调整角度用的联轴节凸缘 10，轴的刚度不应太小，以免平衡减速箱转角过大。

（4）行星加载器。如图 5-25 所示，该加载器可在运转过程中调整转矩，加载器本身是一个独立的装置，可以安装在试验台的任何部位，对轴的角度无要求。

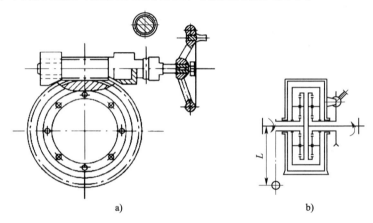

图 5-25 行星加载器

加载器由两个行星排组成。加载时将重砣加在力臂为 $L$ 的杠杆上，该杠杆与一个太阳轮刚性连接，另一太阳轮与蜗轮相连接，该蜗轮由壳体中的蜗杆带动，转动蜗杆可使杠杆调到水平位置。

2. 电封闭试验台

图 5-26 是电封闭试验台示意图。试验台由主传动部分、自动调节系统、数字程控定值器及参数测量系统构成，其中一台电机作为电动机运行，另一台作为发电机运行，通过升速机构与变速器第二轴相连，吸收功率并将发出的电能输回电动机。在试验过程中消耗的能量由电网经可控整流器给以补充。

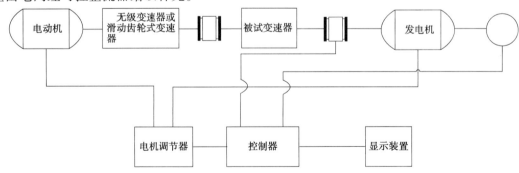

图 5-26 电封闭试验台示意图

自动调节系统包括转速和转矩自动调节系统，程序控制定值器是由 TTL 集成电路逻辑元件制成的数字控制系统，参数测量系统由两台数字式转速转矩仪及实际运算器组成。

表 5-4 为汽车变速器疲劳寿命试验规范。试验的总转数分两个循环进行,每个循环均从高挡逐渐降到低挡。变速器第一轴转速为:测试一挡及倒挡时为(2000~2500)r/min,测试其余各挡时为(3000~4000)r/min 试验油温为(80±10)℃,油量允许比规定值高10%。

汽车变速器疲劳寿命试验规范　　　　　　表 5-4

| 档　位 | 轿　车 | | 货　车 | |
|---|---|---|---|---|
| | 载荷 | 第二轴循环数 | 载荷 | 第二轴循环数 |
| Ⅴ(超速) | 90% $M_e$ | 100h | 90% $M_e$ | 100h |
| Ⅳ | 90% $M_e$ | $3 \times 10^6$ | 90% $M_e$ | $7 \times 10^6$ |
| Ⅲ | 90% $M_e$ | $2 \times 10^6$ | 90% $M_e$ | $7 \times 10^6$ |
| Ⅱ | 80% $M_e$ | $1 \times 10^6$ | 80% $M_e$ | $3.5 \times 10^6$ |
| Ⅰ | 65% $M_e$ | $0.5 \times 10^6$ | 65% $M_e$ | $0.75 \times 10^6$ |
| 倒 | 50% $M_e$ | $0.25 \times 10^6$ | 50% $M_e$ | $0.5 \times 10^6$ |

## 第三节　驱动桥总成试验

根据驱动桥总成的工作条件及对它提出的要求,通常对驱动桥总成和其主要零部件进行磨合试验、综合性试验、疲劳寿命试验、刚度试验、驱动桥壳的刚度试验、静强度试验、驱动桥壳的弯曲疲劳寿命试验、半轴的静扭试验及半轴的扭转疲劳寿命试验。这里主要介绍驱动桥总成试验。

在汽车行驶过程中,驱动桥承受着繁重而复杂的载荷,如转矩、垂直、纵向、横向的静动载荷及制动力矩等,在这些载荷的作用下,驱动桥必须有足够的强度、刚度,足够的寿命和良好的性能。为此驱动桥必须经受严格的试验。与其他主要总成部件一样,可进行整车道路试验及室内台架试验。

由于汽车使用条件复杂,道路试验是最接近实际使用情况的一种试验,可在测定各项性能指标的同时,考查汽车驱动桥对使用条件的适应性、可靠性和耐久性。

### 一、实验方法

1. 使用试验

在实际使用条件下对驱动桥总成及其零部件进行观察、测定,并作考核记录。从而测定驱动桥总成对各种道路条件的适应性、零部件的可靠性与耐久性、齿轮噪声大小、油封密封好坏、油温高低等。

2. 性能试验

在特定的道路和地形上测定汽车的各项性能指标。驱动桥总成的结构特点直接影响到汽车的通过性,因此对越野汽车来说,通过性试验就成为整车性能试验中必不可少的内容,通过汽车在特定地形(如台阶、壕沟、坎坷不平地面、侧坡等)和无路地段(如泥泞、沼泽、雪地、沙漠、松软土壤等)的通过性试验来确定整车及驱动桥对各种地形和地表面越野行驶的适应性。

3. 汽车试验场试验

汽车试验场有高速跑道和各种特殊的跑道、特殊的试验路段等。在试验场上,为了考验

驱动桥的可靠性,可进行带有强烈冲击载荷的"落轮"试验,即使驱动轮突然垂直落下,这时驱动桥在上、下方向的加速度可超过 2.5$g$;利用"猛起步"等冲击试验来考验驱动桥齿轮、半轴和其他传动件的可靠性。

除道路试验外,整车驱动桥也可以在试验条件下模拟汽车实际行驶状况进行试验,用这种方法进行寿命试验,可简化试验条件,提高效率,并缩短实验周期。为加速汽车以及驱动桥产品的发展,必须缩短试验时间,为此应充分发挥汽车试验场与室内模拟试验的作用,并与大量的使用试验相结合。

## 二、实验内容

1. 驱动桥总成磨合试验

驱动桥在装配或修理后应在专门的试验台上进行磨合试验,检查驱动桥的装配质量和改善配合副的接触状况,以便进行其他试验。

驱动桥磨合试验分无负荷和有负荷两个阶段进行。在通常情况下,磨合时间不得小于 20~25min,其中负荷试验时间不得小于 10~15min,试验时主动锥齿轮的转速一般为(1400~1500)r/min,加在每根半轴上的制动力矩可参见有关的技术规范。

驱动桥磨合试验台主要由驱动装置、加载装置和台架等组成。驱动装置通常采用三相交流鼠笼式异步电动机,它直接或通过万向节轴与被试后桥的主动齿轮轴相连。加载方式可采用电涡流制动器或绕线式异步电动机作为加载装置,也可利用驱动桥本身的制动器来作为短期加载。试验是由本身的液力制动系统产生的制动力矩来加载,试验台上应装有制动总泵、制动杠杆、压力表和油管,所加扭矩是根据制动系统中液体的压力来确定的。

试验台架由槽钢焊接而成,在台架上装有两个用来安装被试驱动桥的支架,支架上带有铰链式夹紧装置,以保证快速而可靠地固定驱动桥。

电动机通过联轴器、中间支承轴和传动轴驱动主动齿轮旋转。为了确定车轮制动器所产生的制动力矩值和制动系统内压力间的关系,以及左右车轮制动力是否平衡,试验台上需要有一种装在轮毂上的测力仪,这样试验台除能检查后轮装配质量外,还能检查车轮制动器的装配质量和进行制动器的调整,但注意不能在有负荷的情况下长时间连续工作。

2. 驱动桥总成的综合性试验

所谓综合性试验是区别于(以某一试验为目的)单项试验、专门实验、驱动桥总成的综合性实验,通常是在能进行多种试验研究、测试多种参数的开式驱动桥试验台上进行的。

开式驱动桥试验台都是采用可调节转速的直流电动机或变频调速交流电动机作为动力驱动装置,而其加载装置或耗能装置则可采用电力式(即电力测功器,包括直流电动机、交流电动机及电涡流测功器)、液力式(即水力测功器)和机械式(机械摩擦式制动器和飞轮装置)等。载荷应稳定并能平稳的加载和卸载,同时能准确地测量被试驱动桥总成输入、输出轴的转速、转矩。

图 5-27~图 5-29 是开式驱动桥试验台的各种布置方案。图 5-27 是被试驱动桥总成 4 由电动机 1 经变速器 2 驱动,并由装在半轴上的带式制动器 5 加载,后者的制动力矩可由可调重块 3 改变,并用水冷却。图 5-28 是水力测功器加载的开式驱动桥试验台的布置方案。电动机 1 驱动被试驱动桥总成 3,动力经链传动 4 传给差速器已被锁住并作为升速器的同型

驱动桥5,而后传给水力测功器6,当装在被试总成左右半轴上的链轮半径不同时,差速器起作用,则可试验差速器。

图5-29是开式驱动桥转鼓试验台的布置图,在这种试验台上可模拟各种行驶条件进行综合性试验研究和疲劳试验。

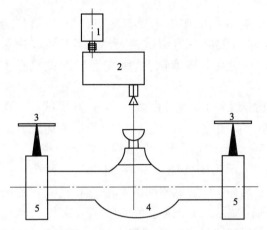

图5-27 带有机械式加载装置的开式驱动桥试验台
1-电动机;2-变速器;3-可调重块;4-被试驱动桥总成;5-带式制动器

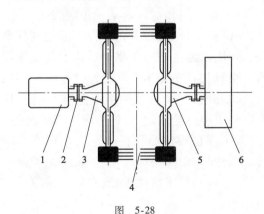

图 5-28
1-电动机;2-联轴器;3-被试驱动桥总成;4-动力传动链;5-驱动桥;6-水力测功器

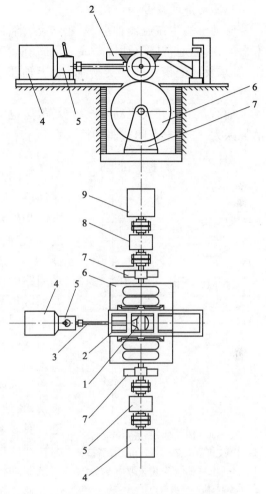

图5-29 装用水力测功器的开式驱动桥试验台
1-电动机;2-联轴节;3-被试驱动桥总成;4-链传动;5-作为升速器的同型驱动桥;6-水力测功器;7-支架;8-升速器;9-平衡式发电机

如图5-29所示,被试驱动桥1置于两个转鼓6上,并以安装在汽车上的同样方法安装,经钢板弹簧承载着一个可安装重块以模拟汽车满载轴负荷的单轴车架2。由汽车发动机4输出的转矩经变速器5、万向节传动轴3传给被试驱动桥1,两个转鼓的一侧经两个升速器8（一个为五挡,另一个为固定速比,图中只画出了一个）与平衡式发电机9相连,以便吸收功率（由于升速器的存在,发电机可以吸取更大的功率）。两个转鼓的另一侧经变速器5与另一台汽车发动机4（安置在地板下）连接,后者用于汽车滑行工况的试验,这时驱动桥的主动齿轮轴则经万向节传动轴3与发电机连接,发动机及发电机均有循环水冷却。两个钢制转鼓(直径为1220mm,宽为990mm)可互相脱离,也可与驱动装置和加载装置脱离连接,即必要时可自由空转。两个转鼓可用液力制动器同时制动或使其中一个制动,以便试验差速器。为了模拟坏路面上产生的冲击载荷,可在转鼓的工作表面上安装适当尺寸和形状的凸块,这种凸块应由轻质材料制造,并应拆卸方便。

**3. 驱动桥的疲劳寿命试验**

驱动桥的主减速器轴承、差速器壳、半轴及桥壳等在工作中承受着交变载荷,都有疲劳寿命问题,但通常以驱动桥总成的形式在台架上进行的疲劳寿命试验大都是考验主减速齿轮、轴承及其他零件的疲劳寿命,而半轴及桥壳等的疲劳寿命试验,则在专门的试验台上进行。

前面介绍的开式驱动桥试验台,虽然也可做驱动桥的疲劳寿命试验,但是开式试验功率消耗太大,一般常在闭式驱动桥寿命试验台上进行。闭式试验台运转时的能量消耗比开式节约60%~75%,但闭式试验台在结构上要复杂些。

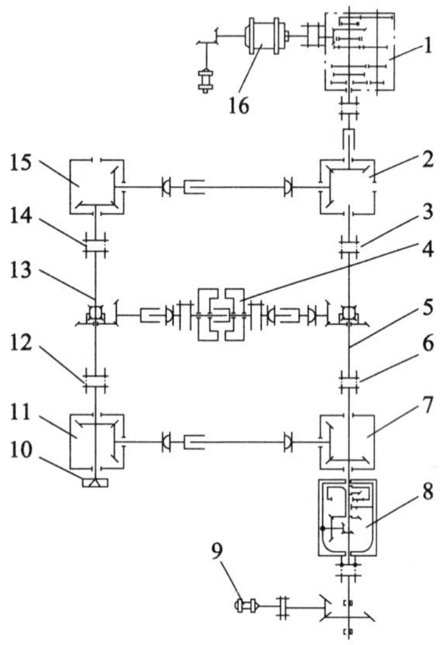

如图5-30所示为闭式驱动桥寿命试验台,两个被试驱动桥(主试驱动桥13、辅试驱动桥5,它们传递功率流的方向相反)的主动齿轮轴与试验台的中央万向传动轴相连,而它们的两端则通过齿轮联轴器12、14、3、6与角传动器11、15、2、7及万向节弹性轴连成一个封闭传动回路,传动回路中扭矩的加载是由操纵加载电动机9使行星齿轮式加载箱的两个输出轴之间相对转动某一角度来实现的。两个被试驱动桥在试验平台上,后者在平台下面用杠杆系统与磅秤机构相连,用以测量作用在驱动桥体上的反作用力矩,它等于两个半轴扭矩的总和(即试验过程中封闭系统扭矩的两倍)。试验时,整个封闭回路由直流电动机16驱动,转速可由电动机进行连续调节,也可由四挡变速器1进行有级调节。为了保证被试驱动桥的左右半轴有相同的转速或保证整个封闭传动回路都运转起来,必须使两个被试驱动桥中的一个桥的差速器锁住(通常将辅试驱动桥的差速器锁住)。

图5-30 闭式驱动桥寿命试验台
1-四挡变速器;2、7、11、15-角传动器;3、6、12、14-齿轮联轴器;4-中央万向节传动轴支承座;5-辅试驱动桥;8-行星齿轮式加载箱;9-加载电动机;10-转数计;13-主试驱动桥;16-直流电动机

由于寿命试验是在高负荷条件下长时间地进行试验,故机件的润滑和冷却需要特别注意,通常由循环水冷却两个被试驱动桥和油底壳,并用温度表指示有关温度。

如图5-31所示为闭式传动系疲劳寿命试验台,其结构布置简单、紧凑。在这种布置方案中可同时进行两套汽车传动系(变速器及与其相匹配的驱动桥)的疲劳寿命试验,试验时每个驱动桥的差速器都要锁住,仅由各桥的一个半轴参与试验。

图5-32是一种简易的闭式驱动桥寿命试验台,封闭传动回路是由弹簧式扭转加载装置加载的。两个驱动桥的一侧半轴由链传动连接,另一半轴由电动机驱动,并使整个回路运转。

除了上述3种典型的闭式驱动桥试验台的布置方案外,也可以有其他布置方案,比如改变电动机旋转方向或引进其他中间传动装置等。有时为了模拟驱动桥的实际受载情况,在

进行磨损和疲劳寿命试验时,除加载转矩外,还应在桥壳上的钢板弹簧座和轮毂轴承处加载,这种试验对桥壳刚度较差的驱动桥来说是很有必要的。

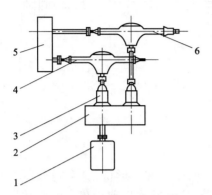

图 5-31 闭式传动系(变速器、驱动桥)寿命试验台
1-直流电动机;2-加载机构及齿轮传动箱;3-被试汽车变速器;4、6-被试驱动器;5-齿轮传动箱

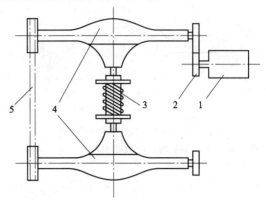

图 5-32 闭式驱动桥寿命试验台
1-直流电动机;2-齿轮传动;3-弹簧扭转加载装置;4-被试驱动桥;5-无声链传动

另外,驱动桥主减速齿轮在进行正式试验前必须经过磨合。表 5-5 为驱动桥磨合试验规范。

在闭式试验台上还可以进行驱动桥的刚度试验,这里不再详细介绍。

**驱动桥磨合试验规范** 表 5-5

| 项目 | 齿轮弯曲疲劳寿命试验 | 齿轮接触疲劳寿命试验 |
|---|---|---|
| 磨合时间(h) | 1 | 2 |
| 载荷(N·m) | $M_{emax}I_gI_0\eta$ | $0.62M_{emax}I_gI_0\eta$ |
| 转速(r/min) | 从动齿轮转速为 50r/min(相当于 $M_{emax}$, $i_g=1$ 时齿轮转速的 1.5 倍) | |
| 机油温度(℃) | 80~90 | |

注:载荷指主减速器从动齿轮上的转矩。

4. 驱动桥壳的刚度试验与静强度试验

以上介绍了驱动桥的总成试验,在此基础上,需进一步对驱动桥主要零部件进行台架试验,驱动桥壳在汽车行驶过程中承受着巨大弯矩和转矩。由于驱动桥壳的刚度不好而可能引起半轴轴承、差速器零件、壳体等的损坏,因此刚度试验和强度试验显得十分重要。

通常,驱动桥壳的抗弯刚度试验与静弯曲强度试验是在材料实验用油压机上进行的。

为了模拟驱动桥壳在汽车上受载时的实际安装条件,试件应是由桥壳、半轴套板簧座、后盖等已组合完好的桥壳总成,并紧固上主减速器壳。有时为了选择驱动桥壳的结构形式、尺寸和几何形状,而进行几种桥壳的比较试验,亦可不装主减速器壳等。图 5-33 是驱动桥试验支承和加载情况,专用支架的左右支承中心与车轮中心线位置相重合,即支承中心的距离等于轮距。为测试桥壳的变形情况,可选择 3 点(如图 5-33 所示)作为测试点,由千分尺指示变形量。有时为了研究驱动桥壳沿其全长上的各处的变形情况,而选择多个测试点,这时就可画出驱动桥沿其全长上的各点的变形曲线,如图 5-34 所示,图中垂线表示安装千分表的位置,a-a 断面为最大变形断面,实际上有些疲劳损坏的桥壳就是在此处产生疲劳裂纹的。

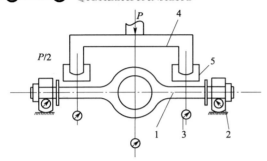 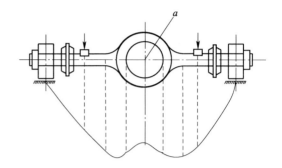

图 5-33 驱动桥试验支撑和加载情况　　　图 5-34 驱动桥壳的挠度分布曲线

P-加载载荷；1-驱动桥壳；2-轴端测试点；3-钢板弹簧底座测试点；4-加载执行机构；5-加载接触块

刚度试验时，由零开始逐步增加载荷，并记录每次加载后的变形量，直至将载荷加到汽车满载时被测驱动桥负荷的 2.5 倍，然后进行卸载试验，反复几次以取得稳定实验数据。而后拆下千分表并继续平稳地加大载荷，记录桥壳材料达到屈服极限时的载荷及最后达到强度极限时的破坏载荷。

## 第四节　转向器试验

汽车转向系统的性能对操纵稳定性的影响早已被大量试验所证实，其中转向器起着重要的作用，因此，转向器在拆修后应对下列性能进行检查：转向器的传动间隙特性、起动力矩、传动效率等。转向器的传动间隙特性是指转向盘在任意位置上所对应的摇臂轴自由摆动量及该量在整个转角内的变化规律。通过调整摇臂轴调整螺钉，可以得到转向器在转向盘中间位置上的不同传动间隙，中间位置间隙大时转向器反应迟钝。所谓转向器起动力矩是指摇臂轴无负荷时，转动转向盘所需要的静操纵力矩，其值的大小反映了转向器空载内摩擦的阻力矩值。各厂生产的转向器在中间位置的起动力矩规定值见表 5-6。所谓传动效率是指转向器转矩和转角的输入输出特性，其正效率是摇臂轴输出功率与转向轴瞬时输入功率之比 $\eta_{正} = (M_{摇} \cdot d\beta)/(M_{输} \cdot d\varphi)$，逆效率则相反，表 5-6 为 6 种转向器的传动效率值。

转向器的传动效率值　　　表 5-6

| 型号 | SJ760 | NT130 | BJ212 | BJ130 | 红旗 | TOYOTA |
|---|---|---|---|---|---|---|
| 转向器中间值启动力矩(N·m) | 1.176 | 1.960 | 0.951 | 0.98 | 0.98 | 0.950 |
| $\eta_{正}$ | 68 | 73 | 71 | 70 | 72 | 80 |
| $\eta_{逆}$ | 45 | 60 | 60 | 60 | 60 | 68 |

因此，为了检查转向器的性能，需测量 $M_{输}$、$M_{摇}$、$\Delta\varphi$ 和 $\Delta\beta$，其中转向轴转矩 $M_{输}$、摇臂轴转矩 $M_{摇}$ 和转向轴转角 $\Delta\varphi$ 可利用一般测量方法测得，而摇臂轴的摆动量 $\Delta\beta$ 是测量的关键，图 5-35 所示为转向器角位移的测量装置。

机电转换器是把角位移转换成线位移，并把该位移按要求自动地回至零位，它是一个电磁常压式锥形离合器，主动盘 1 安装在摇臂轴圆盘 10 上，外壳 3 通过杆 2 固定在试验台机架上。当摇臂轴圆盘 10 做顺时针旋转时，锥体 4 在弹簧片 5 的作用下与摇臂轴圆盘 10 一起旋转，这时，固定在锥体 4 大端面上的摇臂测量圆 9 的伸缩触头 12（差动变压器）向上方

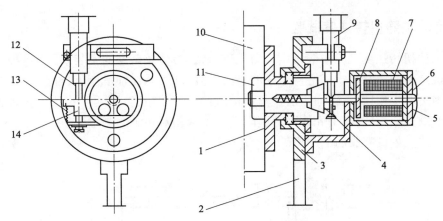

图 5-35 转向器角位移的测量装置

1-主动盘;2-杆;3-外壳;4-锥体;5-弹簧片;6-推杆;7-铁芯;8-吸盘;9-摇臂测量圆;10-摇臂轴圆盘;11-分离弹簧;12-伸缩触头;13-复位弹簧;14-摇臂

推动。此时电感测量头便将摆臂14微量转角所对应的线位移转换成电信号(电压)输出。当电磁铁接通后,铁芯吸住带有推杆6的吸盘8,使推杆6将弹簧片5向右推开,此时,锥体4失去了弹簧片5的压力,在分离弹簧11的作用下,与摇臂轴圆盘10分离,至此完成了一次测量动作,如果切断通往电磁铁的电流,锥体4转动,摆臂14便推动伸缩触头12,进行下一次测量,如此在摇臂轴圆盘10不断地旋转情况下,若电磁铁也在不断地断通,则电感比较仪的伸缩触头12便不断地输出三角波信号。该信号的峰值即表示摇臂轴在不同时刻内的平均转角$\triangle\beta$值。电磁铁的接通和切断是由安装在转向轴上的脉冲信号转角器来完成的。该转角器由齿状转盘和微型开关构成,如图5-36所示。转盘固定在转向轴上,微型开关安装在试验台架上;后者的触头与转盘外缘相接触,当转盘在转向轴带动下旋转时,触头便在转盘外缘上往复伸缩,从

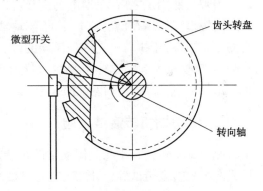

图 5-36 脉冲信号转角器工作原理

而控制通往电磁铁电流的通断。若转盘每齿对应的中心角为15°,则转向轴每转$\triangle\varphi=15°$时,可测得相应的摇臂转角值$\triangle\beta$。

## 第五节 汽车传动轴试验

万向传动轴主要用于汽车上在工作过程中相对位置不断改变的两根轴间传递动力的场合,除了可靠传递动力的要求外,应对传动效率、振动、噪声等进行试验。

汽车传动轴总成台架试验包括以下项目:静扭强度试验、扭转疲劳试验万向节磨损试验、滑动花键磨损试验、剩余不平衡试验、临界转速试验、扭转间隙试验、静扭转刚性试验、静态跳动量试验等,最近还进行了冲击强度试验、不平衡量引起的传动系噪声试验、复合弯曲共振转速试验、环境模拟试验等。就目前国内状况,上述诸多试验项目中,实际在产品鉴定、行检等活动中通常只做前4项试验。

## 一、传动轴静扭转强度试验

传动轴静扭转强度试验一般采用扭力机进行,试验台及试件的安装如图 5-37 所示。

扭力机是由两级蜗轮蜗杆机构组成的,外壳体浮动支承在轴承座上,外壳有力矩通过测力装置与固定底板相连,主轴通过法兰盘与被试件的一端相连,被试件的另一端通法兰和固定在底板上的支架相连,浮动壳体与支座间设有测量相对转角的测量装置,在一级蜗轮蜗杆机构的蜗杆法兰处设有驱动电动机。

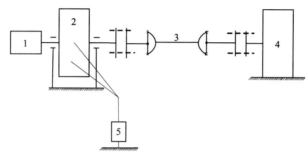

图 5-37 传动轴静扭转强度试验
1-角位移传感器;2-扭力机;3-被试传动轴;4-后固定架;5-负荷传感器

当被试件固定之后,驱动电动机旋转带动扭力机的输出法兰盘缓慢旋转,驱动电动机转矩经两级蜗杆作用在传动轴上,由于传动轴的另一端通过支座固定在底板上,故此时传动轴受的是转矩,由于扭力机壳体是浮动的,故作用转矩通过与地板连接的负荷传感器测量,同时测出被试件的转角,这样从开始加载到整个试件的某一薄弱环节出现破坏或屈服的全过程都记录了下来,于是就得到了完整的试验曲线,经过数据处理后就可得到试验结果。

## 二、传动轴扭转疲劳试验

此项试验目的在于测量传动轴的扭转疲劳寿命,试验台分为液压扭转疲劳试验台和机械式激振扭转疲劳试验台,图 5-38 是机械式激振扭转疲劳试验台的结构简图。

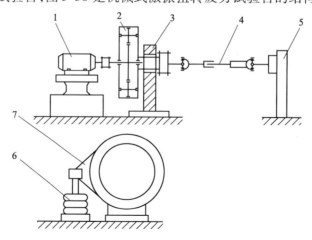

图 5-38 机械式激振扭转疲劳试验台的结构简图
1-驱动电动机;2-行星式振头;3-前支架;4-被试传动轴总成;5-后支架;6-空气弹簧;7-振臂

图 5-38 中 1 是转速和转矩可控制的驱动电动机,行星式振头 2 支承在前支架 3 上,其输出法兰与被试传动轴总成 4 相连,被试传动轴经测力轴与后支座相连,振头经振臂与空气弹簧 6 相连。

振头是行星机构式,太阳齿轮与驱动电动机柔性相连,带动 4 个偏质心行星齿轮,行星轮系支承固定在与被试传动轴相连的振臂壳上。

图 5-39 是振头产生周期性作用力矩的原理示意图。图 5-39a)为偏心质量产生顺时针的作用力矩;图 5-39b)为太阳轮继续顺时针转动,各行星齿轮自转 90°,偏心质量产生的离心力互相抵消振壳产生的力矩为零;图 5-39c)为是太阳轮继续转动各行星齿轮继续过 90°,偏心质量产生的离心力形成逆时针的力矩;图 5-39d)为当太阳轮继续转动又使行星齿轮转过 90°时,离心力再次互相抵消,离心力的方向同图 5-39b)中的方向相反,振壳对外输出的作用转矩再次为零,于是振壳就这样对被试传动轴施加周期性的作用转矩。转矩波形图如图 5-40 所示。

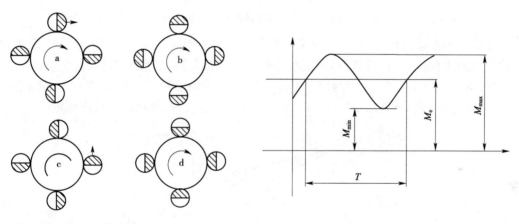

图 5-39　振头产生周期性作用力矩原理示意图　　　　图 5-40　转矩波形图

由于间隙的存在和转矩的影响,试验中易产生冲击噪声,于是又增加了空气弹簧来施加静载荷,与振头共同作用使被试传动轴承受脉动循环转矩。

测力轴为全桥式电阻应变片式,试验以被试传动轴破坏或达到规定的试验循环次数为止,试件数不应少于 3~5 件,最终以统计方法获得试件扭转疲劳寿命的循环次数。

### 三、传动轴万向节总成磨损试验

试验装置一般采用机械闭式传动轴试验台,其结构如图 5-41 所示。

驱动装置为交流电动机,为适应转速和转矩变化要求,在中间支承和前齿轮箱之间装有加载装置和弹性轴及测量装置(测力轴或转矩仪),齿轮箱可沿纵向和横向移动,以适应不同长度和不同夹角要求的被试传动轴的试验(试验取 7°),试验转速通常取 500r/min,终止试验温度为 (60±5)℃,或运行到规定的循环次数为止。

机械加载装置是通过给两个法兰盘施加载荷使两者保持一定的相位差来维持一定的转矩。这种加载方法简单可靠,但不能在运行中监视载荷的变化,且由于十字轴的磨损产生间隙而使负荷下降(试验终了时载荷约下降 2%),目前常用蜗轮蜗杆机械加载器来代替盘式机械加载器，并用转矩仪代替弹性轴，可实现试验过程中的负荷监视。

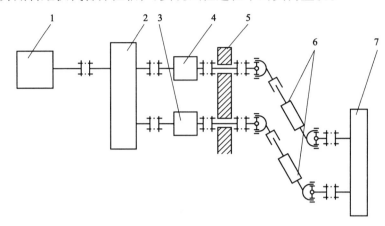

图 5-41　机械闭式传动轴试验台
1-动力装置；2-前齿轮箱；3-测量装置；4-加载装置；5-中间支承；6-被试传动轴；7-后齿轮箱

对于传动轴滑动花键磨损试验，通常与万向节磨损使用同一试验台，如图 5-42 所示，为了产生花键的滑移位移，在后齿轮箱的法兰处安装偏心夹具，当后齿轮箱的法兰转过一周时，传动轴的万向节由图 5-43 中的位置 1 转到位置 2，传动轴的长度由 $L_1$ 变为 $L_2$，则花键产生的位移 $\Delta L = L_2 - L_1$，通常取 $\Delta L = 10\text{mm}$，偏心夹具的偏心量视传动轴的长度而定。

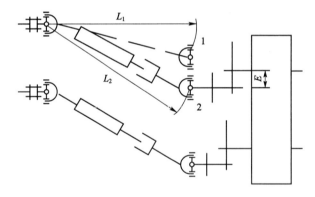

图 5-42　传动轴花键磨损试验台

图 5-43　驱动式离合器试验台简图

试验时空载磨合 1h，然后施加 4% 额定载荷磨合 3h，而后施加 16% 额定载荷转矩正式试验，滑动花键往复频率通常取 58 次/min，检测花键，如有 3 齿以上的磨损量超过或达到 0.5mm，或者达到规定的试验循环次数时即终止试验。

## 第六节　离合器总成试验

汽车传动系包括离合器、变速器、万向传动机构和驱动桥，其试验分为性能试验和寿命试验。

在汽车传动系中，离合器是作为一个独立部件而存在的，它依靠主、从动部分的摩擦来传递转矩，离合器质量的优劣除零件的材料质量、加工质量和装配质量以外，离合器在工作中的性能更加重要。例如，离合器是否可靠地传递发动机的最大转矩、接合是否平稳、分离是否彻底、离合器吸收振动的性能如何、通风散热能力良好与否等多方面性能都是评价离合器质量优劣的重要依据，然而以上这些离合器的性能要求只有通过试验才能予以正确评定，可见试验工作在离合器设计与生产当中具有重要的地位。

### 一、离合器的基本工作状况

汽车离合器实际上是一种依靠主、从动部分之间的摩擦来传递动力，并能分离的机构，其基本工作状况有三种。

一是起步工况。汽车停在原地，发动机工作，在汽车起步时，通过离合器主动部分（与发动机输出轴相连）和从动部分（与变速器第一轴相连）之间的滑磨，使转速逐渐接近，在此过程中将动力逐渐而平稳地传给汽车的传动系统，再传到车轮上克服道路阻力矩，推动汽车前进。

二是换挡工况。汽车行驶过程中由于各种原因需要经常改变车速，这需要改变变速器的挡位来实现，此时要将发动机与传动系统暂时脱开，这就要分离离合器，使变速箱齿轮在无负荷的状态下实现脱开与接合，然后再接合离合器，驱动汽车继续行驶。

三是防止传动系超载工况。当汽车在行驶过程中由于某种原因（未分离离合器时紧急制动）使其转矩超过离合器所能传递的最大转矩（即离合器的最大摩擦力矩）时，其主、从动部分将产生滑磨，这样离合器又起到了防止传动系部件过载的作用。

三种基本工作状况都是使主从动部分产生相对滑转，摩擦副之间产生相对滑磨，使摩擦副磨损的同时，消耗发动机能量，产生热能，使工作件温度升高，进一步加剧摩擦副磨损，降低离合器的使用寿命。离合器滑磨的严重程度常用滑磨功的大小来衡量，离合器滑磨功是指离合器在接合过程中有多少机械能转换成热能。离合器的滑磨功愈大意味着变成热能的数量愈多，摩擦副的发热和磨损也就愈严重，因此，如何准确测量出滑磨功十分重要。

### 二、惯性式离合器综合性能试验台

惯性式离合器综合性能试验台又分为驱动式和制动式两种。图 5-43 所示为驱动式离合器试验台简图，其工作过程是驱动电动机把所有的试验台旋转部件带到规定转速后，被试离合器分离→后部制动器制动使惯性飞轮停止→制动器松开→被试离合器接合把惯性飞轮带到和电动机的转速同步为止，即完成一个循环动作。制动式离合器试验台简图如图 5-44 所示，它设有制动器，而在电动机和惯性飞轮之间有一个断续离合器，被试离合器装在最后部，并将从动轴固定，在断续离合器与被试离合器之间装有惯性飞轮，在断续离合器接合，被试离合器分离的状态下启动电动机，使其达到规定的转速→断续离合器分离→被试离合器接合使惯性飞轮到静止状态→被试离合器分离→断续离合器接合，电动机又把惯性飞轮带到了规定的转速,即完成一个循环。

图 5-44 制动式离合器试验台简图

以上两种试验台,从能量吸收的观点来看应该说是等价的,但是如果把汽车道路阻力矩考虑进去的话,制动方式的结构类型是没法施加的,而且试验证明道路阻力矩对离合器接合过程的滑摩功及离合器的发热情况影响很大,特别是道路条件不好时影响更为突出,因此下面只对驱动方式的离合器惯性综合性能试验台予以简单介绍。

试验台的动力源最好用原发动机,但它成本高、控制复杂,故一般不采用,因而通常用直流电动机晶闸管控制或交流电动机加变频器作为动力源。

为了使试验台驱动电动机功率选择小些,在电动机与试验台之间连接储能飞轮,与电动机及试验台主动部分一起旋转,在离合器未接合之前存储一部分动能,当离合器接合时,储能飞轮释放能量,以惯性力矩的形式与电动机输出转矩一起克服负荷力矩,力图维持原来的转速,而不使发动机短期过载。

可变惯量飞轮是用来模拟整车平移质量和旋转质量的装置,是被试离合器的主要负荷之一,由于试验对象不同,要求惯性飞轮的惯量大小可变,能够通过选择不同的飞轮使其组合成所需的惯量。

飞轮的转动惯量为

$$I = \frac{\pi}{32}(D^4 - d^4)brg$$

式中:$I$——转动惯量,$N \cdot m \cdot s^2$;

$D$——飞轮外径,m;

$d$——飞轮内径,m;

$b$——飞轮宽度,m;

$r$——材料比重,$N/m^3$;

$g$——重力加速度,$9.8 m/s^2$。

离合器轴上的当量惯量应由整车的平移质量及旋转质量两部分组成,即

$$J = \frac{G_a R^2}{g \, i_g^2 i_0^2} \delta_0$$

式中:$J$——汽车当量惯量,$N \cdot m \cdot S^2$;

$G_a$——汽车总重,kg;

$R$——车轮滚动半径,m;

$i_g$——变速器速比;

$i_0$——主减速器速比;

$\delta_0$——计入旋转质量惯性影响系数(取 1.02~1.04)。

同时把道路阻力矩也转化到离合器轴上,即

$$M_\mathrm{T} = \frac{G_a \varphi R}{i_g i_0}$$

式中：$M_\mathrm{T}$——汽车道路阻力矩，N·m；
$\varphi$——道路阻力系数。

因此在试验时，离合器在起步过程中可以简化为克服装在离合器轴上的转动惯性为 $I$ 的飞轮所产生的惯性力矩与克服道路阻力矩转化到离合器轴上的值 $M_\mathrm{T}$ 之和，惯性式离合器综合试验台即为能满足以上要求的检测系统。

其中道路阻力矩模拟装置结构形式很多，如机械摩擦式、磁粉离合器等。实践证明机械摩擦式稳定性差，而磁粉离合器模拟道路阻力矩比较理想，其结构简图如图 5-45 所示，它由装有线圈的磁系统和离合器主动件与从动件构成。当线圈不通电时，即无激磁状态，此时主动件运转，由于离心力的作用磁粉被压在圆柱体的内壁上磁粉与转子之间产生间隙，主从动件之间不传递扭矩。如果线圈通电，即处于激磁状态，则形成图 5-45 中虚线所示的磁通路，这时磁粉沿磁通相连接，靠这些磁粉间的抗剪力传递转矩。

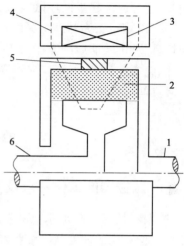

图 5-45 磁粉离合器结构简图
1-输入端；2-磁粉；3-线圈；4-磁路；5-隔磁环；6-输出端

因为这种磁粉离合器由于磁粉本身惯性小，而且磁场建立时间非常短，所以它具有反应速度快、制动力矩稳定、工作无冲击、噪声小、结构简单、调整控制方便等优点，但需要强制冷却。

## 三、惯性式离合器性能试验台试验项目

1. 离合器热负荷测定

该试验用以确定离合器在起步过程中每接合一次的滑摩功及连续起步时的发热情况。要求起步转速为：货车为 1500r/min、轿车为 2000r/min，载荷应相当于汽车满载时，常用起步挡，在 8% 的坡路上起步时的惯量及道路阻力矩；连续起步周期 30s，进行 10 次；测量接合过程中力矩变化，滑摩角度、滑摩时间及摩擦表面温度的各参数直接送计算机进行处理，即：

$$A = \int_{t_0}^{t} M_c (\omega_1 - \omega_2) \mathrm{d}t$$

式中：$A$——滑摩功，N·m；
$M_c$——摩擦力矩，N·m；
$\omega_1$——主动部分角速度，rad/s；
$\omega_2$——从动部分角速度，rad/s；
$t_0$——接合过程开始时间，s；
$t$——接合过程终止时间，s。

2. 离合器摩擦力矩的测定

主要测定离合器的静摩擦力矩和滑动摩擦力矩。试验时，样品必须先进行磨合，而后测

量离合器压紧力,静摩擦力矩(在室温下加载至主从动部分相对打滑为止),滑动摩擦力矩要求离合器摩擦片最大线速度为$(14±1)$m/s,从室温到300℃测10点。

3. 离合器摩擦片磨损试验

试验时载荷及主轴转速同上;进行必要的试验前磨合;摩擦表面温度应控制在150~200℃;进行连续起步循环试验,达到规定的试验参数($3×10^4$次)后,测量试验前后摩擦片厚度之差(以铆钉头为基准用深度尺进行测量),测点应在摩擦片中径处且每面不应少于3点,同时应记录试验前后静摩擦力矩。

除此之外,离合器还应在不同的专用试验台上进行高速破坏试验,扭转减振器静特性及耐久性试验,这里暂不介绍。

## 第七节 减振器试验

### 一、减振器的工作特点及其要求

减振器是与弹性元件并联装在汽车的悬架系统中的,当汽车车架(或车身)在悬架上振动时,减振器内的油液从一个腔经阻尼孔流入到另一个内腔,此时孔壁与油液的摩擦及液体分子内摩擦等便形成了对振动的阻尼力,衰减车身的振动,并将汽车的振动能量转化为热能散失掉,减振器阻尼力的大小随车架与车轴的相对速度一起增减,从而提高了汽车的行驶平稳性和操纵稳定性。因此减振器必须满足以下的要求。

(1)性能稳定。复原阻力和压缩阻力应在允许误差范围内,当温度变化时,性能变化小。

(2)工作可靠。长期运转后,阻力衰减小。

### 二、试验项目

根据汽车减振器的试验规定,需对减振器进行以下几项试验。

(1)示功试验:测取试件的示功图和速度图。

(2)速度特性实验:测量减振器在不同活塞速度下的阻力,取得减振器的速度特性。

(3)温度特性实验:测定温度特性 p-T 曲线及计算热衰减率。

(4)耐久性试验:测定减振器的耐久性(寿命)。

### 三、试验方法

1. 示功试验

要求试验环境温度为$(20±2)$℃,在减振器示功试验台上进行试验。试验行程 $s=(100±1)$mm,试验频率 $f=(100±2)$cpm,则减振器试验速度为

$$v = \frac{sf}{6} \times 10^{-4} (\text{m/s})$$

试验的装置方向和试验位置:铅垂方向,位置大致在减振器行程的中间部分。

按以上条件加振,在试件往复3~5次内记录示功图。根据示功图和标定常数(N/mm)以及示功图的基准线可以计算出复原阻力和压缩阻力。

## 2. 速度特性试验

试验条件是使试验温度为$(20 \pm 2)$℃,试验行程 $s$ 为 $20 \sim 100$mm,试验速度 $v$ 由下式决定,即

$$v = \frac{\pi s f}{6} \times 10^{-4} \text{ (m/s)}$$

式中:$f$——最高速度(需高于 $1.5$m/s)时的频率,cpm。

试件铅垂安装,试验位置大致在行程中间位置。

(1)直接记录法:在减振器示功试验台上,采用相应的电测量装置利用传感元件取得减振器活塞速度和相应的阻力信号,将两个信号同时输入记录装置而直接算得减振器的速度特性。

如图 5-46 为减振器的速度特性曲线。

(2)多工况合成法:根据速度的计算公式知道,可以变化行程 $s$ 或频率而取得变化的速度值 $v$,以及相应工况下的阻力 $p$ 形成速度特性的若干点。最终光滑连接构成速度特性 $p-v$ 试验曲线。

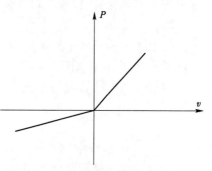

图 5-46 减震器速度特性曲线

图 5-47 和图 5-48 分别表示出固定行程变化频率时所取得的试验速度特性 $p-v$ 曲线和固定频率变化行程所取得的试验速度特性 $p-v$ 曲线。

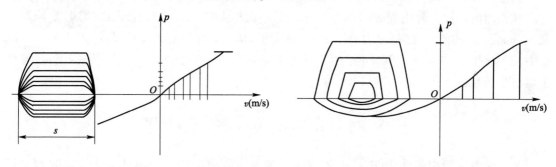

图 5-47 减振器速度特性曲线 $p-v(s$ 一定,$f$ 变化$)$    图 5-48 减振器速度特性曲线 $p-v(f$ 一定,$s$ 变化$)$

## 3. 温度特性试验

(1)试验设备:减振器示功试验台,配以电热鼓风箱及电冰箱等。

(2)试验条件:试验温度取以下各点 $-30$℃、$-20$℃、$-10$℃、$0$℃、$20$℃、$40$℃、$80$℃、$100$℃(误差允许在 $\pm 3$℃),达到所规定温度后,保温 $1.5$h,试验行程 $100$m,试验速度 $0.52$m/s,试件装置方向为铅垂,试验位置大致在减振器行程的中间部分。

(3)试验方法:试件升温到试验温度之后,立即按示功试验方法进行试验,记录各种温度下的 $p_f$ 和 $p_v$ 值,最后制成温度特性 $p-T$ 曲线。

(4)热衰减率计算如下。以速度为 $0.5$m/s 的试验效果计算复原(或压缩)的热衰减率,即

$$\varepsilon_{f(y)} = \left( \frac{p_{20} - p_{100}}{p_{20}} \right) \times 100\%$$

式中:$p_{20}$、$p_{100}$ 分别表示试验在 $20$℃、$100$℃时的阻力值;下标 $f$、$y$ 分别表示复原、压缩工况。

### 4. 耐久性实验

1）单动耐久性试验台

试验条件：试验速度为0.52m/s；试件升温后外壁上端温度，以强制冷却方式保持在(70±10)℃范围内，并适时监测；试件装置方向和试验位置以试件上下端装接应对中良好，并沿铅垂方向安装，位置大致在减振器行程中间部分。

2）试验方法

按上述试验条件下对减振器加振进行耐久性试验，在试验开始与结束时用示功试验方法记录示功图，工作循环次数 $10^6$ 次。

根据示功图计算阻力变化率为

$$\varepsilon_{nf(y)} = \left(\frac{p_0 - p'_0}{p_0}\right) \times 100\%$$

式中：$p_0$、$p'_0$ 分别表示试件在试验前和试验后的阻力。

检查减振器试件关键部位、关键零件的摩擦情况以及其他异常情况的发生。

3）双动试验台试验法

试验台运动方式为上下两端同时沿铅垂方向运动，上端加振规范为 $s \times n = 100 \times 100$，下端加振规范为其速度，应达到0.52m/s（$s=14\sim20$mm，$n=500\sim720$cpm）。

其他条件与上面方法相同，试验结果应按有关标准来评价。

减振器的油温升降引起的阻尼力变化，当试件油温从 $10\sim20$℃ 升至100℃ 时复原阻力衰减率 $\varepsilon_f$ 高于20%，压缩阻尼力衰减率 $\varepsilon_y$ 不高于30%。经耐久试验后，复原阻力与压缩阻尼力的变化率 $\varepsilon_n$ 均不高于20%（适用单动和双动两种试验方法），示功图应保持正常，零件不得有损坏现象。

## 第八节　悬架装置的台架试验

悬架装置主要由弹性元件、导向装置和减振器三部分构成。利用悬架装置试验台可以快速试验、诊断悬架装置工作性能。采用悬架装置和转向系统间隙试验仪，可以对两者间间隙进行试验。

### 一、悬架装置性能试验

1. 悬架装置试验台

根据激振方式不同，悬架装置试验台可分为跌落式、谐振式和平板式三种类型。由于谐振式悬架装置试验台性能稳定、数据可靠，因此应用广泛。

谐振式悬架装置试验台如图5-49所示。通过试验台的电动机、偏心轮、储能飞轮和弹簧组成的激振器，迫使试验台台面及被检汽车的悬架装置产生振动。

通过试验激振后振动衰减过程中力或位移的振动曲线，求出频率和衰减特性，便可判断悬架装置减振器的工作性能。根据测试对象不同分为测力式和测位移式两类。测力式悬架装置试验台测试振动衰减过程中的力，测位移式悬架装置试验台则测试振动衰减过程中的位移量。

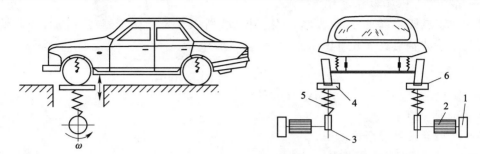

图 5-49 谐振式悬架试验台
1-储能飞轮；2-电动机；3-凸轮；4-激振弹簧；5-台面；6-测量装置

2.汽车悬架性能的评价指标

1）吸收率

用谐振式悬架装置试验台试验汽车悬架特性时，其评价指标为吸收率（车轮接地性指数）。

吸收率指被测汽车最小的动态车轮垂直接地力与静态车轮垂直接地力之比，以百分数表示。其中：动态车轮垂直接地力，是指谐振式悬架装置试验台台面与被测汽车悬架装置的车轮部分出现共振时，汽车车轮作用在台面上的垂直作用力；静态车轮垂直接地力，是指谐振式悬架装置试验台台面与被测汽车悬架装置处于静止状态时，汽车车轮作用在台面上的垂直作用力。

吸收率或称车轮接地性指数是车轮与路面间最小法向作用力与其法向静载荷的比值，其数值在 0~100% 范围内变化，代表了车轮与路面间的最小相对动载，表明了悬架装置在汽车行驶中确保车轮与路面相接触的最小能力。

对于最大设计车速≥100km/h、轴载质量≤1500kg 的载客汽车，用悬架试验台按规定的方法试验悬架特性时，受检车辆的车轮在受外界激励振动下测得的吸收率（车轮接地性指数），应不小 40%，同轴左右轮吸收率之差不得大于 15%。

2）悬架效率

用平板式悬架装置试验台试验汽车悬架特性时，其评价指标为悬架效率。

图 5-50 为汽车以 5~10km/h 的初速度在测试平板上制动时，其前后车轮垂直载荷随时间的变化曲线。制动时前部车身先加速向下，前轮垂直载荷先从静态载荷附近（$O$ 点）上升到最大值（$A$ 点），再从最大值下降到最小值（$B$ 点），如图 5-50a）所示；后部车身的振动所引起后轮垂直载荷变化的相位与前轮相反，即前部车身向下运动时后部车身向上抬起，如图 5-50b）所示。

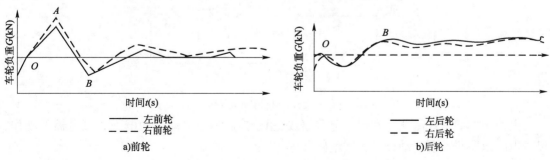

图 5-50 车轮垂直载荷的变化曲线

由于汽车悬架装置能衰减、吸收车身的振动,所以车身的振动经过一段时间后就会消失。每侧车轮的悬架效率 $\eta$ 可用下式计算

$$\eta = \left[1 - \left(\left|\frac{G_B - G_0}{G_A - G_0}\right|\right)\right] \times 100\%$$

式中:$\eta$——悬架效率;

$G_0$——各车轮处静态负荷值;

$G_A$——A 点的纵坐标绝对值;

$G_B$——B 点的纵坐标绝对值。

用平板式试验台试验汽车悬架特性时,悬架效率应不低于45%,同轴左、右轮悬架效率之差不得大于20%。

### 二、悬架装置和转向系统间隙试验

悬架装置和转向系统间隙的试验,须采用悬架装置和转向系统间隙试验仪进行,如图 5-51 所示。

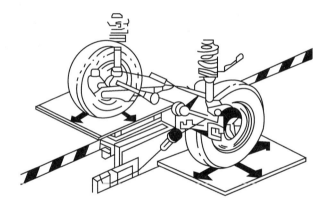

图 5-51 悬架装置和转向系统间隙试验台

1. 悬架装置和转向系统间隙试验仪的基本结构

悬架装置和转向系统间隙试验仪,一般由电控箱、左测试台、右测试台、泵站和手电筒式开关等组成,如图 5-52 所示。

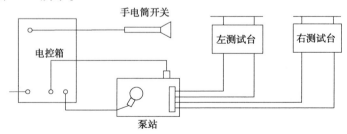

图 5-52 悬架装置和转向间隙试验仪构成示意图

电控箱主要由控制电路和保护电路组成,用于控制油泵电动机和电磁阀继电器的动作,保护电路以防止油泵电动机过载和电路漏电。

手电筒式开关由测试台移动方向控制按键和照明两部分组成。其移动方向控制按键用

于控制电控箱中各继电器的动作,照明部分则用于对检查部位的观察。

泵站由油泵、电动机、电磁阀、油压表、滤油器和溢流阀等组成。电动机带动油泵工作;电磁阀由继电器调节以控制高压油液的流向,使之流入相应油缸;而油缸则产生推动测试台左、右测试板的动力。

测试台包括左测试台和右测试台。按测试台测试板移动方向不同,测试可分为前后双向移动式,前后左右四向移动式,前后左右再加前左后右(对角线)、前右后左(对角线)八向移动式三种类型。前后双向移动式测试台主要由测试板、油缸、导向结构和壳体等组成,如图5-53所示。

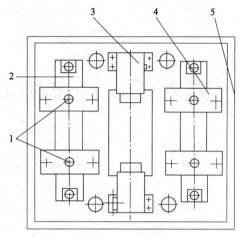

图5-53 前后双向移动式测试台结构
1-润滑孔;2-导向杆;3-油缸;4-轴承座;5-壳体

2. 悬架装置和转向系统间隙试验仪的工作原理

采用手电筒式开关上的左、右测试台移动方向控制开关,可以通过控制电路来控制油泵电动机和电磁阀继电器动作。电动机运转带动油泵产生高压油液,电磁阀则在继电器作用下控制高压油液流向对应的油缸,并使另一油缸处于卸荷状态。在油缸动力作用下,测试台测试板及其上的悬架装置和转向系统,按导向杆给定的方向移动。尔后,电磁阀转换高压液流方向,两油缸的工作状态转换,于是测试台测试板及其上的悬架装置和转向系统,按导向杆给定的相反方向移动,实现了前、后双向对悬架装置和转向系统间隙的试验。

# 第六章 汽车排放污染物与噪声的检测

## 第一节 点燃式发动机汽车排放污染物检测试验

点燃式发动机主要是指汽油发动机,其排气中包含许多成分,其中基本成分是二氧化碳、水蒸气、过剩的氧气以及存留下的氮气,它们是燃料和空气完全燃烧后的产物,排气中的这些成分是无害的。除上述成分外,排气中还含有不完全燃烧的产物和燃烧反应的中间产物,包括一氧化碳(CO)、碳氢化合物(HC)、氮氧化物($NO_x$),这些成分的质量总和在汽车排气中所占的比例不大,大约只占5%,但它们中大部分是有害的,或有强烈刺激性的臭味,有的还有致癌作用。因此目前的排放法规对压燃式发动机汽车主要是限制CO、HC和$NO_x$的排放量。

### 一、排气污染物的影响因素

**1. 空燃比的影响**

空燃比对HC、$NO_x$的排放浓度及燃料消耗率的影响如图6-1所示,图6-1中同时给出了试验转速、转矩,发动机的点火时间为最佳点火提前角(Minimum Advance for the Best Torque,MBT)。HC的浓度随空燃比增加而减少,当空燃比大于18时,HC随空燃比的增大而增加,这主要是由于混合气变稀后,部分燃烧及失火致使HC排放增加。在空燃比小于18时,随空燃比增大,HC排放减少,其原因是混合气变稀后,壁面淬熄层中燃料浓度减少和在排气行程及排气道中氧浓度的增大使HC进一步氧化。

$NO_x$的排放在空燃比为16附近时最大,比这个值小或大的空燃比都使$NO_x$排放浓度降低。在稀混合气一侧$NO_x$降低的原因是由于最高燃烧温度降低。在浓混合气一侧降低的原因是由于氧浓度的降低。可见,在稀的一侧对HC、$NO_x$及燃料消耗率都是有利的。但是混合

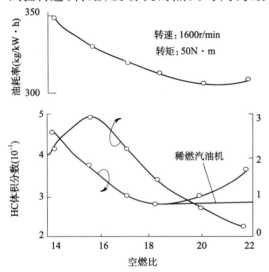

图6-1 空燃比对HC、$NO_x$的影响

气太稀将使燃烧的稳定性变差,导致HC增加及有效油耗上升,但对于稀燃汽油机,由于采用了快速燃烧及分层燃烧等技术,因而,即使混合气平均空燃比大于18,其HC排放也不会增加。

**2. 点火时间的影响**

点火时间对HC、$NO_x$的影响如图6-2所示。空燃比一定时,随着点火时间推迟HC及

$NO_x$ 的排放减少。HC 减少的主要原因是点火时间延迟后,排气温度上升,使 HC 在排气行程及排气道中的氧化加强。$NO_x$ 降低的原因主要是由于点火延迟后,最高燃烧温度直线下降。

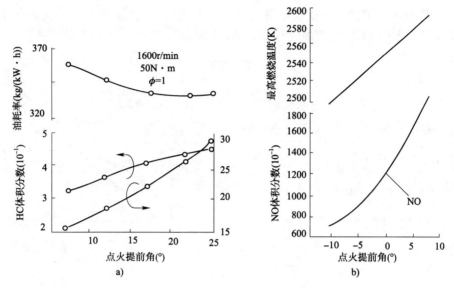

图 6-2　点火时间对 HC、$NO_x$ 的影响如图

### 3. 汽油机转速

汽油机转速 $n$ 的变化,将引起充气效率、点火提前角、混合气形成、空燃比、缸内气体流动、汽油机温度以及排气在排气管中停留的时间等的变化。转速对排放的影响,应当是这些变化的综合影响。一般当 $n$ 增加时,缸内气体流动增强,燃油的雾化质量及均匀性得到改善,湍流强度增大,燃烧室温度提高。这些都有利于改善燃烧,降低 CO 及 HC 的排放。

$n$ 的变化对 $NO_x$ 排放的影响较复杂,$n$ 增加,燃烧产物在高温下停留时间缩短,$NO_x$ 生成减少;另外,火焰传播速度随着 $n$ 的增大而提高,使燃烧温度及压力提高,$NO_x$ 生成增加。$n$ 的变化对 $NO_x$ 排放的影响如图 6-3 所示,试验在压缩比为 6.7 的汽油机上进行,点火提前角上止点前 30°。$NO_x$ 排放随 $n$ 的变化在理论空燃比附近发生突变。在用稀混合气工作时 $NO_x$ 生成量主要取决于燃烧产物在高温下的停留时间长短,由于低转速下燃烧产物在高温下的停留时间长,因而 $NO_x$ 生成量随着转速降低而增加。在用浓混合气工作时,$NO_x$ 生成量主要取决于燃烧温度及压力提高的幅度,低转速下火焰传播速度低,最高燃烧温度低,因而 $NO_x$ 生成量随着转速增加而增加。

### 4. 负荷

如果维持混合气空燃比及转速不变,点火提前角调整到最佳点,则负荷增加对 HC 排放基本上没有影响。因为,负荷增加虽使缸内压力及温度升高,淬熄层变薄,HC 在膨胀及排气行程的氧化加速,但压力升高使缝隙容积中的未燃氢的储存量增加,而进气流量增加,使排气在排气管高温段停留的时间缩短,从而抵消了前者对 HC 排放的有利影响。

负荷变化对 CO 和 HC 的排放浓度影响较小,但对 $NO_x$ 的排放浓度有影响。负荷增加,进气歧管压力增加,缸内温度提高,$NO_x$ 浓度也增加,在使用稀混合气时更为明显,如图 6-4 所示。汽油机是采用节气门来控制负荷的,因此,随着负荷的加大,进气量增加,这降低了残余废气的稀释作用,火焰传播速度得到了提高。因此,通常在点火定时装置上设有真空点火提前装置,以便在负荷减小时能提前点火,弥补由于火焰传播速度减慢对热效率造成的不利影响。显然,如果不用真空点火提前装置,即点火提前不随负荷变化而变化,则负荷会减小,从而使 $NO_x$ 排放浓度减少。由于在浓混合气条件下氧气不足,故 $NO_x$ 生成受负荷增加而引起的温度上升的影响不大,随着混合气变稀,负荷的影响增大,如图 6-3、图 6-4 所示,空燃比为 16 时的影响非常明显。

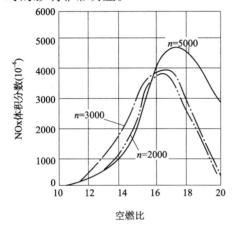

图 6-3 转速 $n$ 的变化对 $NO_x$ 排放的影响　　图 6-4 负荷变化对 $NO_x$ 排放的影响

**5. 冷却液温度**

提高汽油机冷却液及燃烧室壁面温度,可降低缝隙容积中储存的 HC 的浓度,减少淬熄层的厚度,改善缝隙容积逸出的 HC 及淬熄层扩散出来的燃油的氧化条件,而且可改善燃油的蒸发、分配,提高排气温度,这些都能使 HC 排放物减少。图 6-5 所示的是 HC 排放浓度随冷却液温度增加而减少的情况,$\alpha$ 和 $\theta$ 分别表示过量空气系数和点火提前角(上止点前的曲轴转角),随着混合气变稀,冷却水温对 HC 排放的影响变小。不过,冷却液温度及燃烧室壁温度的提高,也使燃烧最高温度增加,从而使 $NO_x$ 排放也增加。

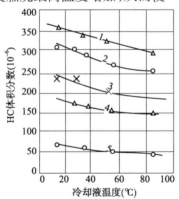

| 序号 | $\alpha$ | $\theta(°)$ |
| --- | --- | --- |
| 1 | 0.8 | 38 |
| 2 | 0.81 | 20 |
| 3 | 1.0 | 20 |
| 4 | 1.16 | 38 |
| 5 | 1.16 | 20 |

图 6-5 冷却液对 HC 排放的影响

## 二、排气污染物检测标准

为限制汽车排气污染物的排放量,世界上许多国家都制定了限制汽车排放的法规。美、日等国对汽车排放限制最为严格。我国在吸收发达国家的成功经验后,于1982年颁布了大气质量标准,从1983年开始陆续制定并颁布了汽车排放限制标准。目前,我国汽车排气污染物的限制标准主要有:《点燃式发动机汽车怠速和高怠速工况下排气污染物排放限值及测量方法》(GB 3847—2005);《点燃式发动机汽车排气污染物排放限值及测量方法》(双怠速法及简易工况法)(GB 18285—2005);《车用压燃式、气体燃料点燃式发动机与汽车排气污染物排放限值及测量方法》(中国Ⅲ、Ⅳ、Ⅴ阶段)。这些标准中明确规定了点燃式发动机汽车怠速和高怠速工况排气污染物排放限值及测量方法,同时规定了稳态工况法、瞬态工况法和简易瞬态工况法等三种简易工况测量方法。

### 三、排气污染物检测方法

1. 双怠速测量法

双怠速是指高怠速工况和怠速工况。高怠速工况是指满足怠速工况条件下,用加速踏板将发动机转速稳定控制在50%额定转速或者制造厂技术文件对应的高怠速转速时的工况。我国采用的双怠速测量法是参照国际标准化组织ISO3929中制定的双怠速排放测量程序进行的。

1)测量程序

图6-6为双怠速仪器测量法的程序。

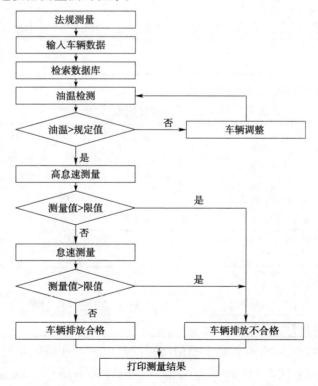

图6-6 双怠速仪器测量法的程序

首先,应保证被检测车辆处于制造厂规定的正常状态,发动机进气系统应装有空气滤清器,排气系统应装有排气消声器,并不得有泄漏。

然后，应在发动机上安装转速计、点火正时仪、冷却液和润滑油测温计等测量仪器。测量时，发动机冷却液和润滑油温度应不低于80℃，或者达到汽车使用说明书规定的热车状态。

第三，发动机从怠速状态加速至70%额定转速，运转30s后降至高怠速状态。将取样探头插入排气管中，深度不少于400mm，并固定在排气管上。维持15s后，由具有平均值功能的仪器读取30s内的平均值，或者人工读取30s内的最高值和最低值，其平均值即为高怠速污染物测量结果。对于使用闭环控制电子燃油喷射系统和三元催化转化器技术的汽车，还应同时读取过量空气系数($\lambda$)的数值。

第四，发动机从高怠速降至怠速状态15s后，由具有平均值功能的仪器读取30s内的平均值，或者人工读取30s内的最高值和最低值，其平均值即为怠速污染物测量结果。

第五，若为多排气管时，取各排气管测量结果的算术平均值作为测量结果。

最后，若车辆排气管长度小于测量深度时，应使用排气加长管。

2）测量结果与判定标准

（1）新生产汽车排气污染物排放限值见表6-1。

**新生产汽车排气污染物排放限值**（体积分数） 表6-1

| 车型 | 类别 | | | |
|---|---|---|---|---|
| | 怠速 | | 高怠速 | |
| | CO(%) | HC($10^{-6}$) | CO(%) | HC($10^{-6}$) |
| 2005年7月1日起新生产的第一类轻型汽车 | 0.5 | 100 | 0.3 | 100 |
| 2005年7月1日起新生产的第二类轻型汽车 | 0.8 | 150 | 0.5 | 150 |
| 2005年7月1日起新生产的重型汽车 | 1.0 | 200 | 0.7 | 200 |

（2）在用汽车排气污染物排放限值见表6-2。

**在用汽车排气污染物排放限值**（体积分数） 表6-2

| 车型 | 类别 | | | |
|---|---|---|---|---|
| | 怠速 | | 高怠速 | |
| | CO(%) | HC($10^{-6}$) | CO(%) | HC($10^{-6}$) |
| 1995年7月1日前生产的轻型汽车 | 4.5 | 1200 | 3.0 | 900 |
| 1995年7月1日起生产的轻型汽车 | 4.5 | 900 | 3.0 | 150 |
| 2000年7月1日起生产的第一类轻型汽车 | 0.8 | 150 | 0.3 | 100 |
| 2001年10月1日起生产的第二类轻型汽车 | 1.0 | 200 | 0.5 | 150 |
| 1995年7月1日前生产的重型汽车 | 5.0 | 2000 | 3.5 | 1200 |
| 1995年7月1日起生产的重型汽车 | 4.5 | 1200 | 3.0 | 900 |
| 2004年7月1日起生产的重型汽车 | 1.5 | 250 | 0.7 | 200 |

（3）过量空气系数($\lambda$)的要求对于使用闭环控制电子燃油喷射系统和三元催化转化器技术的汽车进行过量空气系数($\lambda$)的测定。发动机转速为高怠速转速时，$\lambda$应在1.00±0.03或制造厂规定的范围内。进行$\lambda$测试前，应按照制造厂使用说明书的规定预热发动机。

2. 简易工况法

简易工况法是对在用车辆进行排放测试的一种方法。采用简易工况法检测时，与双怠速法相比,受检车辆的最大不同就是简易工况法对其加载。车辆在底盘测功机上模拟完成其路面实际行驶状态,从而确保检测数据的科学性,反映该车辆在路面行驶时真实的排放状况。简易工况法包括稳态工况法、瞬态工况法和简易瞬态工况法。

稳态工况法又称加速模拟工况(ASM),是指汽车预热到规定的热状态后,加速至规定车速,根据汽车规定车速时的加速负荷,通过底盘测功机对汽车加载,是汽车保持等速运转的运行状态,在这样的工况下测试汽车排放的方法。稳态工况试验运转循环由 ASM5025 和 ASM2540 两个工况组成。

(1)设备组成。进行稳态工况法试验需要底盘测功机和排气分析仪,如图 6-7 所示。

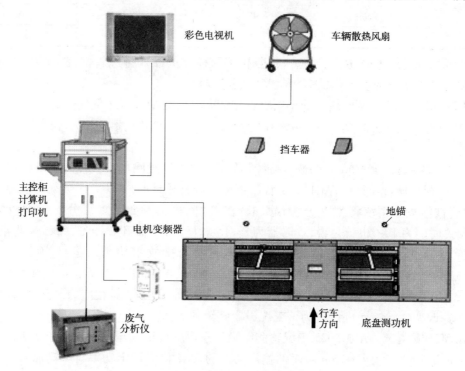

图 6-7 ASM 工况法设备组成

(2)测试程序。稳态工况法(ASM)试验运转循环如图 6-8,表 6-3 所示。

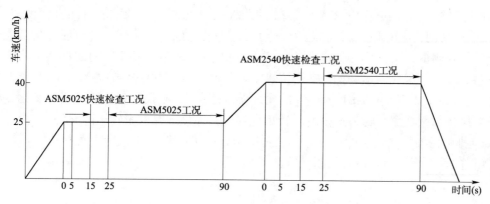

图 6-8 稳态工况法(ASM)试验运转循环

稳态工况法(ASM)试验运转循环表　　　　　表6-3

| 工　况 | 运转次序 | 速度(km/h) | 操作时间 $t(s)$ | 测试时间 $t(s)$ |
|---|---|---|---|---|
| 5025 | 1 | 0→25 | 5 | — |
|  | 2 | 25 | 15 |  |
|  | 3 | 25 | 25 | 10 |
|  | 4 | 25 | 90 | 65 |
| 2540 | 5 | 25→40 | 5 | — |
|  | 6 | 40 | 15 |  |
|  | 7 | 40 | 25 | 10 |
|  | 8 | 40 | 90 | 65 |

①车辆驱动轮位于测功机滚筒上,将分析仪取样探头插入排气管中,深度为400mm,并固定于排气管上。对独立工作的多排气管应同时取样。

②ASM5025工况。经预热后的车辆加速至25km/h,测功机以车辆速度为25km/h、加速度为$1.475m/s^2$时的输出功率的50%作为设定功率对车辆加载,工况计时器开始计时($t=0s$)。

车辆以25km/h±1.5km/h的速度持续运转5s,如果底盘测功机模拟的惯量值在计时开始后持续3s超出所规定误差范围,工况计时器将重新开始计时($t=0s$)。如果再次出现该情况,检测将被停止。系统将根据分析仪最长响应时间进行预置。如果分析仪响应时间为10s,则预置时间为10s,也就是说,计时器为$t=15s$时分析仪器开始测量,每秒钟测量一次,并根据稀释修正系数及湿度修正系数计算10s内的排放平均值。运行10s($t=25s$),ASM5025快速检查工况结束。车辆运行至90s($t=90s$),ASM5025工况结束。测功机在车速25km/h±1.5km/h的允许误差范围内,加载转矩应随车速的变化做相应的调整,保证加载功率不随车速改变。转矩允许误差为该工况设定转矩的±5%。

③ASM2540工况。ASM5025工况检测结束后车辆立即加速至40km/h,测功机以车辆速度为40km/h,加速度为$1.475m/s^2$时的输出功率的25%作为设定功率对车辆加载。工况计时器开始计时($t=0s$)。车辆以40km/h±1.5km/h的速度持续运转5s,如果底盘测功机模拟的惯量值在计时开始后持续3s超出所规定误差范围,工况计时器将重新开始计时($t=0$)。如果再次出现该情况,检测将被停止。系统将根据分析仪最长响应时间进行预制,如果分析仪响应时间为10s,则预时间为10s($t=15s$),也就是说计时器在$t=15s$时分析仪器开始测量,每秒钟测量一次,并根据稀释修正系数及湿度修正系数计算10s内的排放平均值。运行10s($t=25s$),ASM2540快速检查工况结束。车辆运行至90s($t=90s$),ASM2540工况结束。测功机在车速40km/h±1.5km/h的允许误差范围内,加载转矩应随车速的变化做相应的调整,保证加载功率不随车速改变。转矩允许误差为该工况设定转矩的±5%。

(3)排气污染物测量值的计算。排气测试结果应进行稀释校正和湿度校正,计算10次有效测试的算术平均值。测量结果计算公式如下:

$$C_{HC} = \frac{\sum_{i=1}^{10} C_{HC}(i) \times DF(i)}{10}$$

$$C_{CO} = \frac{\sum_{i=1}^{10} C_{CO}(i) \times DF(i)}{10}$$

$$C_{NO_x} = \frac{\sum_{i=1}^{10} C_{NO_x}(i) \times DF(i) \times k_H(i)}{10}$$

式中：$C_{HC}$——HC 的排放平均体积分数，$10^{-6}$；

$C_{CO}$——CO 的排放平均体积分数，%；

$C_{NO_x}$——NO$_x$ 的排放平均体积分数，$10^{-6}$；

$C_{HC}(i)$——第 $i$ 秒的 HC 测量体积分数，$10^{-6}$；

$C_{CO}(i)$——第 $i$ 秒的 CO 测量体积分数，%；

$C_{NO_x}(i)$——第 $i$ 秒的 NO$_x$ 测量体积分数，$10^{-6}$；

$DF(i)$——第 $i$ 秒的稀释系数；

$k_H(i)$——第 $i$ 秒的湿度校正系数。

①稀释校正。

ASM 排放试验的 CO、HC、NO$_x$ 测量值应乘以稀释系数（DF）予以校正。当稀释系数计算值大于 3.0 时，取稀释系数等于 3.0。

稀释系数计算公式如下：

$$DF = \frac{C_{CO_2 修}}{C_{CO_2 测}}$$

$$C_{CO_2 修} = \left(\frac{X}{a + 1.88X}\right) \times 100$$

$$X = \frac{C_{CO_2 修}}{C_{CO_2 测} + C_{CO 测}}$$

式中：$DF$——稀释系数；

$C_{CO_2 修}$——CO$_2$ 排放体积分数测量修正值，%；

$C_{CO_2 测}$——CO$_2$ 排放体积分数测量值，%；

$C_{CO 测}$——CO 排放体积分数测量值，%。

燃料计算系数，根据燃料种类选取下列值：汽油选 4.64，压缩天然气选 6.64，液化石油气选 5.39。

②湿度校正。

NO 测量值应同时乘以相对湿度校正系数 $k_H$ 予以修正。湿度校正系数计算公式如下：

$$k_H = \frac{1}{1 - 0.0047(H - 75)}$$

$$H = \frac{43.478 \times R_a \times P_d}{P_B - (P_d \times R_a / 100)}$$

式中：$k_H$——湿度校正系数；

$H$——绝对湿度（水/干空气），g/kg；

$R_a$——环境空气的相对湿度，%；

$P_d$——环境温度下饱和蒸汽压,kPa(如果温度大于30℃,应用30℃饱和蒸汽压代替);

$P_B$——大气压力,kPa。

检测标准与结果判定。ASM5025在测量过程中,任意连续10s内第一秒至第十秒的车速变化相对于第一秒小于±0.5km/h,测试结果有效。快速检查工况的10s内的排放平均值经修正后如果等于或低于限值的50%,则测试合格,检测结束;否则应继续进行至90s工况。如果所有检测污染物连续10s的平均值均低于或等于限值,则该车应判定为ASM5025工况合格,继续进行ASM2540检测;如任何一种污染物连续10s的平均值超过限值,则测试不合格,检测结束。在检测过程中如任意连续10s内的任何一种污染物10次排放值经修正后均高于限值的500%,则测试不合格,检测结束。

## 第二节 压燃式发动机排气污染物检测试验

柴油机主要的排气污染物为烟尘。所谓烟尘是指悬浮在发动机排气中的固态和液态微粒。当微粒是由直径为0.5~1.0μm的炭颗粒组成时,成为黑烟;而着色液滴组成的微颗粒成为白(或蓝)烟。由于液滴的折射率和尺寸关系,使的液滴看上去带有一定颜色。凝聚的水蒸气和液体燃料液滴通常产生白烟;燃料或润滑油的不完全燃烧通常产生蓝烟。

### 一、排气烟度排放控制要求

根据《车用压燃式发动机和压燃式发动机汽车排气烟度排放限值及测量方法》(GB 3847—2005),对于装有压燃式发动机的在用汽车,应该进行排气污染物的烟度值或者光吸收系数检测试验。

(1)对于2005年7月1日起,经型式核准批准车型生产的在用汽车,应按照自由加速-不透光烟度的要求进行试验,所测得的排气光吸收系数不应大于车型核准批准的自由加速排气烟度排放限值再加$0.5m^{-1}$。

(2)对于2001年10月1日至2005年6月30日期间生产的在用汽车,应按照自由加速—不透光烟度的要求进行试验,对于自然吸气的发动机所测得的排气光吸收系数不应大于$2.5m^{-1}$;对于涡轮增压式的发动机所测得的排气光吸收系数不应大于$2.5m^{-1}$。

(3)对于2001年10月1日前生产的在用汽车,应该按照自由加速—滤纸烟度法进行排气污染物检测试验。1995年7月1日起至2001年9月30日期间生产的在用汽车,按照自由加速—滤纸烟度法所测得的烟度值应不大于4.5Rb;1995年6月30日以前生产的在用汽车,按照自由加速—滤纸烟度法所测得的烟度值应不大于5.0Rb。

### 二、排气污染物烟度检测工况

烟度法是指对柴油车排烟浓度进行检测的方法,其检测工况可以分为稳态和非稳态两种。

1. 稳态烟度测量

柴油车在全负荷时冒黑烟现象较为严重。因此稳态烟度测量通常是在柴油车全负荷稳定运转时进行。我国自行制定的柴油机全负荷烟度测量方法规定:由最低转速至额定转速之间选取6~7个转速对车用柴油机进行全负荷烟度测量,其中包括最大转矩转速和最大功率转速。最低转速是指45%额定转速或1000r/min中较高的一个。每一转速的烟度测量必须在柴油机稳定运转后进行,任何一次测量结果都不得超过限值。

稳态烟度测量适用于在台架上进行,较难在汽车上测定。

2. 非稳态烟度测量

目前非稳态烟度测量有自由加速法和控制加速法两种。我国使用的是自由加速法。自由加速法是指柴油机从怠速状态突然加速至高速空载转速过程中进行烟度测量的一种方法。由于自由加速不需要对柴油机加载,因此该方法适应于检测站对在用车的年检以及环保部门对柴油车的监测。

检测通常在汽车上进行,其检测步骤如下(图6-9):

(1)将取样探头固定在排气管内,插入深度为300mm,并使探头中心线与排气管中心线平行。

(2)使发动机在怠速工况(离合器处于结合位置,加速踏板与节气门处于松开位置,变速杆处于空挡位置,具有排气装置的发动机的蝶形阀处于全开位置)下运转。

(3)将加速踏板急速踏到底,维持4s后松开,如此重复三次,以吹净排气系统的沉积物。

(4)取样测量。将加速踏板急速踏到底,维持4s后松开,并按照图所示的规定循环测量四次,取后三次读数的算术平均值作为所测得的烟度值。

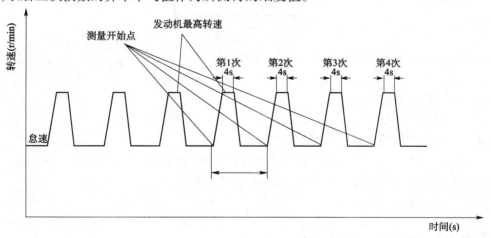

图6-9 自由加速烟度检测规范

### 三、烟度检测试验方法

目前,世界上大多数国家采用不透光烟度计检测柴油机排气污染物烟度。2005年,5月30日,我国环境保护总局与质量监督检验检疫总局联合发布《车用压燃式发动机和压燃式发动机汽车排气烟度排放限值及测量方法》(GB 3847—2005),并于2005年7月1日起实施。该标准规定2001年10月1日以后生产的在用柴油发动机汽车,应按照自由加速—不透光烟度的要求进行排气污染物检测试验。因此,本书主要介绍自由加速—不透光烟度法。

1. 烟度计的结构与原理

不透光烟度计是一种利用透光衰减率测定排气烟度的仪器,如图6-10所示。不透光烟度计有一个测试管S和一个校正管A,如图6-10所示。测试烟度时,将需要测定的一部分排放废气导向测试管,并用电风扇向校正管吸入干空气。当由测试管一端的光源发出的光线透过测试管中的烟层照到测试管另一端的光电管上时,由光电管测出光线强度的衰减量;将光源和光电管转向校正管(图中虚线位置),可用作零点校正。其烟度显示仪从 0 到 100%均匀分布,其单位为不透光度,光线全通过时为 0,全遮挡时为 100%。

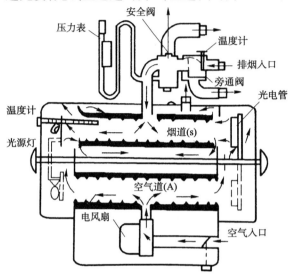

图 6-10 不透光烟度计

光吸收系数 $K$ 与光的衰减量之间的关系为

$$\phi = \phi_0 \cdot e^{-KL}$$

式中:$\phi$——入射光通量,lm;

$\phi_0$——出射光通量,lm;

$L$——被测气体的光通量的有效长度,m。

不透光度 $N$ 指阻止光从光源通过充满烟气的测试管到达光接收器的传输百分比。无烟通过时为 0,光线全被阻挡时为 100%,其关系式为

$$N = 100\left(1 - \frac{\phi}{\phi_0}\right)$$

不透光度与光吸收系数之间的关系为

$$K = -\frac{1}{L}\ln\left(1 - \frac{N}{100}\right)$$

式中:$N$——不透光度,%;

$K$——相应的光吸收系数,$m^{-1}$。

2. 试验方法

(1)目测检测车辆的排气系统的相关部件是否泄漏。

(2)发动机包括所有装有废气涡轮增压的发动机,在每个自由加速循环的起点均处于急速状态。对重型发动机,将加速踏板放开后至少等待 10s。

(3)在进行自由加速测量时,必须在 1s 内,将加速踏板快速、连续地完全踩到底,使喷油泵在最短时间内供给最大油量。

(4)对每一个自由加速测量,在松开加速踏板前,发动机必须达到断油点转速。对带自

动变速器的车辆,则应达到制造厂申明的转速(如果没有该数据值,则应达到断油转速的2/3)。关于这一点,在测量过程中必须进行检查。例如:通过监测发动机转速,或延长加速踏到底后与松开加速踏板前的间隔时间,对于重型汽车,该间隔时间应至少为2s。

(5)计算结果取最后3次自由加速测量结果的算术平均值。在计算均值时可以忽略与测量均值相差很大的测量值。

## 第三节 汽车噪声的检测

噪声作为一种严重的公害已日益引起人们的关注,目前世界各国已纷纷制定出控制噪声的标准。噪声的一般定义是:频率和声强杂乱无章的声音组合,造成对人和环境的影响。更人性化的描述是,人们不喜欢的声音就是噪声。

汽车噪声主要包括:发动机的机械噪声、燃烧噪声、进排气噪声和风扇噪声;底盘的机械噪声、制动噪声和轮胎噪声,车厢振动噪声,货物撞击噪声,喇叭噪声和转向、倒车时的蜂鸣声等噪声。由于车辆噪声具有游走性,影响范围大,干扰时间长,因而危害比较大。

### 一、噪声的评价指标

1. 噪声的声压和声压级

噪声的主要物理参数有声压与声压级、声强与声强级,以及声功率与声功率级。其中声压与声压级是表示声音强弱的最基本参数。

声压是指由于声波的存在引起在弹性介质中压力的变化值。声音的强弱取决于声压,声压越大听到的声音越强。人耳可以听到的声压范围是 $2 \times 10^{-5}$(听阈声压)~20Pa(痛阈声压),相差100万倍,因此用声压的绝对值表示声音的强弱会感到很不方便,所以人们常用声压级来表示声音的强弱。

声压级是指某点的声压 $P$ 与基准声压(听阈声压)$P_0$ 的比值取常用对数再乘以20的值,单位为分贝(dB)。可闻声声压级范围为 0~120dB。

2. 噪声的频谱

人耳对声音的感觉不仅与声压有关,而且还与声音的频率有关。人耳可闻声音的频率范围为 20~20000Hz。一般的声源,并不是仅发出单一频率的声音,而是发出具有很多频率成分的复杂声音。声音听起来之所以会有很大的差别,就是因为它们的组成成分不同造成的。因此,为全面了解一个声源的特性,仅知道它在某一频率下的声压级和声功率级是不够的,还必须知道它的各种频率成分和相应的声音强度,这就是频谱分析。

噪声的频谱也是噪声的评价指标之一。以声音频率(Hz)为横坐标、以声音强度(如声压级 dB)为纵坐标绘制的噪声测量图形,称为频谱图。

人耳可闻声音的频率有1000多倍的变化范围,在实际频谱分析中不可能逐个频率分析噪声。在声音测量中,让噪声通过滤波器把可闻声音的频率范围分割成若干个小的频段,称为频程或频带。频带的上限频率(或称上截止频率)与下限频率(或称下截止频率)具有的关系,频带的中心频率,当时称为倍频程或倍频带。可闻声音频率范围用10段倍频程表示,如表6-4所示。

倍频程中心频率及频率范围（Hz）　　　　　　　　　　　表 6-4

| 中心频率 | 31.5 | 63 | 125 | 250 | 500 |
|---|---|---|---|---|---|
| 频率范围 | 22~45 | 45~90 | 90~180 | 180~355 | 355~710 |
| 中心频率 | 1000 | 2000 | 4000 | 8000 | 16000 |
| 频率范围 | 710~1400 | 1400~2800 | 2800~5600 | 5600~11200 | 11200~22400 |

如果需要更详细地分析噪声,可采用 1/3 倍频程,即可以把每个倍频程分成 3 份(1/3)。

3. 噪声级

声压级相同的声音,由于频率不同,听起来并不一样响;相反,不同频率的声音,虽然声压级也不同,但有时听起来却一样响,因此,用声压级测定的声音强弱与人们的生理感觉往往不一样。因而,对噪声的评价常采用与人耳生理感觉相适应的指标。

为了模拟人耳在不同频率有不同的灵敏性,在声级计内设有一种能够模拟人耳的听觉特性,把电信号修正为与听觉近似值的网络,这种网络称作计权网络。通过计权网络测得的声压级,已不再是客观物理量的声压级,而是经过听感修正的声压级,称作计权声级或噪声级。

国际电工委员会(IEC)对声学仪器规定了 A、B、C 等几种国际标准频率计权网络,它们是参考国际标准等响曲线而设计的。由于 A 计权网络的特性曲线接近人耳的听感特性,故目前普遍采用 A 计权网络对噪声进行测量和评价,记作 dB(A)。

## 二、汽车噪声的标准及检测

1. 汽车噪声检验标准

GB 7258—2012《机动车运行安全技术条件》对客车车内噪声级、汽车驾驶员耳旁噪声级和机动车喇叭声级作了规定,GB 1495—79《机动车辆允许噪声》和 GB 1496—79《机动车噪声测量方法》对车外最大噪声级及其测量方法作了规定。

（1）车外最大允许噪声级。汽车加速行驶时,车外最大允许噪声级应符合表 6-5 的规定。表中所列各类机动车辆的变型车或改装车(消防车除外)的加速行驶车外最大允许噪声级,应符合其基本型车辆的噪声规定。

（2）车内最大允许噪声级。客车车内最大允许噪声级不大于 82dB。

（3）汽车驾驶员耳旁噪声级应不大于 90dB。

车外最大允许噪声级　　　　　　　　　　　表 6-5

| 车辆类型 | | 车外最大允许噪声级[dB(A)] | |
|---|---|---|---|
| | | 1985 年 1 月 1 日以前生产的汽车 | 1985 年 1 月 1 日起生产的汽车 |
| 载货汽车 | 8t≤载质量<15t;3.5≤载质量<8t;载质量<3.5t | 92<br>90<br>89 | 89<br>86<br>84 |
| | 轻型越野车 | 89 | 84 |
| 公共汽车 | 4t≤载质量<11t;载质量≤4t | 89<br>88 | 86<br>83 |
| | 轿车 | 84 | 82 |

(4) 机动车喇叭声级。喇叭声级在距车前 2m、离地高 1.2m 处测量时，其值应为 90～115dB。

2. 声级计的结构与工作原理

在汽车噪声的测量方法中，国家标准规定使用的仪器是声级计。

声级计是一种能把噪声以近似于人耳听觉特性来测定其噪声级的仪器。可以用来检测机动车的行驶噪声、排气噪声和喇叭声音响度级。

根据测量精度不同声级计可分为精密声级计和普通声级计两类，根据所用电源不同声级计可分为交流式声级计和直流式声级计两类。后者也可以称为便携式声级计，具有体积小、重量轻和现场使用方便等特点。

声级计一般由传声器、放大器、衰减器、计权网络、检波器、指示表头和电源等组成。其工作原理是：被测的声波通过传声器被转换为电压信号，根据信号大小选择衰减器或放大，放大后的信号送入计权网络作处理，最后经过检波并在以 dB 标度的表头上指示出噪声数值。图 6-11 为一款精密声级计。

图 6-11　精密声级计

1) 传声器

传声器是将声波的压力转换成电压信号的装置，也称话筒，是声级计的传感器。常见的传声器有动圈式和电容式等多种形式。

动圈式传声器由振动膜片、可动线圈、永久磁铁和变压器等组成。振动膜片受到声波压力作用产生振动，它带动着和它装在一起的可动线圈在磁场内振动而产生感应电流。该电流根据振动膜片受到声波压力的大小而变化。声压越大，产生的电流就越大。

电容式传声器由金属膜片和金属电极构成平板电容的两个极板，当膜片受到声压作用发生变形，使两个极板之间的距离发生变化，电容量也发生变化，从而实现了将声压转换为电信号的作用。电容式传声器具有动态范围大、频率响应平直、灵敏度高和稳定性好等优点，因而应用广泛。

2) 放大器和衰减器

在放大线路中都采用两级放大，即输入放大器和输出放大器，其作用是将微弱的电信号放大。输入衰减器和输出衰减器是用来改变输入信号的衰减量和输出信号衰减量的，以便使表头指针指在适当的位置上。衰减器每一挡的衰减量为 10dB。

3) 计权网络

计权网络一般有 A、B、C 三种。A 计权声级模拟人耳对 55dB 以下低强度噪声的频率特性，B 计权声级模拟 55～85dB 的中等强度噪声的频率特性，C 计权声级模拟高强度噪声的频率特性。三者的主要差别是对噪声低频成分的衰减程度不同，A 衰减最多，B 次之，C 衰减量最少。A 计权声级由于其特性曲线接近于人耳的听感特性，因此目前应用最广泛，B、C 计权声级已逐渐不被采用。

4) 检波器和指示表头

为了使经过放大的信号通过表头显示出来，声级计还需要有检波器，以便把迅速变化的电压信号转变成变化较慢的直流电压信号。这个直流电压的大小要正比于输入信号的大小。根据测量的需要,检波器有峰值检波器、平均值检波器和均方根值检波器之分。峰值检波器能给出一定时间间隔中的最大值,平均值检波器能在一定时间间隔中测量其绝对平均值。

多数的噪声测量采用均方根值检波器。均方根值检波器能对交流信号进行平方、平均和开方,得出电压的均方根值,最后将均方根电压信号输送到指示表头。指示表头是一只电表,只要对其刻度进行标定,就可从表头上直接读出噪声级的dB值。

声级计表头阻尼一般都有"快"和"慢"两个挡。"快"挡的平均时间为0.27s,很接近于人耳听觉器官的生理平均时间。"慢"挡的平均时间为1.05s。当对稳态噪声进行测量或需要记录声级变化过程时,使用"快"挡比较合适;在被测噪声的波动比较大时,使用"慢"挡比较合适。

声级计面板上一般还备有一些插孔,这些插孔如果与便携式倍频带滤波器相连,可组成小型现场使用的简易频谱分析系统;如果与录音机组合,则可把现场噪声录制在磁带上储存下来,待以后再进行更详细的研究;如果与示波器组合,则可观察到声压变化的波形,并可存储波形或用照相机把波形摄制下来;还可以把分析仪、记录仪等仪器与声级计组合、配套使用,这要根据测试条件和测试要求而定。

3.汽车噪声的测量方法

国家标准规定汽车噪声使用的测量仪器有精密声级计或普通声级计和发动机转速表,声级计误差不超过±2dB,并要求在测量前后,按规定进行校准。

1)声级计的检查与校准

(1)在未接通电源时,先检查并调整仪表指针的机械零点。可用零点调整螺钉使指针与零点重合。

(2)检查电池容量。把声级计功能开关对准"电池",此时电表指针应达到额定红线,否则读数不准,应更换电池。

(3)打开电源开关,预热仪器10min。

(4)校准仪器。每次测量前或使用一段时间后,应对仪器的电路和传声器进行校准。根据声级计上配有的电路校准"参考"位置,校验放大器的工作是否正常。如不正常,应用微调电位计进行调节。电路校准后,再用已知灵敏度的标准传声器对声级计上的传声器进行对比校准。

常用的标准传声器有声级校准器和活塞式发声器,它们的内部都有一个可发出恒定频率、恒定声级的机械装置,因而很容易对比被检传声器的灵敏度。声级校准器产生的声压级为94dB,频率为1000Hz;活塞式发声器产生的声压级为124dB,频率为250Hz。

(5)将声级计的功能开关对准"线性""快"挡。由于室内的环境噪声一般为40~60dB,声级计上应有相应的示值。当变换衰减器刻度盘的挡位时,表头示值应相应变化10dB左右。

(6)检查计权网络。按上述步骤,将"线性"位置依次转换为"C""B""A"。由于室内环境噪声多为低频成分,故经三挡计权网络后的噪声级示值将低于线性值,而且应依次递减。

(7)检查"快""慢"挡。将衰减器刻度盘调到高分贝值处(例如90dB),通过操作人员发声,来观察"快"挡时的指针能否跟上发音速度,"慢"挡时的指针摆动是否明显迟缓。

(8)在投入使用时,若不知道被测噪声级多大,必须把衰减器刻度盘预先放在最大衰减位置(即120dB),然后在实测中再逐步旋至被测声级所需要的衰减挡。

2) 车外噪声测量方法

(1) 测量条件。测量场地应平坦而空旷,在测试中心以 25m 为半径的范围内,不应有大的反射物,如建筑物、围墙等。

测试场地跑道应有 20m 以上平直、干燥的沥青路面或混凝土路面。路面坡度不超过 0.5%。

本底噪声(包括风噪声)应比所测车辆噪声至少低 10dB。并保证测量不被偶然的其他声源所干扰。本底噪声是指测量对象噪声不存在时,周围环境的噪声。

为避免风噪声干扰,可采用防风罩,但应注意防风罩对声级计灵敏度的影响。

声级计附近除测量者外,不应有其他人员,如不可缺少时,则必须在测量者背后。

被测车辆不载重,测量时发动机应处于正常使用温度,车辆带有其他辅助设备亦是噪声源,测量时是否开动,应按正常使用情况而定。

(2) 测量场地及测点位置。如图 6-12 所示为汽车噪声的测量场地及测量位置,测试传声器位于 20m 跑道中心点 O 两侧,各距中线 7.5m,距地面高度 1.2m,用三角架固定,传声器平行于路面,其轴线垂直于车辆行驶方向。

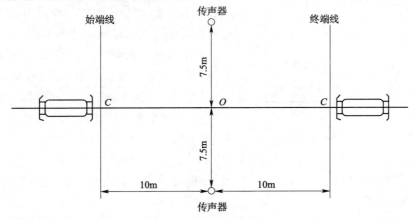

图 6-12 车外噪声测量场地及测量位置

(3) 加速行驶车外噪声测量方法。车辆须按规定条件稳定地到达始端线,前进挡位为 4 挡以上的车辆用第 3 挡,前进挡位为 4 挡或 4 挡以下的用第 2 挡,发动机转速为其标定转速的 3/4。如果此时车速超过了 50km/h,那么车辆应以 50km/h 的车速稳定地到达始端线。对于自动变速器的车辆,使用在试验区间加速最快的挡位。辅助变速装置不应使用。在无转速表时,可以控制车速进入测量区,即以所定挡位相当于 3/4 标定转速的车速稳定的到达始端线。

从车辆前端到达始端线开始,立即将加速踏板踩到底或使节气门全开,直线加速行驶,当车辆后端到达终端线时,立即停止加速。车辆后端不包括拖车以及和拖车连接的部分。

本测量要求被测车在后半区域发动机达到标定转速,如果车速达不到这个要求,可延长 OC 距离为 15m,如仍达不到这个要求,车辆使用挡位要降低一挡。如果车辆在后半区域超过标定转速,可适当降低到达始端线的转速。

声级计用 "A" 计权网络、"快" 挡进行测量,读取车辆驶过时的声级计表头最大读数;同样的测量往返进行 1 次。车辆同侧两次测量结果之差,应不大于 2dB,并把测量结果记入规定的表格中。取每侧2次声级平均值中最大值作为检测车的最大噪声级。若只用1只声级计测量,同样的测量应进行4次,即每侧测量2次。

(4)匀速行驶车外噪声测量方法。车辆用常用挡位,加速踏板保持稳定,以50km/h的车速匀速通过测量区域。

声级计用"A"计权网络、"快"挡进行测量,读取车辆驶过时声级计表头的最大读数。

同样的测量往返进行1次,车辆同侧两次测量结果之差不应大于2dB,并把测量结果记入规定的表格中。若只用1个声级计测量,同样的测量应进行4次,即每侧测量2次。

3)车内噪声测量方法

(1)测量条件。测量跑道应有足够试验需要的长度,应是平直、干燥的沥青路面或混凝土路面。

测量时风速(指相对于地面)应不大于3m/s。

测量时车辆门窗应关闭。车内带有其他辅助设备是噪声源,测量时是否开动,应按正常使用情况而定。

车内本底噪声比所测车内噪声至少低10dB,并保证测量不被偶然的其他声源所干扰。

车内除驾驶员和测量人员外,不应有其他人员。

(2)测点位置。车内噪声测量通常在人耳附近布置测点,传声器朝车辆前进方向。驾驶室内噪声测点的位置,载客车室内噪声测点可选在车厢中部及最后一排座的中间位置,传声器高度参考图6-13。

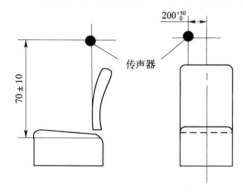

图6-13 驾驶室内噪声测点的位置

(3)测量方法。车辆以常用挡位、50km/h以上的不同车速匀速行驶,分别进行测量。

用声级计"慢"挡测量"A""C"计权声级,分别读取表头指针最大读数的平均值,测量结果记入规定的表格中;

做车内噪声频谱分析时,应包括中心频率为31.5Hz、63Hz、125Hz、250Hz、500Hz、1000Hz、2000Hz、4000Hz、8000Hz的倍频带。

4)驾驶员耳旁噪声的测量方法

(1)车辆应处于静止状态且变速器置于空挡,发动机应处于额定转速状态。

(2)测点位置如图4-25所示。

(3)声级计应置于"A"计权、"快"挡。

5)汽车喇叭声的测量

汽车喇叭声的测点位置如图6-14所示,测量时应注意不被偶然的其他声源峰值所干扰。测量次数宜在2次以上,并注意监听喇叭声是否悦耳。

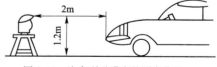

图6-14 汽车喇叭噪声的测点位置

# 第七章 汽车机动性试验

汽车机动性是指车辆在可能遇到的各种道路、地面、地形条件下快速行驶的能力,对应的车速称为机动性车速。机动性可分为公路机动性和非公路机动性。公路机动性是指车辆在公路上快速持续行驶的能力;非公路机动性是指车辆高速通过各种不平路段、软地面和各种障碍的能力,即越野机动性。尤其对军用越野车,非公路机动性评价尤为关键。

## 第一节 机动性评价方法

### 一、A、B级路面的机动性评价方法

以试验车辆在该路面的最高车速作为该车辆在此种路面的机动车速。

### 二、C级路面的机动性评价方法

以人体吸入功率对应的车速作为试验车辆在不低于C级路面的机动车速。越野车辆在不平路面上行驶时,振动通过轮胎、悬架和车身传递至驾驶员,振动幅值随着车速的增加而增加,最终由于振动的影响使得驾驶员不能正常地进行驾驶操作。国内外对车辆的平顺性进行了大量的试验和研究,但很少有把平顺性作为军用越野车辆机动性的评价指标。车辆在不平路段行驶时,驾驶员吸入通过轮胎、车身和座椅传递的振动,单位时间内吸入振动的能量,称之为人体吸入功率。参考 ISO 2631—1—1997,计算人体吸入功率计算公式为

$$P = \sum_{i=1}^{N} C_i A_i^2 \tag{7-1}$$

式中:$A_i$——加速度均方根(有效值),$ft/s^2$。

在第 $i$ 个频谱权系数 $C_i$

$$C_i = K_1 K_0 \frac{F_1 F_4 - F_2 F_3}{F_3^2 + W_i^2 F_4^2} \tag{7-2}$$

式中:$W_i$的单位为 rad/s,各参数值见表7-1。

频谱权系数参数值    表7-1

| 参 数 | 垂向($Z$)参数值及计算公式 |
| --- | --- |
| $K_0$ | 4.3537 |
| $K_1$ | 1.356 |
| $W_i$ | $2\pi f_i$ |
| $F_1$ | $-0.10245 \times 10^{-9} W^6 + 0.17583 \times 10^{-5} W^4 - 0.44601 \times 10^{-2} W^2 + 1$ |
| $F_2$ | $-0.12882 \times 10^{-7} W^4 - 0.93394 \times 10^{-4} W^2 + 0.0543$ |

续上表

| 参数 | 垂向($Z$)参数值及计算公式 |
|---|---|
| $F_3$ | $-0.45416 \times 10^{-9} W^6 + 0.37667 \times 10^{-5} W^4 - 0.56104 \times 10^{-2} W^2 + 1$ |
| $F_4$ | $-0.21179 \times 10^{-11} W^6 + 0.51728 \times 10^{-7} W^4 - 0.17947 \times 10^{-3} W^2 + 0.10543$ |
| | $f_i = $ 第 $i$ 个频段的中心频率 |

人体吸入功率计算权系数 $C_i$ 随频率变化的曲线如图 7-1 所示，人体吸入功率的计算程序流程图如图 7-2 所示。

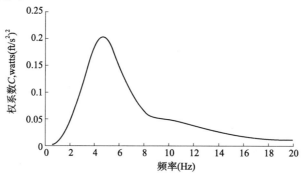

图 7-1 权系数 $C_i$ 随频率变化曲线

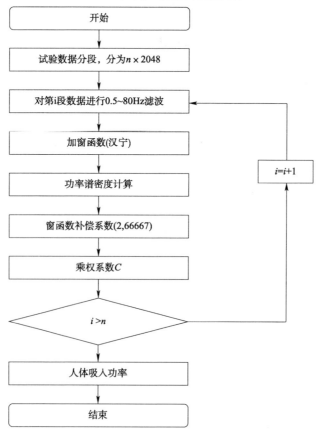

图 7-2 人体吸入功率程序流程框图

## 三、软路面机动性评价方法

软路面上以车辆的最大平均车速作为试验车辆在该种路面的机动车速。

## 四、综合机动性评价方法

越野车综合机动车速的计算公式

$$\bar{v} = \sum_{i=1}^{7} W_i \frac{L_i}{T_i + \Delta t_i} \tag{7-3}$$

式中：$\bar{v}$——综合机动速度，km/h；

$W_i$——各试验路段的权系数，以试验路段的里程百分比为不同路段的机动性车速的权重系数；

$L_i$——试验段的距离，m；

$T_i$——车辆在该路段的行驶时间；

$\Delta t_i$——该路段正常行驶前的车辆状态准备时间。

## 第二节 机动性试验

### 一、河滩路试验

试验在辽宁南杂木镇转弯子村大伙房水库边进行。依据公式(7-1)计算人体吸入功率，表7-2为河滩越野试验路试验结果，图7-3为车辆在河滩越野路上行驶时驾驶员的人体吸入功率随车速变化的曲线图。

河滩越野试验路试验结果　　　　　　　　　表7-2

| 距离(m) | 时间(s) | 车速(km/h) | 驾驶员吸入功率(W) |
|---|---|---|---|
| 174.00 | 66.54 | 9.41 | 0.75 |
| 174.00 | 42.87 | 14.61 | 1.67 |
| 174.00 | 30.34 | 20.65 | 2.38 |
| 174.00 | 26.91 | 23.28 | 2.96 |
| 174.00 | 23.36 | 26.82 | 3.41 |
| 174.00 | 19.54 | 32.06 | 2.91 |
| 174.00 | 18.48 | 33.90 | 3.39 |

### 二、失修路试验

失修路试验在吉林桦甸红石砬子镇至夹皮沟(省道103)板庙子村进行。依据公式(7-1)计算人体吸入功率，表7-3为失修路试验路段试验结果，图7-4为车辆在河滩越野路失修路段上行驶时驾驶员的人体吸入功率随车速变化的曲线图。

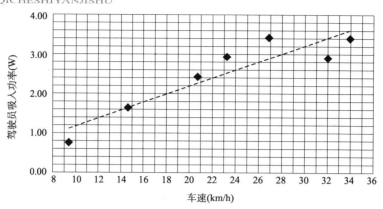

图 7-3　人体吸入功率—车速的分布

**失修路试验路段试验结果**　　　　　　　　　　表 7-3

| 距离(m) | 时间(s) | 车速(km/h) | 驾驶员吸入功率(W) |
|---|---|---|---|
| 349.51 | 73.61 | 17.09 | 1.42 |
| 347.81 | 52.33 | 23.93 | 2.32 |
| 351.73 | 44.49 | 28.46 | 2.56 |
| 356.69 | 40.50 | 31.71 | 2.86 |
| 390.68 | 37.55 | 37.46 | 3.47 |
| 359.44 | 33.88 | 38.20 | 3.30 |
| 358.35 | 31.32 | 41.20 | 4.68 |
| 359.38 | 24.99 | 51.77 | 6.03 |

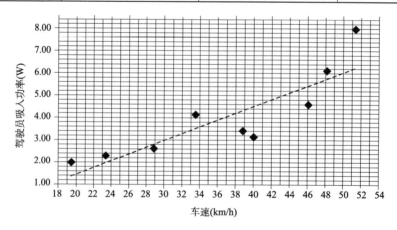

图 7-4　人体吸入功率—车速的分布

### 三、越野山路试验

图 7-5 为越野山路试验路段坡度随距离的变化曲线。依据公式(7-1)计算人体吸入功率，表 7-4 为越野山路试验路段试验结果，图 7-6 为车辆在河滩越野路失修路段上行驶时驾驶员人体吸入功率随车速变化的曲线图。

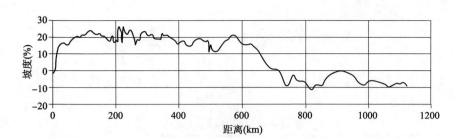

图 7-5 越野山路试验路段坡度随距离的变化

越野山路试验路段试验结果　　　　　　　　　　　表 7-4

| 距离(m) | 时间(s) | 车速(km/h) | 驾驶员吸入功率(W) |
|---|---|---|---|
| 1126.27 | 470.26 | 8.62 | 0.71 |
| 1127.02 | 353.88 | 11.47 | 1.16 |
| 1202.60 | 299.86 | 14.44 | 1.50 |
| 1161.53 | 350.15 | 11.94 | 1.29 |
| 1118.31 | 292.15 | 13.78 | 1.52 |
| 1267.08 | 216.97 | 21.02 | 2.48 |

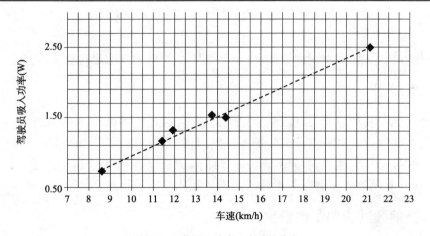

图 7-6 人体吸入功率—车速的分布

## 四、沙漠软路面试验

沙漠软路面试验地点位于库伦县城以西,里程碑 15.7km 哈尔稿镇北部 10km 处。圆锥指数为 CI = 98,表 7-5 为沙漠软路面试验路段试验结果。

沙漠软路面试验路段试验结果　　　　　　　　　　表 7-5

| 距离(m) | 时间(s) | 车速(km/h) |
|---|---|---|
| 131.23 | 17.55 | 26.92 |
| 134.53 | 17.65 | 27.44 |
| 136.32 | 15.60 | 31.46 |
| 162.28 | 23.40 | 24.97 |

## 第三节 越野综合机动车速

根据不同路段的权重系数计算越野综合机动车速,表7-6为越野综合机动车速计算结果,即40.1km/h。

越野综合机动车速计算结果　　　　　　　　　　　　　　　表7-6

| 路面等级 | 权重(%) | 路面特征 | 最大车速 | 车速(km/h) | 轮胎模式 |
|---|---|---|---|---|---|
| A-B | 10 | 铺装路 | 110 | 110 | 公路 |
|  | 权重(%) | 路面特征 | 吸入功率(W) | 车速(km/h) | 轮胎模式 |
| C-D | 20 | 失修路 | 6 | 50 | 公路 |
| >E | 30 | 越野山路 | 2.5 | 20 | 越野 |
|  | 30 | 越野河滩路 | 3.5 | 33 | 越野 |
|  | 权重(%) | 路面特征 | 最大平均车速 | 车速(km/h) | 轮胎模式 |
| 软路面 | 10 | 沙漠软路面 | 31.5 | 31.5 | 软路 |

越野综合机动车速:$\bar{v} = \sum_{i=1}^{7} W_i \frac{L_i}{T_i + \Delta t_i} = 40.1 \text{ (km/h)}$

## 第四节 人体吸入功率仿真

本节以人体吸入功率为评价指标,对一辆越野车的机动性能进行仿真计算。

### 一、仿真流程

对试验车辆安装加速度、位移、车速仪等传感器,通过偏频试验测量识别了车辆轮胎、悬架和座椅的主要参数。对某汽车试验场不平路段进行了路面不平度的测量计算。人体吸入功率为6W时对应的车速作为越野车辆不平路段的机动性能评价指标。建立车辆振动模型,利用Simulink模块对车辆在不平路段的人体吸入功率进行仿真计算。

### 二、车辆偏频试验和参数识别

通过偏频试验计算识别得到试验车辆的整车动力学参数。偏频试验方法采用滚下法:将汽车测试端的车轮,沿斜坡驶上凸块。在停车挂空挡发动机熄火后,再将汽车车轮从凸块上推下,滚下时应尽量保证左、右轮同时落地。

已知轮胎气压为385kPa,四分之一车辆整备质量为1724kg,通过偏频试验得到整车动力学参数见表7-7。

整车动力学参数　　　　　　　　　　　　　　　　　　　　表7-7

| 参　数 | 数　值 | 参　数 | 数　值 |
|---|---|---|---|
| 人体和座椅的部分质量$m_s$(kg) | 73.6 | 悬架阻尼系数$C$(N·s/m) | 4691.6 |
| 座椅刚度$K_s$(N/m) | 5903 | 非簧载质量$m_1$(kg) | 383.6 |
| 座椅阻尼系数$C_s$(N·s/m) | 254.4 | 悬架刚度$K$(N/m) | 127694.6 |
| 簧载质量$m_2$(kg) | 1340.4 | 轮胎刚度$K_t$(N/m) | 657623.5 |

### 三、傅里叶逆变换生成时序信号

车辆在路面行驶时,路面的不平度引起的振动通过轮胎、车身和座椅传递到驾驶员,试验路段的不平度是人体振动的源头。测量得到 E 级路面的 $Gq(n_0) = 0.005062$。

应用傅里叶逆变换的方法生成试验路段的时序信号。路面不平度时域序列 $x(n)$ 对应的傅里叶变换 $X(k)$,$G_x(f_k)$ 为功率谱密度函数为

$$G_x(f_k) = \frac{2}{N\Delta t} |\sum_{n=0}^{N-1} x(n) e^{-j2\pi f_k n\Delta t} \Delta t|^2 = \frac{2\Delta t}{N} |X(k)|^2$$
$$= \frac{2T}{N^2} |X(k)|^2 = \frac{2}{\Delta f N^2} |X(k)|^2 \tag{7-4}$$

式中: $n = 0,1,2,\cdots,N-1$;
　　　$k = 0,1,2,\cdots,N-1$;
　　　$f$——采样频率;
　　　$\Delta t = 1/f$;
　　　$T$——采样时间;
　　　$N$——采样点数。

$$G_q(f_k) = \begin{cases} 0 & k = 1,2,\cdots,N_l \\ G_q(n_0) n_0^w \frac{u^{w-1}}{f_k^w} & k = N_l+1, N_l+2, \cdots, N_u+1 \\ 0 & k = N_u+2, N_u+3, \cdots, N/2+1 \end{cases} \tag{7-5}$$

式中: $N_l$、$N_u$——上、下截止频率(此处取 0.5 和 80Hz);
　　　$u$——车辆行驶车速,$n_0 = 0.1 \text{cycle/m}$。

计算空间功率谱幅值 $|Q(k)|$

$$|Q(k)| = \sqrt{\frac{N}{2\Delta t} G_q(f_k)} = N\sqrt{\frac{\Delta f}{2} G_q(f_k)} \tag{7-6}$$

式中: $k = 1,2,\cdots,N/2+1$。

则路面随机激励频谱 $Q(k)$

$$Q(k) = |Q(k)| e^{j\phi_k} \tag{7-7}$$

式中: $k = 1,2,\cdots,N/2+1$;
　　　$\phi_k$——路面随机激励的频谱相位,服从 $(0,2\pi)$ 均匀分布。

根据实数序列离散傅里叶变换的性质,得到采样点后一半频谱

$$Q(N+1-k) = Q^*(k+1) \tag{7-8}$$

将复数序列 $Q(k)$ $(k = 1,2,\cdots,N)$ 进行傅里叶逆变换,可得到时域的路面随机激励 $q(n)$,即

$$q(n) = \frac{1}{N} \sum_{k=1}^{N} Q(k) e^{j\frac{2\pi}{N}nk} \quad n = 1,2,\cdots,N \tag{7-9}$$

根据式(7-5)~(7-9),拟合得到试验路段不平度的随机激励信号 $q(I)$,如图 7-7 所示。

### 四、Simulink 仿真

由于路面不平度引起的振动,使得驾驶员难以控制车辆以稳定的速度通过不平路段,因

此通过试验的方法很难准确地对车辆的机动性做出描述。仿真软件可以对实际试验很难或者无法完成的试验进行仿真,从而可以更为准确地评价试验车辆的真实机动性能。

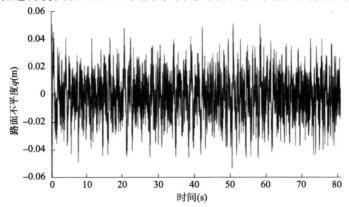

图 7-7　计算得到的试验路段不平度 $q(I)$ 时序信号

根据整车参数表 7-7,仿真模型如图 7-8 所示。利用驾驶员座椅 $Z$ 向加速度的时序信号,根据公式(7-1)计算人体吸入功率,如图 7-9 所示。对比试验与仿真得到的驾驶员吸入功率,结果表明利用 Simulink 仿真和通过试验得到的数据具有一致性,说明仿真能够替代试验描述试验车辆机动性能。当吸入功率为 6W 时,试验车辆在该路段的机动性车速为 31.5km/h。

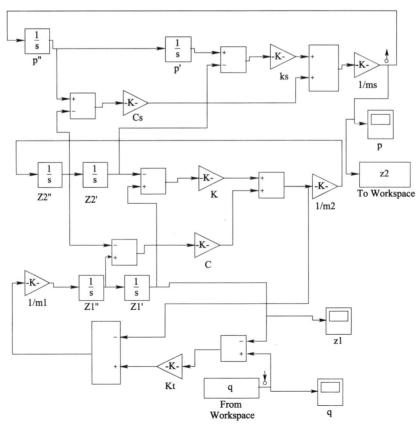

图 7-8　Simulink 仿真模型

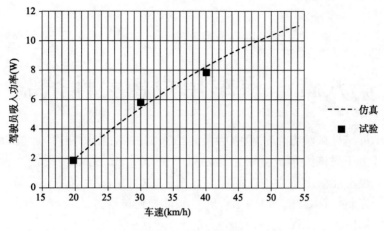

图 7-9 人体吸入功率

# 第八章 汽车用户相关性试验

现行的汽车可靠性试验方法试验中所暴露出来的故障,在用户可靠性试验中却很多都没有发生。并且由于对该汽车试验场路面相对于目标用户的强化情况没有做过研究,因此对强化试验结果也不能给出科学的产品可靠性指标,这种情况给产品开发带来很大的困扰。所以需要迫切研究制订符合用户使用条件的可靠性强化试验方法及汽车试验场强化路面相对于目标用户使用的强化工况。

## 第一节 用户目标里程确定

### 一、用户数据调查

建立用户使用工况和试验场强化试验相关联的试验方法,首先要对用户使用的相关同类车型进行实地调查。调查用户的使用情况是建立合理的用户用途目标的有效途径,这种调查可通过销售、维修、市场等部门来获得统计数据。因为大部分汽车制造厂家的这些数据都是现成的,从用户数据中通常可以获得一个用户使用分布图。当前许多汽车生产商大都是按照 $B_{10}$ 用户的用途目标制订设计要求、确定设计目标里程的。用户使用目标的建立是一项非常复杂的工作,可以将调查的用户信息通过数据处理软件排列形成一个参数频谱图,根据每种道路类型对应的参数频谱,可以建立每个参数对应的用户使用情况。在定义用户百分比时,这些用户使用情况可以决定对应的参数值,针对每个参数可以描绘出用户使用情况图谱。用户数据处理主程序界面如图 8-1 所示。

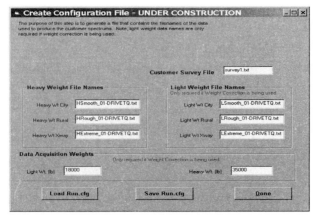

图 8-1 用户调查数据处理主程序

研究用户与试验场之间的关联性,在全国范围内调查了 503 份车辆用户信息。调查内容主要包括用户使用的路面类型比例、行驶车速、交通状况、驾驶习惯及装载量等。许多汽车公司要求设计、试验的目标里程要与用户使用的某个百分点配合,汽车是大批量生产的产品,如果满足最恶劣的用户使用条件,将使产品的成本大幅增加,汽车生产商及大多数用户都无法承受,一般地,中下级产品满足 $B_{10}$(可靠度为90%)寿命、中高级产品满足 $B_5$ 寿命是最经济的。因此,对于重型载货汽车的可靠性试验方法应按 $B_{10}$ 用户的使用目标里程来制订,该目标里程可通过 Monte – Carlo 仿真计算获得。

## 二、威布尔分布参数估计

威布尔(Weibull)分布近年来在国内外得到了广泛应用,威布尔概率密度分布函数的优点在于存在最小安全寿命,即100%可靠度的安全寿命。而按正态分布理论,只有当对数安全寿命趋于 $-\infty$ 时可靠度才等于100%,显然这是不符合实际情况的,亦即正态分布理论不足之处。为弥补这一不足,可增加一待定参数 $\gamma$,此处 $\gamma$ 为100%可靠度的最小安全寿命。即使如此,有时还会给出 $\gamma\rightarrow 0$ 的结果。采用威布尔分布理论,在极高可靠度范围(99.99% ~100%)内所给出的安全寿命或最小安全寿命仍然比较符合实际情况。正态分布理论适用于中、短寿命区的情况,而威布尔分布不限于在这个范围内,对于疲劳寿命大于 $10^6$ 循环的长寿命区,有些试验结果也近似地服从威布尔分布,从而能给出在长寿命区的安全寿命。

在研究汽车可靠性过程中,工程材料的疲劳强度、疲劳寿命、磨损寿命、腐蚀寿命以及有许多单元组成的汽车总成,一般都服从威布尔分布。在汽车零部件可靠性的试验处理中,除非很有把握知道属于某种分布,一般用威布尔分布来统计汽车零部件的寿命。对于用户使用的典型路面,承载系各构件的疲劳寿命里程服从三参数威布尔分布,其分布函数为

$$F(L) = 1 - \exp\left[-\left(\frac{L-\gamma}{\eta}\right)^\beta\right] \tag{8-1}$$

式中:$F(L)$——累积分布函数;
   $L$——疲劳寿命里程;
   $\eta$——寿命特性参数;
   $\gamma$——最小寿命特性参数;
   $\beta$——Weibull 斜率。

概率密度函数为

$$f(L) = \left(\frac{\beta}{\eta}\right)\left(\frac{L-\gamma}{\eta}\right)^{\beta-1}\exp\left[-\left(\frac{L-\gamma}{\eta}\right)^\beta\right] \tag{8-2}$$

由于威布尔概率密度函数中包含有三个待定参数,所以它能更完善地拟合试验数据点。对于威布尔分布进行参数估计的方法有很多,本文应用极大似然估计法进行参数估计。极大似然估计法的基本思想是选择待定参数使调查出现在观测值的领域内的概率最大,并以这个值作为未知参数的点估计值。根据式(8-2)和极大似然估计的基本原理,构成的似然函数为

$$L = \prod_{i=1}^{m}\left(\frac{\beta}{\eta}\right)\left(\frac{x_i-\gamma}{\eta}\right)^{\beta-1}\exp\left[-\left(\frac{x_i-\gamma}{\eta}\right)^\beta\right] \tag{8-3}$$

两边取对数有

$$\ln L = m\ln\beta - m\beta\ln(\theta-\gamma) + (\beta-1)\sum_{i=1}^{m}\ln(x_i-\gamma) - \frac{1}{(\theta-\gamma)^\beta}\sum_{i=1}^{m}\ln(x_i-\gamma)^\beta \tag{8-4}$$

令 $\eta = \theta - \gamma$，由此构成三参数威布尔分布的似然方程为

$$\frac{\partial \ln L}{\partial \gamma} = \frac{m\beta}{\theta - \gamma} - (\beta - 1)\sum_{i=1}^{m}\frac{1}{x_i - \gamma} - \frac{\beta}{(\theta - \gamma)^{\beta-1}}\sum_{i=1}^{m}(x_i - \gamma)^{\beta} + \frac{\beta}{(\theta - \gamma)^{\beta}}\sum_{i=1}^{m}(x_i - \gamma)^{\beta-1} = 0 \quad (8-5)$$

$$\frac{\partial \ln L}{\partial \beta} = \frac{m}{\beta} - m\ln(\theta - \gamma) + \sum_{i=1}^{m}\ln(x_i - \gamma) + \frac{\ln(\theta - \gamma)}{(\theta - \gamma)^{\beta}}\sum_{i=1}^{m}\ln(x_i - \gamma)^{\beta} -$$

$$\frac{\sum_{i=1}^{m}[(x_i - \gamma)^{\beta}\ln(x_i - \gamma)]}{(\theta - \gamma)^{\beta}} = 0 \quad (8-6)$$

$$\frac{\partial \ln L}{\partial \theta} = -\frac{m\beta}{\theta - \gamma} + \frac{\beta}{(\theta - \gamma)^{\beta+1}}\sum_{i=1}^{m}(x_i - \gamma)^{\beta} = 0 \quad (8-7)$$

显然似然方程组为非线性方程组，直接获得解析解是不可能的，必须应用计算机通过 Newton – Raphson 迭代法对式(8-5)~式(8-7)给出的非线性方程组进行求解。

首先要给出待估计参数 $\gamma$、$\beta$、$\theta$ 的初选值 $\gamma_0$、$\beta_0$、$\theta_0$，同时再令 $\gamma_0 + \Delta\gamma = \gamma$、$\beta_0 + \Delta\beta = \beta$、$\theta_0 + \Delta\theta = \theta$，然后在 $\gamma_0$、$\beta_0$、$\theta_0$ 处将似然方程组的左端各项进行级数展开，并作一阶近似，则方程组式(8-5)~式(8-7)转化为线性方程组。

求解线性方程组获得 $\Delta\gamma$、$\Delta\beta$ 和 $\Delta\theta$ 的解后，进行判断，如果 $\Delta\gamma$、$\Delta\beta$ 和 $\Delta\theta$ 均小于给定的误差界限，则对应的 $\Delta\gamma$、$\Delta\beta$ 和 $\Delta\theta$ 即为估计值，否则用 $\gamma_0 + \Delta\gamma$、$\beta_0 + \Delta\beta$、$\theta_0 + \Delta\theta$ 代替 $\Delta\gamma$、$\Delta\beta$ 和 $\Delta\theta$ 重新运算，最终得 $\gamma$、$\beta$、$\eta$ 的估计值见表8-1。

用户典型路面的威布尔分布参数极大似然估计结果　　　　　　　　表8-1

| 承载系构件 | 用户路面类型 | 威布尔参数 | | |
|---|---|---|---|---|
| | | 位置参数 $\gamma$ | 形状参数 $\beta$ | 尺度参数 $\eta$ |
| 前轴 | 平坦路面 | 7.8659 | 1.3697 | 14.2175 |
| | 中等不平路面 | 9.2015 | 1.2313 | 23.8619 |
| | 极端不平路面 | 13.4270 | 1.2765 | 26.5870 |
| 后轴 | 平坦路面 | 8.6638 | 1.4274 | 13.4968 |
| | 中等不平路面 | 7.2981 | 1.1816 | 21.8463 |
| | 极端不平路面 | 9.3419 | 1.1289 | 14.2017 |
| 车架 | 平坦路面 | 6.4756 | 1.3591 | 19.3651 |
| | 中等不平路面 | 14.9210 | 1.5684 | 22.0872 |
| | 极端不平路面 | 6.6725 | 1.2630 | 31.8215 |
| 车身 | 平坦路面 | 7.5493 | 1.2436 | 28.0434 |
| | 中等不平路面 | 11.8614 | 1.4870 | 27.9042 |
| | 极端不平路面 | 9.0717 | 1.2542 | 17.1918 |
| 发动机悬置 | 平坦路面 | 7.1216 | 1.3638 | 28.8633 |
| | 中等不平路面 | 10.2650 | 1.2815 | 25.4126 |
| | 极端不平路面 | 8.9218 | 1.1951 | 16.2790 |

根据 Miner 累积损伤法则，对于平坦、中等不平和极端不平路三种典型路面，构件的用户使用总疲劳寿命里程为

$$\frac{1}{L_C} = \left(\frac{1}{W_a}\right)\left(\frac{f_s}{L_s} + \frac{f_m}{L_m} + \frac{f_e}{L_e}\right) \tag{8-8}$$

式中：$L_C$——虚拟用户总疲劳寿命里程；

$f_s$——平坦路面占总里程的百分比；

$f_m$——一般路面占总里程的百分比；

$f_e$——不平路面占总里程的百分比；

$L_s$——平坦路面疲劳寿命里程；

$L_m$——一般路面疲劳寿命里程；

$L_e$——不平路面疲劳寿命里程。

式(8-8)中 $W_a$ 为质量调整因数，其计算式为

$$W_a = \left(\frac{L_{PH}}{L_{PL}}\right)^{[(W_R - W_{ACQ})/(W_H - W_L)]} \tag{8-9}$$

式中：$L_{PH}$——满载情况下疲劳寿命里程；

$L_{PL}$——空载情况下疲劳寿命里程；

$W_R$——虚拟用户调查的车辆总质量；

$W_L$——空载质量；

$W_H$——满载质量；

$W_{ACQ}$——典型路面车辆满载质量。

对于每个承载系构件，根据各用户使用不同路面里程所占的百分比及质量调整因数，应用式(8-1)计算出三种典型路面的 $B_{10}$ 寿命里程，结合式(8-8)、式(8-9)可求得总的寿命里程。

### 三、90%用户目标里程计算

通过对用户 $B_{10}$ 寿命里程数据的分析，可知90%用户的寿命里程 $L$ 服从正态分布，设 $L_A$ 为90%用户的平均目标里程，$f(L)$ 为 $L$ 的概率密度分布函数，其数学表达式为

$$f(L) = \frac{1}{\sigma\sqrt{2\pi}} e^{-\frac{(L-\mu)^2}{2\sigma^2}} \tag{8-10}$$

因此，90%用户的平均目标里程 $L_A$ 可表示为

$$L_A = \int_{-\infty}^{+\infty} L f(L) \, dL \tag{8-11}$$

Monte-Carlo仿真是一类通过随机模拟和统计试验来求解数学、物理、工程技术以及生产管理等方面问题的近似解的数值方法。一般先根据问题物理性质建立随机模型，然后再根据模型中各个随机变量的分布，在计算机上产生随机数，进行大量统计试验获得所求问题的大量试验值，最后由这些试验结果求其统计特征量。由于该方法是基于对随机数抽样统计完成的，因此随机数的质量至关重要。均匀分布于[0,1]上的随机数是进一步产生其他概率分布随机数的基础，可由物理方法和递推公式法产生，由于 Monte-Carlo 方法的计算量巨大，不借助于计算机这种方法根本无法应用。而计算机产生随机数的方法均使用公式法，产生的随机数具有一定的周期性，严格地讲是伪随机数。伪随机数的周期性在某些情况下可能会对 Monte-Carlo 方法结果的准确性产生不可忽视的影响。

针对本文要求解的90%用户目标里程数值,伪随机数完全可以满足对于解的准确度要求。在 Excel 中实现 Monte-Carlo 仿真方法,具有简便直观的特点,且计算结果容易统计。Excel 函数库中的 RAND() 函数可以方便地产生均匀分布于[0,1]上的伪随机数。

设 $X_i(i=1,2,\cdots,n)$ 为独立任意分布随机变量,对 $X_i$ 进行随机取样的基本做法可表示为:

(1)针对 $X_i(i=1,2,\cdots,n)$,采用随机数表或有关数学方法产生[0,1]区间上均匀分布随机数 $\mu_i^j(i=1,2,\cdots,n;j=1,2,\cdots,N)$,并检验其均匀性和独立性。

(2)根据 $\mu_i^j$ 确定相应的 $X_i^j(i=1,2,\cdots,n;j=1,2,\cdots,N)$。设 $X_i$ 的分布函数为 $F_{X_i}(x)$,在区间[0,1]上均匀分布随机变量 $U$ 的分布函数为 $F_U(u)=u$。

若记 $F_U(u_i)=F_{X_i}(x)$,则有

$$x_i = F_{X_i}^{-1}(u_i) \tag{8-12}$$

由式(8-12)可得

$$x_i^j = F_{X_i}^{-1}(u_i^j) \tag{8-13}$$

若随机变量 $X_i$ 服从正态分布 $N(\mu_{X_i}, \sigma_{X_i})$,则利用坐标变换可得

$$x_i^j = (-2\ln\mu_i^j)^{\frac{1}{2}} \cos(2\pi\mu_i^{j+1}) \sigma_{X_i} + \mu_{X_i} \tag{8-14}$$

$$x_i^{j+1} = (-2\ln\mu_i^j)^{\frac{1}{2}} \sin(2\pi\mu_i^{j+1}) \sigma_{X_i} + \mu_{X_i} \tag{8-15}$$

Monte-Carlo 方法是以随机变量按一定概率分布抽样为主要手段,通过统计分析求解实际问题近似解的一种数值方法。应用 Monte-Carlo 方法仿真求解用户平均目标里程 $L_A$ 步骤是:

(1)针对要计算的用户平均目标里程,建立一个便于实现的概率统计模型,使所求的 $L_A$ 恰好是该概率统计模型的数学期望。

(2)对模型中的随机变量建立抽样方法,在计算机上进行模拟试验,抽取足够多的随机数,对有关事件进行统计。

(3)建立一个或多个无偏估计量作为所要求的问题的解。用统计方法估计出模型的数值特征。

(4)统计处理仿真结果,获得所求解的统计估计值。

由式(8-14)、式(8-15)抽样产生正态分布的随机数,利用生成的随机数进行仿真求出90%用户目标里程。

通过对用户平均目标里程 $L_A$ 计算积分数值的 Monte-Carlo 仿真计算,得到承载系构件的90%用户目标里程,见表8-2。

表8-2 汽车承载系构件90%用户目标里程

| 车辆承载系构件 | 前轴 | 后轴 | 车架 | 车身 | 发动机悬置 |
|---|---|---|---|---|---|
| 90%用户目标里程(km) | 478440 | 451363 | 385622 | 539869 | 505837 |

## 第二节 用户相关性试验模型

### 一、试验模型的建立

关联试验的目的是计算试验场各种试验路面的比例,使其混合成的载荷范围分布等于

总的用户用途目标里程载荷范围分布。综合上述分析,考虑雨流矩阵不同载荷幅值区间的90%用户目标里程和试验场每个试验循环的载荷循环次数,本章建立了90%用户与试验场之间等载荷关联模型,且要利用该模型求出一组最优的$\beta_i$值。

$$\sum_{i=1}^{k}[X_i][\beta_i]=[Y] \tag{8-16}$$

将式(8-16)写成矩阵形式为

$$\begin{bmatrix} X_{11} & X_{12} & \cdots & X_{1k} \\ X_{21} & X_{22} & \cdots & X_{2k} \\ \vdots & \vdots & & \vdots \\ X_{n1} & X_{n2} & \cdots & X_{nk} \end{bmatrix} \begin{bmatrix} \beta_1 \\ \beta_2 \\ \vdots \\ \beta_k \end{bmatrix} = \begin{bmatrix} Y_1 \\ Y_2 \\ \vdots \\ Y_n \end{bmatrix} \tag{8-17}$$

式中:$X_{ji}$——试验场第 $i$ 种路面雨流矩阵幅值落在第 $j$ 区间中的循环数;

$\beta_i$——试验场第 $i$ 种路面循环次数;

$Y_j$——90%用户雨流矩阵幅值落在第 $j$ 区间中的循环数;

$k$——路面总数;

$n$——载荷幅值的总区间数,本文中 $k$ 取 4,$n$ 取 32。

关联试验一旦决定测量哪些数据,首先需要测量用户使用环境下所有的典型路面、事件的载荷输入,并用雨流计数将每一个通道的信号转化为循环载荷范围分布矩阵,然后根据用户用途目标,最后叠加成一个用户用途目标载荷范围及均值分布矩阵,如图8-2所示,用户用途目标矩阵数学表达式为

$$[Y] = \begin{bmatrix} y_1 \\ y_2 \\ \cdots \\ y_n \end{bmatrix} \tag{8-18}$$

式中:$y_1,y_2,\cdots,y_n$——范围值落在第 $1,2,\cdots,n$ 区间中的循环数,下标 $n$ 为载荷范围的总区间数。

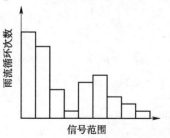
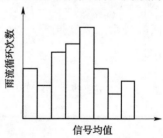

图 8-2 用户用途目标矩阵

对于每一种试验路面及典型事件,同样需要测量这些信号,并用雨流技术获取一个载荷范围分布矩阵,如图 8-3 所示。试验场路面的载荷矩阵数学表达式为

$$[X_i] = \begin{bmatrix} x_{i1} \\ x_{i2} \\ \cdots \\ x_{in} \end{bmatrix} \tag{8-19}$$

式中：$x_{i1},x_{i2},\cdots,x_{in}$——对应于第 $i$ 种路面范围值落在第 $1,2,\cdots,n$ 区间中的循环数。

若路面和事件的总数为 $k$，那么有 $k$ 个这样的矩阵。

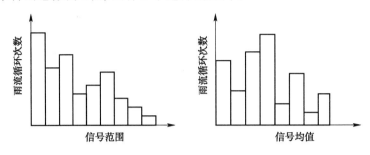

图 8-3 试验场路面的信号范围及均值矩阵

## 二、关联模型比例系数参数估计

用户用途与试验场关联模型的比例系数 $\beta_i$ 可利用多元线性回归的数学方法来进行求解。根据式(8-17)可知，90%用户的雨流矩阵循环次数 $Y_j$ 与试验场强化路面循环次数 $X_1$，$X_2,\cdots,X_k$ 之间具有线性关系，因此本书构造的多元线性回归数学模型为

$$Y = \beta_0 + \beta_1 X_1 + \beta_2 X_2 + \cdots + \beta_k X_k + \mu \tag{8-20}$$

式中：$\beta_j(j=0,1,2,\cdots,k)$——$k+1$ 个未知参数，$\mu$ 为随机误差项。

对于 $n$ 组用户和试验场雨流矩阵数据 $[Y_i, X_{1i}, X_{2i}, \cdots, X_{ki}(i=1,2,\cdots,n)]$，其回归方程组形式为

$$Y_i = \beta_0 + \beta_1 X_{1i} + \beta_2 X_{2i} + \cdots + \beta_k X_{ki} + \mu_i (i=1,2,\cdots,n) \tag{8-21}$$

利用普通最小二乘法对多元线性回归模型参数进行估计，设 $\hat{\beta}_0, \hat{\beta}_1, \cdots, \hat{\beta}_k$ 分别作为参数 $\beta_0, \beta_1, \cdots, \beta_k$ 的估计量，若计算得到的参数估计值为 $\hat{\beta}_0, \hat{\beta}_1, \hat{\beta}_2, \cdots, \hat{\beta}_k$，用该参数估计值代替总体回归函数的未知参数 $\beta_0, \beta_1, \beta_2, \cdots, \beta_k$，则得多元线性样本回归方程为

$$\hat{Y}_i = \hat{\beta}_0 + \hat{\beta}_1 X_{1i} + \hat{\beta}_2 X_{2i} + \cdots + \hat{\beta}_k X_{kn} \tag{8-22}$$

由多元线性回归最小二乘法原理

$$Q(\hat{\beta}_0, \hat{\beta}_1, \hat{\beta}_2, \cdots, \hat{\beta}_k) = \sum_{i=1}^{n}(Y_i - \hat{\beta}_0 - \hat{\beta}_1 X_{1i} - \hat{\beta}_2 X_{2i} - \cdots - \hat{\beta}_k X_{ki})^2 \tag{8-23}$$

使 $Q$ 分别对 $\hat{\beta}_0, \hat{\beta}_1, \cdots, \hat{\beta}_k$ 求一阶偏导，并令其等于零，即

$$\frac{\partial Q}{\partial \hat{\beta}_j} = 0 \quad (j=1,2,\cdots,k) \tag{8-24}$$

简化得下列方程组

$$\begin{cases} n\hat{\beta}_0 + \hat{\beta}_1 \sum_{i=1}^{n} X_{1i} + \hat{\beta}_2 \sum_{i=1}^{n} X_{2i} + \cdots + \hat{\beta}_k \sum_{i=1}^{n} X_{ki} = \sum_{i=1}^{n} Y_i \\ \hat{\beta}_0 \sum_{i=1}^{n} X_{1i} + \hat{\beta}_1 \sum_{i=1}^{n} X_{1i}^2 + \hat{\beta}_2 \sum_{i=1}^{n} X_{2i} X_{1i} + \cdots + \hat{\beta}_k \sum_{i=1}^{n} X_{ki} X_{1i} = \sum_{i=1}^{n} X_{1i} Y_i \\ \cdots\cdots \\ \hat{\beta}_0 \sum_{i=1}^{n} X_{ki} + \hat{\beta}_1 \sum_{i=1}^{n} X_{1i} X_{ki} + \hat{\beta}_2 \sum_{i=1}^{n} X_{2i} X_{ki} + \cdots + \hat{\beta}_k \sum_{i=1}^{n} X_{ki}^2 = \sum_{i=1}^{n} X_{ki} Y_i \end{cases} \tag{8-25}$$

上述 $k+1$ 个方程的矩阵形式为

$$\begin{bmatrix} n & \sum\limits_{i=1}^{n}X_{1i} & \sum\limits_{i=1}^{n}X_{2i} & \cdots & \sum\limits_{i=1}^{n}X_{ki} \\ \sum\limits_{i=1}^{n}X_{1i} & \sum\limits_{i=1}^{n}X_{1i}^2 & \sum\limits_{i=1}^{n}X_{2i}X_{1i} & \cdots & \sum\limits_{i=1}^{n}X_{ki}X_{1i} \\ \vdots & \vdots & \vdots & \vdots & \vdots \\ \sum\limits_{i=1}^{n}X_{ki} & \sum\limits_{i=1}^{n}X_{1i}X_{ki} & \sum\limits_{i=1}^{n}X_{2i}X_{ki} & \cdots & \sum\limits_{i=1}^{n}X_{ki}^2 \end{bmatrix} \begin{bmatrix} \hat{\beta}_0 \\ \hat{\beta}_1 \\ \hat{\beta}_2 \\ \vdots \\ \hat{\beta}_k \end{bmatrix} = \begin{bmatrix} \sum\limits_{i=1}^{n}Y_i \\ \sum\limits_{i=1}^{n}X_{1i}Y_i \\ \vdots \\ \sum\limits_{i=1}^{n}X_{ki}Y_i \end{bmatrix} \tag{8-26}$$

引入下列矩阵

$$X = \begin{bmatrix} 1 & X_{11} & X_{12} & \cdots & X_{1k} \\ 1 & X_{21} & X_{22} & \cdots & X_{2k} \\ \vdots & \vdots & \vdots & \vdots & \vdots \\ 1 & X_{n1} & X_{n2} & \cdots & X_{nk} \end{bmatrix}, Y = \begin{bmatrix} Y_1 \\ Y_2 \\ \vdots \\ Y_n \end{bmatrix}, \beta = \begin{bmatrix} \beta_0 \\ \beta_1 \\ \vdots \\ \beta_k \end{bmatrix}$$

由于

$$X^T X = \begin{bmatrix} n & \sum\limits_{i=1}^{n}X_{1i} & \sum\limits_{i=1}^{n}X_{2i} & \cdots & \sum\limits_{i=1}^{n}X_{ki} \\ \sum\limits_{i=1}^{n}X_{1i} & \sum\limits_{i=1}^{n}X_{1i}^2 & \sum\limits_{i=1}^{n}X_{2i}X_{1i} & \cdots & \sum\limits_{i=1}^{n}X_{ki}X_{1i} \\ \vdots & \vdots & \vdots & \vdots & \vdots \\ \sum\limits_{i=1}^{n}X_{ki} & \sum\limits_{i=1}^{n}X_{1i}X_{ki} & \sum\limits_{i=1}^{n}X_{2i}X_{ki} & \cdots & \sum\limits_{i=1}^{n}X_{ki}^2 \end{bmatrix} \tag{8-27}$$

$$X^T Y = \begin{bmatrix} \sum\limits_{i=1}^{n}Y_i \\ \sum\limits_{i=1}^{n}X_{1i}Y_i \\ \vdots \\ \sum\limits_{i=1}^{n}X_{ki}Y_i \end{bmatrix} \tag{8-28}$$

得正规方程组为

$$X^T Y = X^T X \hat{\beta} \tag{8-29}$$

解式(8-29)得

$$\hat{\beta} = \begin{bmatrix} \hat{\beta}_0 \\ \hat{\beta}_1 \\ \hat{\beta}_2 \\ \vdots \\ \hat{\beta}_k \end{bmatrix} = (X^T X)^{-1} X^T Y \tag{8-30}$$

### 三、模型回归方程检验

由于多元线性回归方程的总离差平方和可分解为

$$\sum_{i=1}^{n}(Y_i - \overline{Y})^2 = \sum_{i=1}^{n}(\hat{Y}_i - \overline{Y})^2 + \sum_{i=1}^{n}(Y_i - \hat{Y})^2 \tag{8-31}$$

将总离差平方和（TSS）分解为回归平方和（ESS）与残差平方和（RSS）两部分，即 $TSS = ESS + RSS$。

对于多元回归方程，其样本决定系数 $R^2$ 为

$$R^2 = \frac{ESS}{TSS} \tag{8-32}$$

记

$$e_i = Y_i - \hat{Y}_i = Y_i - (\hat{\beta}_0 + \hat{\beta}_1 X_{1i} + \hat{\beta}_2 X_{2i} + \cdots + \hat{\beta}_k X_{ki})$$

可知

$$TSS = \sum_{i=1}^{n}(Y_i - \overline{Y})^2 = \sum Y_i^2 - n\overline{Y}^2 \tag{8-33}$$

$$RSS = \sum_{i=1}^{n} e_i^2 = (Y - X\hat{\beta})^T(Y - X\hat{\beta}) = Y^T Y - \hat{\beta}^T X^T Y \tag{8-34}$$

而

$$ESS = TSS - RSS = \hat{\beta}^T X^T Y - n\overline{Y}^2 \tag{8-35}$$

因此样本决定系数为

$$R^2 = \frac{\hat{\beta}^T X^T Y - n\overline{Y}^2}{Y^T Y - n\overline{Y}^2} \tag{8-36}$$

$R^2$ 作为检验回归方程与样本值拟合优度的指标，$R^2(0 \leq R^2 \leq 1)$ 的值越接近于 1，表示回归方程与样本值拟合程度越好；如果 $R^2$ 的值接近于 0，说明回归方程与样本值拟合程度较差。

### 四、回归系数显著性检验

由于标准估计量估计值 $\hat{\beta}_i$ 的标准差为

$$S(\hat{\beta}_i) = \sqrt{C_{ii} S_e^2} \tag{8-37}$$

式中：$S_e^2 = \dfrac{\sum_{i=1}^{n} e_i^2}{n - k - 1} = \dfrac{e^T e}{n - k - 1}$；

$C_{ii}$ ——矩阵 $(X^T X)^{-1}$ 主对角线上的元素，$i = 0, 1, 2, \cdots, k$。

对回归系数 $\hat{\beta}_i$ 是否为零进行显著性 $t$ 检验，步骤如下：

（1）提出原假设 $H_0 : \beta_i = 0$；备择假设 $H_1 : \beta_i \neq 0$；

（2）构造统计量：$t = \dfrac{\hat{\beta}_i - \beta_i}{S(\hat{\beta}_i)}$，当 $\beta_i = 0$ 成立时，构造的统计量为 $t = \dfrac{\hat{\beta}_i}{S(\hat{\beta}_i)} \sim t(n - k - 1)$；

（3）选定显著性水平 $\alpha = 0.05$，此时样本容量（载荷幅值的总区间数）$n = 32$，试验场路面总数 $k = 5$。查自由度为 $n - k - 1 = 26$ 的 $t$ 分布表，得临界值 $t_{\alpha/2}(n - k - 1) = 2.0555$；

（4）在承载系构件用户关联模型中，对于试验场每种强化路均有 $|t| \geq t_{\alpha/2}(n - k - 1)$，所

以要拒绝 $H_0:\beta_i=0$，接受 $H_1:\beta_i\neq 0$，即认为 $\beta_i$ 显著不为零。

计算关联模型比例系数 $\beta_i$ 时，将式(8-17)中的所有矩阵预先正交化，即混合叠加应当在同一区间里进行，否则将会得出错误的结果。根据所求得的比例系数 $\beta_i$ 就可以制订汽车试验场可靠性试验方法。

## 第三节 强化系数模型

### 一、强化系数研究方法

试验场道路加速系数反映强化试验相对于用户实际使用条件下的强弱程度。加速系数是强化试验与实际使用结果相比较而得出的，它是指车辆在规定的条件下，当达到相同的可靠性状态或达到相同的疲劳破坏程度时车辆在用户实际使用工况的行驶里程与在强化路面上的行驶里程之比。为有效利用各种强化试验手段及加速汽车产品开发的进程，研究强化试验与用户实际使用条件下构件的加速系数具有重要意义。加速系数具体研究过程如图 8-4 所示。

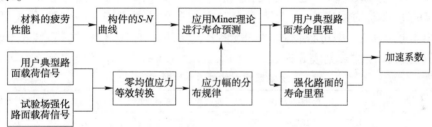

图 8-4 试验场强化路加速系数的研究流程

根据疲劳损伤寿命相等原则，通过测定其承载系重点考核构件的疲劳损伤，对其在强化路面和用户路面上的载荷谱进行统计分析，利用修正的 Miner 线性疲劳累积损伤理论求取该承载系部件在各种路面下的疲劳寿命，最后求出各种路面及组合综合路加速系数。

### 二、S-N 曲线拟合

为获得 $S-N$ 曲线，进行数据处理时需要对离散的数据点进行拟合，由于各数据点并不位于一条直线上，可以应用最小二乘法进行直线拟合。在双对数坐标 $\lg\sigma-\lg N$ 上，有 $n$ 个数据点 $A_1,A_2,\cdots,A_n$。设拟合的直线方程为

$$\lg N = a + b\lg\sigma \tag{8-38}$$

式中：$a,b$——待定常数。

由于加载应力幅 $\sigma$ 是预先指定的，材料的疲劳寿命 $N$ 是实测的结果，是随偶然因素而改变的随机变量。因此应把 $\lg\sigma$ 作为自变量，$\lg N$ 作为因变量，在应用最小二乘法时，首先要区分这两种变量。

设 $n$ 个数据点为 $A_1(x_1,y_1),A_2(x_2,y_2),\cdots,A_n(x_n,y_n)$，并将 $y=\lg\sigma$ 作为自变量，$X=\lg N$ 作为最小二乘法拟合因变量。按照最小二乘法原理，拟合各数据点的最佳直线是使各数据点与该直线之间的水平距离的平方和为最小，根据这一准则，利用极值法求出式(8-38)中的

待定系数 $a$、$b$ 值分别为

$$b = \frac{\sum_{i=1}^{n}(\lg\sigma_i \lg N_i) - \frac{1}{n}\left(\sum_{i=1}^{n}\lg\sigma_i\right)\left(\sum_{i=1}^{n}\lg N_i\right)}{\sum_{i=1}^{n}(\lg\sigma_i)^2 - \frac{1}{n}\left(\sum_{i=1}^{n}\lg\sigma_i\right)^2} \tag{8-39}$$

$$a = \frac{1}{n}\sum_{i=1}^{n}\lg N_i - \frac{b}{n}\sum_{i=1}^{n}\lg\sigma_i \tag{8-40}$$

由于对数疲劳寿命服从正态分布,可以由各组试验结果得到子样寿命的平均值和标准差,并且由此利用极大似然估计方法得到母体的平均值和标准差。对于正态分布有下面关系式

$$\lg N_P = \mu_p + u_P \sigma_p \tag{8-41}$$

当指定某一概率 $P$ 时($S-N$ 曲线 $P=50\%$),查数理统计表即可确定标准正态偏量 $u_P$ 的值,从而能求得各应力级对应的对数疲劳寿命 $\lg N_P$。

因 $S-N$ 曲线是中值疲劳寿命和应力之间的关系,可以通过标定直线方程及虎克定律将试验载荷转换为应力。利用 Miner 损伤累积理论估计构件的疲劳寿命也是基于零均值的,所以应将疲劳性能测试的载荷进行零均值转换。当应力幅 $\sigma_a$ 和应力均值 $\sigma_m$ 确定时,就可以求出对应的等效零均值应力 $\sigma_i$。计算出对应的等效零均值应力 $\sigma_i$,联合式(8-39)、式(8-40)求出常数 $a$、$b$ 后,即可根据式(8-38)将各应力下的对数寿命进行直线拟合求得疲劳性能 $S-N$ 曲线,计算结果见表8-3。

承载系重点构件 $S-N$ 曲线　　　　表 8-3

| 承 载 构 件 | $S-N$ 曲线方程 | 承 载 构 件 | $S-N$ 曲线方程 |
| --- | --- | --- | --- |
| 前轴 | $\lg N = -5.316\lg\sigma + 14.975$ | 驾驶室前悬置 | $\lg N = -6.227\lg\sigma + 16.250$ |
| 后轴 | $\lg N = -3.823\lg\sigma + 16.527$ | 驾驶室后悬置 | $\lg N = -7.852\lg\sigma + 11.266$ |
| 车架 | $\lg N = -3.195\lg\sigma + 20.443$ | | |

## 三、强化系数计算

设 $N_0$ 为对应于疲劳极限 $\sigma_{-1}$ 的疲劳极限寿命,则根据 $S-N$ 曲线 Basquin 关系式有:

$$\frac{N_0}{N_i} = \left(\frac{\sigma_i}{\sigma_{-1}}\right)^{m'} \tag{8-42}$$

式中:$N_i$——$S-N$ 曲线上应力级 $\sigma_i$ 作用下的实际工作循环次数。

由式(8-42)可得

$$N_i = N_0\left(\frac{\sigma_{-1}}{\sigma_i}\right)^{m'} \tag{8-43}$$

将式(8-43)代入疲劳累积损伤的计算式为

$$D = \sum_{i=1}^{n}\frac{n_i}{N_i} = \sum_{i=1}^{n}\frac{n_i}{N_0(\sigma_{-1}/\sigma_i)^{m'}} = \sum_{i=1}^{n}\frac{n_i\sigma_i^{m'}}{N_0\sigma_{-1}^{m'}} \tag{8-44}$$

式中:$D$——疲劳损伤;

$n_i$——在应力级 $\sigma_i$ 作用下的实际工作循环次数。

根据 Miner 累积损伤法则和各构件的载荷谱,可以计算车辆在强化路段上行驶时的累

积损伤。但实验证明直接按 Miner 的线性累积损伤理论对部件的疲劳寿命进行估计还不够精确,因而需要对其进行修正。H. T. 科尔顿和 T. J. 多兰经研究,提出用 $\alpha$ 代替 Basquin 关系式中的 $m$,取 $\alpha = (0.81 \sim 0.94)m'$,通常取 $\alpha = 0.85m'$,称为强度系数指数,考虑到小载荷的影响,$0.5\sigma_{-1}$ 以下的应力循环认为不再对构件造成损伤,可将其删除。因此式(8-44)可写成

$$D = \sum_{i=1}^{n} \frac{n_i \sigma_i^{\alpha}}{N_0 \sigma_{-1}^{\alpha}} \tag{8-45}$$

根据经验,在总数为 $10^6$ 的循环中出现一次的最大载荷可以代表疲劳寿命中的极值载荷,工程上一般取超值累积频率为 $10^6$ 的应力幅为最大应力幅,因此对于程序载荷谱

$$n_i = n_t \theta_i = n_t \left( \frac{\omega_i}{10^6} \right) \tag{8-46}$$

将式(8-46)代入式(8-45)得

$$D = \sum_{i=1}^{n} \frac{n_t \omega_i \sigma_i^{\alpha}}{10^6 N_0 \sigma_{-1}^{\alpha}} \tag{8-47}$$

根据 Miner 理论,当 $D=1$ 时即发生疲劳破坏。

$$n_t = \frac{10^6 N_0 \sigma_{-1}^{\alpha}}{\sum_{i=1}^{n} \omega_i \sigma_i^{\alpha}} \tag{8-48}$$

式(8-48)即为疲劳寿命计算表达式,由于以里程表达寿命更加直观,可以进行以下换算

$$n_t = \frac{n_0}{L_0} L \tag{8-49}$$

联合式(8-48)及式(8-49)可得

$$L = \frac{L_0 10^6 N_0 \sigma_{-1}^{\alpha}}{n_0 \sum_{i=1}^{n} \omega_i \sigma_i^{\alpha}} \tag{8-50}$$

设汽车承载系构件在试验场强化路面达到疲劳破坏行驶里程为 $L_1$,在用户使用典型路面达到疲劳破坏时行驶里程为 $L_2$,根据加速系数的定义和式(8-50)可得

$$K = \frac{L_2}{L_1} = \frac{(L_{02}/n_{02}) \left( 10^6 N_0 \sigma_{-1}^{\alpha} / \sum_{i=1}^{n} \omega_{i2} \sigma_{i2}^{\alpha} \right)}{(L_{01}/n_{01}) \left( 10^6 N_0 \sigma_{-1}^{\alpha} / \sum_{i=1}^{n} \omega_{i1} \sigma_{i1}^{\alpha} \right)} = \frac{(n_{01}/L_{01}) \left( \sum_{i=1}^{n} \omega_{i1} \sigma_{i1}^{\alpha} \right)}{(n_{02}/L_{02}) \left( \sum_{i=1}^{n} \omega_{i2} \sigma_{i2}^{\alpha} \right)} \tag{8-51}$$

令 $F_1 = n_{01}/L_{01}$,$F_2 = n_{02}/L_{02}$,$D_1 = \sum_{i=1}^{n} \omega_{i1} \sigma_{i1}^{\alpha}$,$D_2 = \sum_{i=1}^{n} \omega_{i2} \sigma_{i2}^{\alpha}$ 因此,式(8-50)可以表示为

$$K = \frac{F_1 \cdot D_1}{F_2 \cdot D_2} \tag{8-52}$$

由式(8-51)可知,加速系数的表达式可以简化为用频率因子统计量 $F$ 和损伤因子统计量 $D$ 来表达,这两个参量的物理意义如下:频率因子反映了单位里程的路面上,汽车部件所受应力循环次数,它与汽车的机械结构和路面状况有关;损伤因子从统计角度反映了路面对汽车零部件的损伤作用,它不仅与汽车的机械结构和路面状况有关,而且与所测部件的疲劳特性有关。

## 第四节　用户相关性试验方案

为保证用户关联的试验方法能真实地反映用户的使用工况,并能预报所有的潜在故障,测试仪器通道设置要包括承载结构的主要零部件:前后轴、驾驶室、车架、发动机悬置及平衡梁,测试参数要平衡选择且平均分布在汽车的各个基本方向,试验用的传感器或应变仪应布置在结构和零部件的临界或危险位置上,这个位置要通过模型应力、有限元分析以及经验确定。

### 一、电阻应变片布置原则

1. 改善应力不规则分布的应力集中原则

在机械零件或构件的设计过程中,通常认为应力在零件或构件上是规则分布的,如果零件或构件的截面形状不发生变化,不必考虑应力分布不规则的问题。对于测力传感器来说,它是通过电阻应变片测量弹性体上贴片部位的应变来测量被测力的大小。若要保证贴片部位的应力与被测力保持严格的对应关系,实际上就是保证在测力传感器受力时,弹性体上贴片部位的应力要按照某一规律分布。在实际应用中,对于弹性体贴片部位应力分布影响较大的因素主要是弹性体受力条件的变化。由于弹性体受力条件的变化引起的测力误差的实质是弹性体贴片部位圆周上的应力的不规则分布,如果能使弹性体贴片部位圆周上的应力分布受到一定条件的约束,迫使贴片部位的应力按照某一规律分布,因而使得弹性体贴片部位的应力与被测力基本保持严格的对应关系,由此来减小因弹性体受力条件的变化引起的测力误差。

2. 提高应力水平的应力集中原则

若要测力传感器达到较高的灵敏度,通常应该使电阻应变片有较高的应变水平,即在弹性体上贴片部位应该有较高的应力水平。实现弹性体上贴片部位达到较高应力水平有两种常用的方法:

(1)整体减小弹性体的尺寸,全面提高弹性体上的应力水平;

(2)在贴片部位附近对弹性体进行局部削弱,使贴片部位局部应力水平提高,而弹性体其他部位的应力水平基本不变。

### 二、试验测量点选择与传感器布置

试验测量点位置应该选择在结构动应力最敏感的点位,特别是要注意有应力集中的位置,具体讲应遵循如下几点:

(1)根据结构受力情况确定测点:对于受力简单的结构通过计算就可了解结构的受力状态;对于受力复杂的结构,应利用静应变的多点测量,定量地了解其应力状态。

(2)根据试验目的确定测点:对于现有机械作故障监测和分析时,应根据故障的部位布置测量点。

(3)应尽量以最少的测量点达到最佳的测量效果,在布置测量点与传感器时应充分考虑结构的对称性和载荷的对称性,利用对称性可以在结构对称的一边布置传感器而省去另一边的测量点。

### 三、前轴与后轴

根据试验经验,汽车的前后轴轴上裂纹经常出现在以下几个部位:钢板弹簧与轴接触处的两侧,轴的两个端部以及轴的最顶端。车轴在载荷作用下主要发生弯曲变形和扭转变形,前后轴应变测量点及前后轴与车架位移传感器分布如图8-5~图8-8。

图8-5　前轴应变测量点分布图

图8-6　后轴应变测量点分布图

图8-7　后轴与车架相对位移传感器布置图

图8-8　前轴与车架相对位移传感器布置图

### 四、驾驶室与车架

驾驶室与车架主要发生扭转和弯曲变形,可通过有限元分析应力分布,如图8-11所示。建立的有限元分析模型可从CAD软件的三维几何模型上快速地直接生成,该模型包含原有CAD几何体上的载荷、边界条件、材料及单元特性,然后对模型划分网格进行有限元分析。图8-9、图8-10、图8-12、图8-13中箭头所指位置即为驾驶室和车架有限元分析的最大扭转应力和最大弯曲应力点。

### 五、发动机悬置

发动机悬置直接支撑着发动机和变速器,它的可靠性和减振性能对于汽车来说至关重要,所以需要测量该处的三个方向力的大小,这样就要对发动机悬置重新设计试制,既要让它起到发动机悬置支架的作用,又要担当传感器的作用。对于发动机悬置传感器,在满足刚度和强度要求外,尽量在上面加工一些规则的孔洞,来达到应力集中的原则,使其输出信号更加明显。发动机悬置电阻应变片式测力传感器弹性体的结构形状与相关尺寸对测力传感器性能的影响很大,弹性体的设计基本属于机械结构设计范围,但因测力性能的需要,其结构与普通的机械零件和构件有所不同。图 8-14、图 8-15 为试制加工的发动机悬置和已装车的发动机悬置测力传感器。

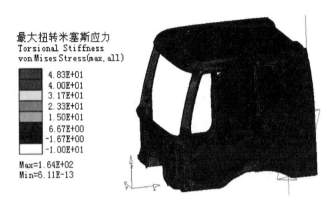

图 8-9　驾驶室最大扭转应力位置

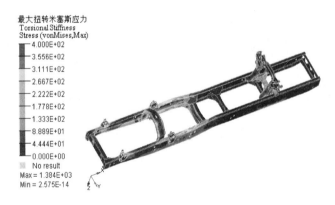

图 8-10　车架上最大扭转应力位置

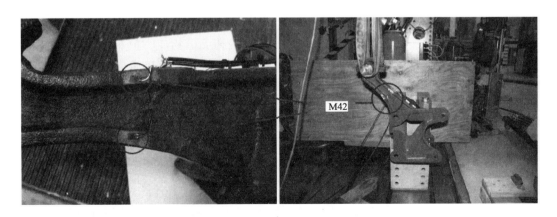

图 8-11　驾驶室前悬置应变测量点分布

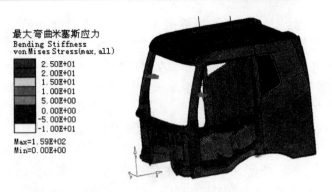

图 8-12 驾驶室最大弯曲应力位置

图 8-13 车架上最大弯曲应力位置

图 8-14 试制加工的发动机悬置

图 8-15 安装后的发动机悬置测力传感器

## 六、平衡梁

平衡梁发生疲劳破坏将导致悬架无法承载，因此要对其进行疲劳分析。由于其结构及受力的复杂性，可利用计算机仿真机技术来确定其薄弱位置。通过 ADAMS 软件 Durability 模块提供的接口，可以将仿真计算中所记录的零部件应力应变的时间历程输出为 nCode 格式文件，再进行疲劳寿命分析。基于有限元分析的疲劳计算是零部件疲劳全寿命分析，从零件的疲劳寿命计算结果中很容易知道哪些部位是寿命薄弱位置。

将平衡梁的 CAD 三维几何模型输入到有限元软件 Patran 中，进行几何清理后，采用二阶四面体单元 C3D10 划分单元网格。并根据平衡梁与其他零件的连接关系，使用 rb2 建立刚体与节点之间的超单元。在定义平衡梁的材料属性后，修改 Patran 定义的求解内容，其中要求进行正则模态计算，并在结果文件中包含单元应力、单元应变和节点应力。最后提交给

NASTRAN 软件计算,得到 ADAMS 软件所需的 mnf 文件。在已建立的空气悬架多刚体模板的基础上,导入平衡梁的 mnf 柔性体文件替换原有的刚性零件。为建立柔性体与其他零件之间的铰链约束,先在柔性体超单元的主节点处建立接口物体。这些接口物体属于过渡物体,其质量、惯量参数很小,不影响系统的求解,通过接口物体,将平衡梁的柔性体与其他零件进行连接。

计算完成后,通过 ADAMS/Durability 将平衡梁柔性体的应力应变时域信号按 nCode 软件要求的格式输出,得到记录零件信息的 FES 文件和记录应力应变信息的 DAC 文件,利用这些文件可进行疲劳分析。任何一个疲劳分析总是从结构或零部件的响应开始,在时域中这个响应通常是一个应力或应变随时间的变化关系。将平衡梁的 FES 文件和仿真得到的载荷谱 DAC 文件输入 nCode 软件,经过计算得到 UNI 云图文件。将 UNI 文件读入 ADAMS 软件。

### 七、转向横拉杆

汽车转向系应保障转向轮能够产生符合要求的转角,同时转向杆系和悬架系统在车辆运行时的不同工况下能够协调运动,以保证车辆的行驶稳定性。汽车在直线行驶中,转向轮会受到偶然出现的地面侧向反力而发生意外偏转,因而使汽车意外转向。转向横拉杆作为转向系中转向传动构件,其强度及可靠性直接关系到汽车行驶安全性和操纵稳定性,转向横拉杆应变片布置如图 8-16 所示。

图 8-16 转向横拉杆应变测量点分布图

## 第五节 试验条件

### 一、试验车辆

本书试验用重型载货汽车装备了自主开发的大功率发动机,最大功率为 340kW (460hP),排量 12.5L,排放符合欧Ⅲ标准,具有欧Ⅳ潜力。驾驶室采用全浮式悬置系统,提高了驾驶员的舒适性;前轴采用的少片板簧悬架系统,后轴采用电子控制的空气悬架系统,与传统的底盘技术相比无疑是一次飞跃,能有效地提高燃油经济性及运输货物的平稳性。在安全性方面,采用电子控制的 ABS 制动系统、盘式制动器,使整车行驶更安全。承载系构件的各传感器已安装完成,试验前进行了 3000km 的磨合行驶,整车运行状况良好,从用户装载调查结果看,车辆在实际使用中经常在超载状态下工作,因此试验载荷一般取额定载荷的 110% ~ 115%。

## 二、试验仪器

道路载荷谱采集是疲劳耐久性设计的基础,根据调查用户的使用环境和用途,试验所用的仪器为 nCode 公司的 SoMat – eDAQ 数据采集仪和数据读取显示器。SoMat – eDAQ 由基础层、各种不同功能的扩展层以及智能型调理模块组成,系统可直接接入工程中常用的各类传感器,用来测量如应变、加速度、温度、车轮六分力、载荷、压力、位移、数字脉冲、数据总线及 GPS 等信号。SoMat – eDAQ 系统的测试通道数可灵活配置,单套系统的模拟通道数最高可达 96 个,数字信号通道可多达 100 个。本次试验各通道采用低电平标定,数据采样频率为 200Hz,稳定工况数据采集时间长度不应少于 30min。

载荷 – 时间历程的试验数据,是指通过在用户使用典型路面和试验场强化路试验获得的承载系结构零部件载荷与时间之间关系的数据信号,它是在现场动态测试中通过数据采集设备对测试仪器检测到的动态模拟信号进行离散化、数字化、转换和变换后得到的一列具有等时间间隔特征的数字信号。本章将对用户与试验场的试验数据信号进行正确性识别、奇异点剔除、消除趋势项以及雨流循环计数处理,结合建立的试验场与用户之间的关联数学模型,利用等载荷谱法对模型中的比例系数 $\beta_i$ 进行优化计算,并根据计算结果来制订可靠性行驶试验方法。

## 第六节 试验数据预处理

试验数据的预处理是指通过数据采集、模数转换和单位变换获得等时间间隔数字信号后,对其进行奇异点(野点)的剔除、消除趋势项及数据检验等工作。试验数据预处理是必须要进行的试验数据准备与校验工作,也是进行后续试验数据分析处理工作的前提。

### 一、奇异点剔除

试验数据一般是在现场动态测试中通过数据采集设备对测试仪器检测到的动态模拟信号进行离散化、数字化、转换和变换后得到的一列具有等时间间隔特征的数字信号。理论上,在不失真条件下获得的试验数据与被测的动态模拟信号应是一致的,但在实际测试过程中,由于受到外界环境干扰或一些人为错误,获得的试验数据往往有突变存在。试验数据发生突变,就形成了试验数据的奇异点。试验数据的奇异点对后续数据处理有着极大的影响,会造成对测试结果的不准确判断。因此,对试验数据出现的奇异点必须予以剔除。将某些采集的数据 $X_i$ 与其相邻的数据点进行比较,判别 $X_i$ 数值为合理点(非奇异点)的条件是其数值必须满足下面的关系式

$$|X_i - \overline{X}| \leq k\sigma \tag{8-53}$$

$$\overline{X} = \frac{1}{n}\sum_{i=1}^{n} X_i \tag{8-54}$$

$$\sigma = \sqrt{\frac{1}{n-1}\sum_{i=1}^{n}(X_i - \overline{X})^2} \tag{8-55}$$

式中 $k$ 为常数,通常取 3～5,根据被测量对象的精度而定,本书取 $k=3$。奇异点剔除之

后,该点的值可用前两点外推值替代,即

$$\hat{X}_i = X_{i-1} + (X_{i-1} - X_{i-2}) \tag{8-56}$$

## 二、消除趋势项

数据测量系统的零点漂移及其他原因,会给整个数据组附加一个随时间缓变的趋势误差,这种信号周期大于样本记录长度的缓变信号会使随机信号的相关分析产生较大的畸变,通常均应消除。

设 $\{X_i\} i = 1,2,\cdots,n$ 为间隔 $\Delta t = h$ 的试验数据,假定用 $K \leqslant 3$ 阶多项式来拟合这些数据,即

$$\hat{X}_i = \sum_{k=0}^{K} b_k (ih)^k \quad i = 1,2,\cdots,n \tag{8-57}$$

设

$$Q(b) = \sum_{i=1}^{n} (X_i - \hat{X}_i)^2 = \sum_{i=1}^{n} [X_i - \sum_{k=0}^{K} b_k (ih)^k]^2 \tag{8-58}$$

要使式(8-58)中 $Q(b)$ 取最小值,则有

$$\frac{\partial Q}{\partial b} = \sum_{i=1}^{n} 2[X_i - \sum_{k=0}^{K} b_k (ih)^k][-(ih)^l] = 0 \quad l = 0,1,2\cdots,K \tag{8-59}$$

整理式(8-59)得

$$\sum_{k=0}^{K} b_k \sum_{i=1}^{n} (ih)^{k+l} = \sum_{i=1}^{n} X_i (ih)^l \quad l = 0,1,2\cdots,K \tag{8-60}$$

式(8-60)为含有 $K+1$ 个系数 $b_k$ 的线性方程组,可以解出 $\{b_k\}, k = 0,1,2\cdots,K$。由 $\{b_k\}$ 可以求出 $\hat{X}_i$,消趋势项就是求新的时间序列 $\{x_i\}, i = 1,2,\cdots,n$。

$$x_i = X_i - \hat{X}_i \tag{8-61}$$

(1)当 $K = 0$ 时,$l = 0$,由式(8-59)可得

$$b_0 \sum_{i=1}^{n} (ih)^0 = \sum_{i=1}^{n} X_i (ih)^0 \tag{8-62}$$

解式(8-62)得

$$\hat{X}_i = b_0 = \frac{1}{n} \sum_{i=1}^{n} X_i \tag{8-63}$$

(2)当 $K = 1$ 时,由式(8-60)可得

$$b_0 \sum_{i=1}^{n} (ih)^l + b_1 \sum_{i=1}^{n} (ih)^{1+l} = \sum_{i=1}^{n} X_i (ih)^l \quad l = 0,1 \tag{8-64}$$

展开式(8-64)有

$$\begin{cases} nb_0 + \sum_{i=1}^{n} (ih) b_1 = \sum_{i=1}^{n} X_i \\ \sum_{i=1}^{n} (ih) b_0 + \sum_{i=1}^{n} (ih)^2 b_1 = \sum_{i=1}^{n} X_i (ih) \end{cases} \tag{8-65}$$

解式(8-65),可求出系数 $b_0, b_1$,所以 $K = 1$ 表示的是线性趋势项。

$$\hat{X}_i = b_0 + b_1 i \Delta t \tag{8-66}$$

(3)当 $K = 2$ 时,由式(8-60)可得

$$b_0\sum_{i=1}^{n}(ih)^l + b_1\sum_{i=1}^{n}(ih)^{1+l} + b_2\sum_{i=1}^{n}(ih)^{2+l} = \sum_{i=1}^{n}X_i(ih)^l \quad l=0,1,2 \quad (8\text{-}67)$$

展开式(8-67)有

$$\begin{cases} nb_0 + \sum_{i=1}^{n}(ih)b_1 + \sum_{i=1}^{n}(ih)^2 b_2 = \sum_{i=1}^{n}X_i \\ \sum_{i=1}^{n}(ih)b_0 + \sum_{i=1}^{n}(ih)^2 b_1 + \sum_{i=1}^{n}(ih)^3 b_2 = \sum_{i=1}^{n}X_i(ih) \\ \sum_{i=1}^{n}(ih)^2 b_0 + \sum_{i=1}^{n}(ih)^3 b_1 + \sum_{i=1}^{n}(ih)^4 b_2 = \sum_{i=1}^{n}X_i(ih)^2 \end{cases} \quad (8\text{-}68)$$

解式(8-68)，可求出系数 $b_0, b_1, b_2$，所以 $K=2$ 表示的是二次趋势项。

$$\hat{X}_i = b_0 + b_1 i\Delta t + b_2 (i\Delta t)^2 \quad (8\text{-}69)$$

(4) 当 $K=3$ 时，由式(8-60)可得

$$b_0\sum_{i=1}^{n}(ih)^l + b_1\sum_{i=1}^{n}(ih)^{1+l} + b_2\sum_{i=1}^{n}(ih)^{2+l} + b_3\sum_{i=1}^{n}(ih)^{3+l} = \sum_{i=1}^{n}X_i(ih)^l \quad l=0,1,2,3 \quad (8\text{-}70)$$

展开式(8-71)有

$$\begin{cases} nb_0 + \sum_{i=1}^{n}(ih)b_1 + \sum_{i=1}^{n}(ih)^2 b_2 + \sum_{i=1}^{n}(ih)^3 b_3 = \sum_{i=1}^{n}X_i \\ \sum_{i=1}^{n}(ih)b_0 + \sum_{i=1}^{n}(ih)^2 b_1 + \sum_{i=1}^{n}(ih)^3 b_2 + \sum_{i=1}^{n}(ih)^4 b_3 = \sum_{i=1}^{n}X_i(ih) \\ \sum_{i=1}^{n}(ih)^2 b_0 + \sum_{i=1}^{n}(ih)^3 b_1 + \sum_{i=1}^{n}(ih)^4 b_2 + \sum_{i=1}^{n}(ih)^5 b_3 = \sum_{i=1}^{n}X_i(ih)^2 \\ \sum_{i=1}^{n}(ih)^3 b_0 + \sum_{i=1}^{n}(ih)^4 b_1 + \sum_{i=1}^{n}(ih)^5 b_2 + \sum_{i=1}^{n}(ih)^6 b_3 = \sum_{i=1}^{n}X_i(ih)^3 \end{cases} \quad (8\text{-}71)$$

解式(8-71)，可求出系数 $b_0, b_1, b_2, b_3$，所以 $K=3$ 表示的是三次趋势项。

$$\hat{X}_i = b_0 + b_1 i\Delta t + b_2 (i\Delta t)^2 + b_3 (i\Delta t)^3 \quad (8\text{-}72)$$

数据奇异点和趋势项对后续数据处理有着极大影响，会造成对测试结果的不准确判断。因此对数据出现的奇异点和趋势项须予以剔除与消除。根据以上剔除奇异点以及消除数据趋势项的处理计算方法，本书编制处理程序对试验数据进行了预处理。

## 第七节　载荷—时间历程的雨流计数

### 一、雨流计数法原理

疲劳寿命的估算在很大程度上取决于载荷谱，而载荷谱的编制又与所采用的计数法有关，雨流计数法是目前国内外应用最为广泛的方法。该方法认为塑性的存在是疲劳损伤的必要条件，并且其塑性性质表现为应力—应变滞后回线。因为虽然名义应力处于弹性范围内，但从局部的、微观的角度看来，塑性变形仍然存在。对于汽车所受到的随机载荷，统计分析的计数法是从载荷—时间历程确定出不同载荷参量值及其出现次数的方法。使构件产生疲劳损伤的主要因素是应力幅值和应力循环的次数，将实测的随机载荷时间历程简化为一系列的全循环或半循环的过程叫作"计数法"。雨流计数方法的突出特点是根据所研究材料

的应力—应变之间的非线性关系来进行计数,亦即把样本记录用雨流法定出一系列闭合的应力—应变滞后环。

## 二、雨流计数循环数提取及无效幅值去除

雨流计数法的要点是载荷时间历程的每一部分都参与计数,且只计数一次,一个大的幅值所引起的损伤不受截断它小循环的影响,截出的小循环迭加到较大的循环和半循环上去。因此,可以根据疲劳累积损伤理论将等幅试验得到的 $S-N$ 曲线和雨流法的处理结果输入计算机进行构件的疲劳寿命计算。一个实测的随机载荷时间历程往往由很多因素形成,除了受主要的工作载荷外,还常受到一些次要的载荷作用,这些载荷表现为二级波、三级波乃至一些高阶小量循环,对这些不能构成疲劳损伤的小量循环,一般称为无效幅值。无效幅值舍弃流程如图 8-17、图 8-18 所示。

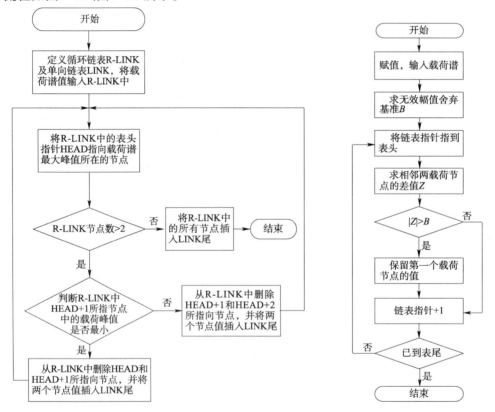

图 8-17　雨流计数流程　　　　图 8-18　雨流计数无效幅值舍弃流程

## 三、雨流计数压缩处理

通常情况雨流计数分一次计数、对接和二次计数三个步骤来完成,对于不同的波形要根据实际情况来定。一次雨流计数是从压缩处理过的数据中提取循环,并记录其特性值。一次雨流计数剩下的点构成的波形是一标准的发散-收敛型,这时按雨流计数法则无法再形成整循环,只能将其在最大(或最小)点处截开再进行首尾对接,对接时首尾点不一定能够正好封闭,就按不同的波形来完成。一种对于高均值偏态波,可根据研究对象的特征给数组加上

首尾值;另一种对于标准发散 - 收敛波形首尾的四个峰谷值,取其中最大和最小值,剩下两点去除产生的误差与实际相差很小。二次雨流计数是将完成对接的波形继续提取循环直到剩下三个点为止。程序中实现也很简单,只需将对接完成的数组放入一次雨流计数中就可以了。

试验仪器采集到的原始数据往往数量巨大,一个典型路面或事件采集到的数据往往有 30~40 个通道,且试验路面和事件通常也有十几种,因此处理几千个甚至上万个 4~5 千兆字节的信号数据文件很平常,这要求数据处理者有丰富的信号处理经验,并需要一个专门设计的软件帮助处理,将时域信号压缩成二维范围及均值矩阵,信号压缩过程如图 8-19 所示。

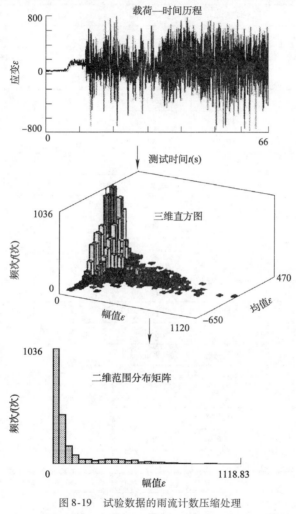

图 8-19 试验数据的雨流计数压缩处理

## 第八节 试验数据雨流计数处理

应用雨流计数得到的各应力循环的平均应力和应力幅都是分散的,没有一定的次序,不能显示出它们的相互关系及所遵循的规律,因此必须将这些数据加以分组、整理,平均应力和应力幅的分组间距可以参考无效幅值的舍弃基准进行处理。运用雨流计数把 90% 用户和试验场载荷时间历程数据转化为各级幅值的载荷循环,处理结果见表 8-4 ~ 表 8-14。

前轴扭转应变载荷时间历程雨流处理结果　　表 8-4

| 雨流幅值 ($\mu\varepsilon$) | 90%用户雨流频次 | 试验场雨流频次 | | | | |
|---|---|---|---|---|---|---|
| | | 失修路+小圆凸起+大圆凸起 | 1 号强化路 | 2 号强化路 | 3 号强化路 | 砂石路 |
| 3.69 | 285 | 454 | 0 | 624 | 84 | 93 |
| 12.54 | 9224746 | 420240 | 7690432 | 275323 | 72743 | 766017 |
| 21.40 | 2200742 | 143547 | 1649101 | 123180 | 52722 | 232195 |
| 30.25 | 427274 | 40373 | 168797 | 91661 | 36231 | 90214 |
| 39.10 | 161795 | 18532 | 5008 | 89588 | 16743 | 31932 |
| 47.95 | 73161 | 10320 | 2551 | 43807 | 7952 | 13648 |
| 56.81 | 38498 | 3898 | 12719 | 12984 | 4256 | 4651 |
| 65.66 | 18096 | 3120 | 3884 | 6681 | 1931 | 2489 |
| 74.51 | 12570 | 933 | 4750 | 3207 | 896 | 2797 |
| 83.37 | 5377 | 667 | 3162 | 1100 | 447 | 0 |
| 92.22 | 2836 | 531 | 1261 | 0 | 112 | 932 |
| 101.07 | 1388 | 264 | 674 | 0 | 140 | 311 |
| 109.93 | 797 | 0 | 459 | 0 | 28 | 278 |
| 118.78 | 644 | 143 | 512 | 0 | 0 | 0 |
| 127.63 | 513 | 118 | 352 | 0 | 28 | 0 |
| 136.48 | 458 | 0 | 458 | 0 | 0 | 0 |
| 145.34 | 155 | 131 | 174 | 0 | 196 | 0 |
| 154.19 | 0 | 0 | 336 | 0 | 337 | 0 |
| 163.04 | 0 | 176 | 273 | 0 | 140 | 0 |
| 171.90 | 82 | 0 | 142 | 0 | 224 | 0 |
| 180.75 | 0 | 145 | 161 | 0 | 28 | 0 |
| 189.60 | 53 | 401 | 403 | 0 | 56 | 0 |
| 198.46 | 0 | 269 | 267 | 0 | 0 | 0 |
| 207.31 | 0 | 0 | 0 | 0 | 0 | 0 |
| 216.16 | 0 | 0 | 0 | 0 | 0 | 0 |
| 225.01 | 0 | 0 | 0 | 0 | 0 | 0 |
| 233.87 | 0 | 0 | 0 | 0 | 0 | 0 |
| 242.72 | 0 | 0 | 0 | 0 | 0 | 0 |
| 251.57 | 0 | 0 | 0 | 0 | 0 | 0 |
| 260.43 | 0 | 0 | 0 | 0 | 0 | 0 |
| 269.28 | 0 | 0 | 0 | 0 | 0 | 0 |
| 278.13 | 0 | 0 | 0 | 0 | 0 | 0 |

## 前轴弯曲应变载荷时间历程雨流处理结果

表8-5

| 雨流幅值 ($\mu\varepsilon$) | 90%用户雨流频次 | 试验场雨流频次 | | | | |
|---|---|---|---|---|---|---|
| | | 失修路 +小圆凸起 +大圆凸起 | 1号 强化路 | 2号 强化路 | 3号 强化路 | 砂石路 |
| 4.20 | 107 | 480 | 0 | 300 | 56 | 71 |
| 13.12 | 8811521 | 302480 | 7042305 | 269888 | 60396 | 1136468 |
| 22.03 | 3157661 | 144588 | 2257468 | 234564 | 70072 | 451050 |
| 30.94 | 864946 | 56267 | 491353 | 159463 | 53709 | 104169 |
| 39.86 | 305823 | 24053 | 114502 | 104100 | 28449 | 347271 |
| 48.77 | 118233 | 12371 | 35350 | 45807 | 13860 | 10855 |
| 57.68 | 51652 | 5895 | 12801 | 20329 | 6748 | 5894 |
| 66.59 | 25232 | 4988 | 8907 | 5748 | 3165 | 2485 |
| 75.51 | 13786 | 2533 | 4553 | 1535 | 2100 | 3107 |
| 84.42 | 5720 | 938 | 2600 | 347 | 1267 | 622 |
| 93.33 | 4183 | 530 | 2736 | 105 | 814 | 0 |
| 102.25 | 2158 | 489 | 259 | 0 | 643 | 1244 |
| 111.16 | 891 | 267 | 162 | 0 | 251 | 317 |
| 120.07 | 667 | 400 | 212 | 0 | 56 | 0 |
| 128.99 | 428 | 124 | 183 | 0 | 112 | 0 |
| 137.90 | 642 | 267 | 347 | 0 | 28 | 0 |
| 146.81 | 551 | 512 | 10 | 0 | 28 | 0 |
| 155.72 | 464 | 141 | 89 | 0 | 0 | 0 |
| 164.64 | 385 | 0 | 28 | 0 | 28 | 0 |
| 173.55 | 352 | 0 | 0 | 0 | 0 | 0 |
| 182.46 | 286 | 0 | 26 | 0 | 0 | 0 |
| 191.38 | 218 | 0 | 8 | 0 | 0 | 0 |
| 200.29 | 175 | 114 | 0 | 0 | 0 | 0 |
| 209.20 | 102 | 125 | 0 | 0 | 0 | 0 |
| 218.12 | 80 | 0 | 0 | 0 | 0 | 0 |
| 227.03 | 72 | 0 | 0 | 0 | 0 | 0 |
| 235.94 | 124 | 103 | 0 | 0 | 0 | 0 |
| 244.85 | 11 | 0 | 0 | 0 | 0 | 0 |
| 253.77 | 0 | 404 | 0 | 0 | 0 | 0 |
| 262.68 | 0 | 267 | 0 | 0 | 0 | 0 |
| 271.59 | 0 | 0 | 0 | 0 | 0 | 0 |
| 280.52 | 0 | 0 | 0 | 0 | 0 | 0 |

后轴扭转应变载荷时间历程雨流处理结果　　　　　　　　　　表 8-6

| 雨流幅值 ($\mu\varepsilon$) | 90%用户雨流频次 | 试验场雨流频次 | | | | |
|---|---|---|---|---|---|---|
| | | 失修路+小圆凸起+大圆凸起 | 1 号强化路 | 2 号强化路 | 3 号强化路 | 砂石路 |
| 23.13 | 596 | 160 | 15 | 421 | 56 | 27 |
| 67.48 | 6604315 | 231440 | 5528179 | 143967 | 35476 | 665261 |
| 111.84 | 5013353 | 181417 | 4039794 | 132203 | 32815 | 627137 |
| 156.20 | 3393678 | 121973 | 2719157 | 110442 | 27328 | 414785 |
| 200.56 | 2163314 | 87974 | 1711205 | 85329 | 23996 | 254822 |
| 244.92 | 1217617 | 62088 | 879397 | 71860 | 27580 | 176702 |
| 289.27 | 672061 | 55120 | 314188 | 138887 | 30884 | 132990 |
| 333.63 | 403813 | 32933 | 169524 | 69265 | 16157 | 115947 |
| 377.99 | 220234 | 21441 | 87660 | 27241 | 9183 | 74719 |
| 422.35 | 135200 | 15973 | 45577 | 16466 | 7280 | 49916 |
| 466.71 | 80702 | 12965 | 21038 | 12165 | 5403 | 29143 |
| 511.06 | 50389 | 11048 | 12042 | 6712 | 3861 | 16742 |
| 555.42 | 33838 | 7360 | 5860 | 7124 | 3388 | 10230 |
| 599.78 | 13757 | 3921 | 6066 | 7149 | 2600 | 6278 |
| 644.14 | 13813 | 1367 | 1521 | 6574 | 2329 | 4646 |
| 688.50 | 8811 | 800 | 113 | 4517 | 1764 | 1875 |
| 732.85 | 4455 | 1067 | 2236 | 3829 | 1207 | 624 |
| 777.21 | 3008 | 400 | 1298 | 2758 | 896 | 311 |
| 821.57 | 895 | 396 | 981 | 1000 | 476 | 0 |
| 865.93 | 1518 | 0 | 498 | 612 | 427 | 0 |
| 910.29 | 1162 | 0 | 822 | 223 | 144 | 0 |
| 954.64 | 953 | 0 | 441 | 785 | 112 | 0 |
| 999.00 | 68 | 133 | 905 | 681 | 138 | 0 |
| 1043.36 | 111 | 113 | 978 | 894 | 56 | 0 |
| 1087.72 | 409 | 0 | 124 | 297 | 171 | 0 |
| 1132.08 | 631 | 267 | 108 | 185 | 56 | 0 |
| 1176.43 | 84 | 133 | 45 | 0 | 0 | 0 |
| 1220.79 | 9 | 129 | 124 | 0 | 0 | 0 |
| 1265.15 | 181 | 0 | 181 | 0 | 0 | 0 |
| 1309.51 | 0 | 0 | 0 | 0 | 0 | 0 |
| 1353.87 | 78 | 0 | 78 | 0 | 0 | 0 |
| 1398.22 | 0 | 0 | 0 | 0 | 0 | 0 |

后轴弯曲应变载荷时间历程雨流处理结果　　　　表 8-7

| 雨流幅值 ($\mu\varepsilon$) | 90%用户雨流频次 | 试验场雨流频次 | | | | |
|---|---|---|---|---|---|---|
| | | 失修路+小圆凸起+大圆凸起 | 1号强化路 | 2号强化路 | 3号强化路 | 砂石路 |
| 19.88 | 684 | 158 | 173 | 220 | 56 | 75 |
| 59.84 | 7417615 | 242324 | 6400965 | 136267 | 33880 | 604191 |
| 99.80 | 6212400 | 195042 | 5205932 | 123542 | 30689 | 657204 |
| 139.75 | 3838993 | 133307 | 3080338 | 117581 | 27884 | 479886 |
| 179.71 | 2022248 | 88240 | 1507060 | 104880 | 29428 | 292642 |
| 219.67 | 1080268 | 69333 | 667291 | 106288 | 36481 | 200886 |
| 259.62 | 577877 | 48640 | 220883 | 137583 | 26935 | 143843 |
| 299.58 | 336300 | 32507 | 141517 | 48087 | 12516 | 101682 |
| 339.54 | 194646 | 20821 | 75054 | 19726 | 8989 | 70060 |
| 379.50 | 110592 | 13120 | 34476 | 14769 | 6077 | 42164 |
| 419.45 | 66235 | 13147 | 9358 | 11720 | 5040 | 26977 |
| 459.41 | 36319 | 10000 | 7651 | 7413 | 4564 | 16125 |
| 499.37 | 20666 | 5760 | 5032 | 7924 | 3665 | 8370 |
| 539.32 | 12774 | 3227 | 2413 | 8396 | 3220 | 4349 |
| 579.28 | 8106 | 1866 | 1719 | 5781 | 1986 | 2177 |
| 619.24 | 5113 | 938 | 932 | 3569 | 1512 | 0 |
| 659.19 | 2699 | 533 | 1422 | 2102 | 868 | 626 |
| 699.15 | 1574 | 400 | 610 | 817 | 364 | 589 |
| 739.11 | 1192 | 0 | 384 | 529 | 308 | 0 |
| 779.07 | 752 | 0 | 182 | 411 | 225 | 310 |
| 819.02 | 157 | 0 | 983 | 989 | 140 | 0 |
| 858.98 | 299 | 116 | 746 | 782 | 134 | 0 |
| 898.94 | 651 | 104 | 194 | 589 | 112 | 0 |
| 938.89 | 107 | 0 | 149 | 195 | 56 | 0 |
| 978.85 | 0 | 95 | 287 | 89 | 56 | 0 |
| 1018.81 | 72 | 0 | 72 | 0 | 0 | 0 |
| 1058.76 | 0 | 267 | 267 | 0 | 0 | 0 |
| 1098.72 | 0 | 78 | 133 | 0 | 0 | 0 |
| 1138.68 | 0 | 0 | 0 | 0 | 0 | 0 |
| 1178.64 | 0 | 0 | 0 | 0 | 0 | 0 |
| 1218.59 | 0 | 0 | 0 | 0 | 0 | 0 |
| 1258.55 | 0 | 0 | 0 | 0 | 0 | 0 |

驾驶室扭转应变载荷时间历程雨流处理结果　　　　　　　　表 8-8

| 雨流幅值 ($\mu\varepsilon$) | 90%用户雨流频次 | 试验场雨流频次 | | | | |
|---|---|---|---|---|---|---|
| | | 失修路+小圆凸起+大圆凸起 | 1号强化路 | 2号强化路 | 3号强化路 | 砂石路 |
| 2.87 | 173 | 160 | 12 | 420 | 84 | 52 |
| 9.63 | 9716851 | 421226 | 7429574 | 239607 | 53200 | 1573255 |
| 16.40 | 2694532 | 176851 | 865325 | 266749 | 60984 | 1324630 |
| 23.16 | 742586 | 81280 | 199470 | 199083 | 49751 | 611943 |
| 29.93 | 285799 | 39600 | 184477 | 135761 | 35753 | 259161 |
| 36.69 | 127214 | 26453 | 120229 | 88280 | 25760 | 106957 |
| 43.46 | 63915 | 13387 | 69366 | 57100 | 20946 | 41858 |
| 50.22 | 41625 | 6293 | 35598 | 40126 | 16240 | 14574 |
| 56.99 | 32084 | 2828 | 29175 | 35814 | 12718 | 9922 |
| 63.75 | 20819 | 2132 | 30596 | 33123 | 12152 | 4034 |
| 70.52 | 15137 | 2027 | 33402 | 34125 | 8791 | 3723 |
| 77.28 | 13165 | 2080 | 35955 | 36919 | 9520 | 627 |
| 84.05 | 8617 | 427 | 24978 | 25107 | 7449 | 612 |
| 90.81 | 9018 | 265 | 9585 | 11502 | 6216 | 591 |
| 97.58 | 6469 | 133 | 3514 | 5914 | 3640 | 304 |
| 104.34 | 5075 | 0 | 2231 | 3125 | 2047 | 297 |
| 111.11 | 2483 | 0 | 1318 | 1413 | 1176 | 0 |
| 117.87 | 3373 | 0 | 1863 | 300 | 531 | 286 |
| 124.64 | 1843 | 133 | 1341 | 0 | 392 | 0 |
| 131.40 | 2131 | 0 | 585 | 98 | 168 | 0 |
| 138.17 | 1558 | 133 | 540 | 0 | 84 | 0 |
| 144.93 | 746 | 133 | 512 | 0 | 28 | 0 |
| 151.70 | 344 | 400 | 395 | 0 | 79 | 0 |
| 158.46 | 540 | 0 | 931 | 0 | 27 | 0 |
| 165.23 | 395 | 0 | 0 | 0 | 0 | 0 |
| 171.99 | 931 | 0 | 0 | 0 | 0 | 0 |
| 178.76 | 1049 | 0 | 0 | 0 | 0 | 0 |
| 185.52 | 329 | 0 | 0 | 0 | 0 | 0 |
| 192.29 | 76 | 0 | 0 | 0 | 0 | 0 |
| 199.05 | 480 | 0 | 0 | 0 | 0 | 0 |
| 205.82 | 131 | 0 | 0 | 0 | 0 | 0 |
| 212.58 | 378 | 0 | 0 | 0 | 0 | 0 |

**驾驶室弯曲应变载荷时间历程雨流处理结果** 表8-9

| 雨流幅值 ($\mu\varepsilon$) | 90%用户雨流频次 | 试验场雨流频次 | | | | |
|---|---|---|---|---|---|---|
| | | 失修路+小圆凸起+大圆凸起 | 1号强化路 | 2号强化路 | 3号强化路 | 砂石路 |
| 4.12 | 802 | 295 | 200 | 225 | 56 | 33 |
| 11.66 | 6981465 | 201938 | 4649316 | 379247 | 106455 | 1654162 |
| 19.21 | 4837637 | 141933 | 3586574 | 279390 | 54376 | 782447 |
| 26.75 | 3285093 | 99616 | 2563689 | 192346 | 32562 | 401761 |
| 34.30 | 2087248 | 85546 | 1617280 | 136226 | 29149 | 222588 |
| 41.84 | 1218630 | 57325 | 897950 | 78919 | 19740 | 166784 |
| 49.39 | 725637 | 43094 | 481381 | 50205 | 14056 | 138269 |
| 56.93 | 474532 | 36207 | 282465 | 42530 | 12181 | 102315 |
| 64.48 | 313233 | 21708 | 149983 | 59210 | 10080 | 71610 |
| 72.02 | 212821 | 19135 | 57307 | 78715 | 11124 | 47433 |
| 79.57 | 138699 | 9005 | 34071 | 48383 | 12048 | 35348 |
| 87.11 | 101052 | 11819 | 32136 | 27466 | 9856 | 20461 |
| 94.66 | 68895 | 7933 | 25414 | 15186 | 7728 | 13022 |
| 102.20 | 47780 | 5735 | 20369 | 8289 | 5543 | 8064 |
| 109.75 | 34149 | 4181 | 14675 | 7163 | 4285 | 4038 |
| 117.29 | 25938 | 2492 | 12730 | 4707 | 2408 | 3721 |
| 124.84 | 20665 | 2492 | 11387 | 3479 | 1847 | 1555 |
| 132.38 | 12225 | 1233 | 4872 | 2763 | 1876 | 1550 |
| 139.93 | 9532 | 1072 | 4525 | 2251 | 1120 | 626 |
| 147.47 | 8307 | 670 | 2772 | 3172 | 1145 | 613 |
| 155.02 | 5461 | 268 | 884 | 3377 | 700 | 310 |
| 162.56 | 3933 | 134 | 720 | 2865 | 280 | 0 |
| 170.11 | 2673 | 0 | 1149 | 1330 | 223 | 0 |
| 177.65 | 2318 | 268 | 373 | 1228 | 167 | 291 |
| 185.20 | 1365 | 0 | 1165 | 205 | 0 | 0 |
| 192.74 | 1042 | 0 | 414 | 614 | 24 | 0 |
| 200.29 | 842 | 0 | 514 | 307 | 22 | 0 |
| 207.83 | 430 | 0 | 330 | 102 | 0 | 0 |
| 215.38 | 197 | 0 | 197 | 0 | 0 | 0 |
| 222.92 | 412 | 0 | 412 | 0 | 0 | 0 |
| 230.47 | 480 | 0 | 480 | 0 | 0 | 0 |
| 238.01 | 178 | 0 | 178 | 0 | 0 | 0 |

车架扭转应变载荷时间历程雨流处理结果　　　表 8-10

| 雨流幅值 ($\mu\varepsilon$) | 90%用户雨流频次 | 试验场雨流频次 | | | | |
|---|---|---|---|---|---|---|
| | | 失修路+小圆凸起+大圆凸起 | 1号强化路 | 2号强化路 | 3号强化路 | 砂石路 |
| 9.85 | 412 | 161 | 0 | 224 | 56 | 19 |
| 29.52 | 6802867 | 154836 | 5210258 | 269879 | 105696 | 1077972 |
| 49.20 | 4671981 | 135549 | 3593102 | 251406 | 53988 | 649475 |
| 68.87 | 3109035 | 92213 | 2471728 | 172017 | 32331 | 347743 |
| 88.54 | 2138027 | 78790 | 1701432 | 113768 | 28940 | 219726 |
| 108.21 | 1408245 | 62650 | 1095398 | 78656 | 19599 | 155248 |
| 127.88 | 912468 | 46376 | 663789 | 47210 | 13956 | 143667 |
| 147.56 | 576364 | 34351 | 387381 | 37088 | 12093 | 107359 |
| 167.23 | 362569 | 29698 | 189409 | 44929 | 12093 | 88266 |
| 186.90 | 227035 | 16328 | 63764 | 78717 | 12037 | 58218 |
| 206.57 | 149408 | 15172 | 24210 | 62587 | 12955 | 35995 |
| 226.24 | 92819 | 10357 | 17126 | 31018 | 9786 | 25353 |
| 245.92 | 70515 | 8043 | 24574 | 14379 | 7673 | 16276 |
| 265.59 | 43944 | 7559 | 9267 | 11935 | 5504 | 10016 |
| 285.26 | 29470 | 6295 | 2796 | 8554 | 4253 | 7825 |
| 304.93 | 19178 | 3147 | 1520 | 5092 | 2391 | 7199 |
| 324.60 | 15315 | 3524 | 3804 | 4073 | 1835 | 2191 |
| 344.28 | 8712 | 1910 | 927 | 3768 | 1863 | 2191 |
| 363.95 | 7350 | 1668 | 1027 | 2037 | 1112 | 1565 |
| 383.62 | 3559 | 1237 | 3236 | 3870 | 1140 | 626 |
| 403.29 | 2928 | 1211 | 2592 | 3055 | 695 | 626 |
| 422.96 | 1481 | 269 | 866 | 1833 | 278 | 0 |
| 442.64 | 1759 | 0 | 865 | 2444 | 222 | 0 |
| 462.31 | 571 | 269 | 2074 | 1935 | 167 | 313 |
| 481.98 | 697 | 0 | 103 | 815 | 0 | 0 |
| 501.65 | 348 | 135 | 13 | 204 | 28 | 0 |
| 521.32 | 169 | 135 | 592 | 611 | 28 | 0 |
| 541.00 | 106 | 135 | 127 | 102 | 0 | 0 |
| 560.67 | 168 | 0 | 68 | 102 | 0 | 0 |
| 580.34 | 0 | 0 | 200 | 204 | 0 | 0 |
| 600.01 | 99 | 0 | 99 | 0 | 0 | 0 |
| 619.68 | 0 | 0 | 0 | 0 | 0 | 0 |

车架弯曲应变载荷时间历程雨流处理结果　　　　表8-11

| 雨流幅值 ($\mu\varepsilon$) | 90%用户雨流频次 | 试验场雨流频次 | | | | |
|---|---|---|---|---|---|---|
| | | 失修路+小圆凸起+大圆凸起 | 1号强化路 | 2号强化路 | 3号强化路 | 砂石路 |
| 11.25 | 356 | 295 | 23 | 335 | 26 | 17 |
| 32.44 | 6770965 | 160586 | 4710486 | 391314 | 97668 | 1424776 |
| 53.62 | 5134641 | 122503 | 3984746 | 296112 | 55068 | 682653 |
| 74.80 | 3481360 | 89619 | 2850867 | 179299 | 31098 | 333658 |
| 95.98 | 2109535 | 74799 | 1714822 | 112097 | 24765 | 184983 |
| 117.16 | 1322126 | 59121 | 1028749 | 70844 | 16330 | 148675 |
| 138.35 | 849335 | 43496 | 622345 | 43999 | 14768 | 126139 |
| 159.53 | 543235 | 31704 | 348604 | 52655 | 13007 | 98282 |
| 180.71 | 346418 | 26425 | 158253 | 78904 | 13320 | 70112 |
| 201.89 | 238569 | 16723 | 89607 | 59541 | 13462 | 59783 |
| 223.07 | 184011 | 11846 | 97242 | 27979 | 9486 | 37873 |
| 244.26 | 113584 | 10613 | 52904 | 17870 | 8094 | 24414 |
| 265.44 | 71190 | 8790 | 29931 | 11303 | 6362 | 15024 |
| 286.62 | 47230 | 6298 | 19925 | 8537 | 4146 | 8451 |
| 307.80 | 35097 | 4904 | 15387 | 5075 | 3266 | 6573 |
| 328.98 | 27493 | 2144 | 15302 | 4776 | 1874 | 3443 |
| 350.17 | 16686 | 2064 | 7241 | 3582 | 1960 | 1878 |
| 371.35 | 13035 | 1420 | 7118 | 2388 | 1505 | 665 |
| 392.53 | 8856 | 1394 | 3301 | 2388 | 1164 | 636 |
| 413.71 | 4689 | 536 | 216 | 2189 | 1136 | 611 |
| 434.89 | 3359 | 134 | 189 | 3383 | 824 | 589 |
| 456.08 | 1643 | 670 | 124 | 2587 | 625 | 313 |
| 477.26 | 2419 | 0 | 72 | 2687 | 398 | 0 |
| 498.44 | 1305 | 0 | 0 | 1493 | 341 | 0 |
| 519.62 | 1096 | 0 | 0 | 1194 | 85 | 0 |
| 540.80 | 409 | 0 | 0 | 498 | 57 | 0 |
| 561.99 | 355 | 0 | 27 | 299 | 28 | 0 |
| 583.17 | 118 | 0 | 0 | 398 | 0 | 0 |
| 604.35 | 282 | 0 | 254 | 0 | 28 | 0 |
| 625.53 | 0 | 0 | 0 | 0 | 0 | 0 |
| 646.71 | 108 | 0 | 108 | 0 | 0 | 0 |
| 667.90 | 55 | 0 | 55 | 0 | 0 | 0 |

发动机后悬置垂向力载荷时间历程雨流处理结果　　　　　表8-12

| 雨流幅值 ($\mu\varepsilon$) | 90%用户雨流频次 | 试验场雨流频次 | | | | |
|---|---|---|---|---|---|---|
| | | 失修路+小圆凸起+大圆凸起 | 1号强化路 | 2号强化路 | 3号强化路 | 砂石路 |
| 257.12 | 702 | 135 | 249 | 201 | 85 | 36 |
| 771.24 | 8849871 | 246727 | 7934646 | 96822 | 25020 | 554949 |
| 1285.36 | 7406974 | 257325 | 6308389 | 168559 | 30786 | 651666 |
| 1799.48 | 3632693 | 162288 | 2807995 | 161182 | 35528 | 472943 |
| 2313.60 | 1711684 | 102086 | 1164308 | 102410 | 29735 | 318008 |
| 2827.72 | 766745 | 60982 | 444688 | 66672 | 23231 | 174027 |
| 3341.84 | 362399 | 39516 | 174654 | 47074 | 18290 | 84510 |
| 3855.96 | 179910 | 31500 | 49803 | 35778 | 15762 | 48202 |
| 4370.08 | 98467 | 22058 | 15116 | 28562 | 12155 | 21284 |
| 4884.20 | 48473 | 13531 | 4900 | 21045 | 9230 | 10016 |
| 5398.32 | 27583 | 9012 | 6524 | 13990 | 7327 | 4569 |
| 5912.44 | 13765 | 6241 | 12248 | 10754 | 5169 | 4024 |
| 6426.56 | 8535 | 5165 | 8301 | 6955 | 3607 | 1252 |
| 6940.68 | 5452 | 2717 | 3101 | 3015 | 2272 | 626 |
| 7454.80 | 2733 | 1749 | 2612 | 2111 | 1534 | 0 |
| 7968.92 | 1593 | 1345 | 1808 | 1206 | 880 | 0 |
| 8483.04 | 1630 | 807 | 1308 | 1106 | 738 | 313 |
| 8997.16 | 340 | 538 | 1265 | 402 | 682 | 0 |
| 9511.28 | 629 | 538 | 768 | 503 | 369 | 0 |
| 10025.40 | 804 | 135 | 179 | 101 | 398 | 0 |
| 10539.52 | 669 | 269 | 118 | 201 | 85 | 0 |
| 11053.64 | 212 | 269 | 351 | 101 | 199 | 0 |
| 11567.76 | 395 | 135 | 178 | 0 | 85 | 0 |
| 12081.88 | 258 | 0 | 146 | 0 | 114 | 0 |
| 12596.00 | 53 | 0 | 53 | 0 | 0 | 0 |
| 13110.12 | 0 | 0 | 0 | 0 | 0 | 0 |
| 13624.24 | 0 | 0 | 56 | 0 | 57 | 0 |
| 14138.36 | 16 | 0 | 16 | 0 | 0 | 0 |
| 14652.48 | 0 | 0 | 0 | 0 | 0 | 0 |
| 15166.60 | 0 | 0 | 0 | 0 | 0 | 0 |
| 15680.72 | 0 | 0 | 0 | 0 | 0 | 0 |
| 16194.84 | 0 | 0 | 0 | 0 | 0 | 0 |

**转向横拉杆拉力载荷时间历程雨流处理结果** 表8-13

| 雨流幅值 ($\mu\varepsilon$) | 90%用户雨流频次 | 试验场雨流频次 | | | | |
|---|---|---|---|---|---|---|
| | | 失修路+小圆凸起+大圆凸起 | 1号强化路 | 2号强化路 | 3号强化路 | 砂石路 |
| 27.86 | 202 | 551 | 42 | 335 | 627 | 19 |
| 47.74 | 430 | 301 | 125 | 847 | 994 | 1313 |
| 67.61 | 9501714 | 100451 | 8097716 | 215836 | 289634 | 802243 |
| 87.48 | 6126229 | 81513 | 5149697 | 133116 | 215860 | 548834 |
| 107.36 | 3821348 | 59018 | 3182146 | 53694 | 127678 | 400465 |
| 127.23 | 2631039 | 41383 | 2197533 | 31624 | 68807 | 292799 |
| 147.11 | 1753000 | 31513 | 1464896 | 19410 | 55393 | 182507 |
| 166.98 | 1288600 | 18687 | 1067698 | 15117 | 43222 | 144430 |
| 186.85 | 921107 | 15331 | 777841 | 12940 | 35273 | 80093 |
| 206.73 | 588500 | 11373 | 472348 | 11398 | 33286 | 60398 |
| 226.60 | 450198 | 9118 | 351876 | 12574 | 28318 | 48581 |
| 246.48 | 287023 | 7665 | 224533 | 13182 | 26082 | 15756 |
| 266.35 | 227749 | 4810 | 182231 | 11338 | 16394 | 13130 |
| 286.22 | 176407 | 2555 | 141527 | 6954 | 13662 | 11817 |
| 306.10 | 159295 | 3056 | 131803 | 5714 | 10930 | 7878 |
| 325.97 | 67858 | 1553 | 39064 | 4898 | 11923 | 10504 |
| 345.85 | 44953 | 2255 | 25361 | 3628 | 7204 | 6565 |
| 365.72 | 29935 | 2255 | 14833 | 1814 | 8446 | 2626 |
| 385.59 | 24056 | 251 | 10336 | 2116 | 7452 | 3939 |
| 405.47 | 26768 | 501 | 19634 | 2045 | 3229 | 1313 |
| 425.34 | 18046 | 251 | 13752 | 756 | 1987 | 1258 |
| 445.22 | 5787 | 1002 | 2999 | 302 | 1490 | 0 |
| 465.09 | 1286 | 0 | 768 | 0 | 745 | 1105 |
| 484.96 | 244 | 0 | 94 | 151 | 0 | 0 |
| 504.84 | 507 | 0 | 259 | 0 | 248 | 0 |
| 524.71 | 305 | 0 | 305 | 0 | 0 | 0 |
| 544.59 | 180 | 0 | 180 | 0 | 0 | 0 |
| 564.46 | 142 | 0 | 142 | 0 | 0 | 0 |
| 584.33 | 138 | 0 | 138 | 0 | 0 | 0 |
| 604.21 | 49 | 0 | 49 | 0 | 0 | 0 |
| 624.08 | 0 | 0 | 0 | 0 | 0 | 0 |
| 643.96 | 0 | 0 | 0 | 0 | 0 | 0 |

平衡梁弯曲应变载荷时间历程雨流处理结果　　　　表8-14

| 雨流幅值 ($\mu\varepsilon$) | 90%用户雨流频次 | 试验场雨流频次 | | | | |
|---|---|---|---|---|---|---|
| | | 失修路+小圆凸起+大圆凸起 | 1号强化路 | 2号强化路 | 3号强化路 | 砂石路 |
| 18.43 | 224 | 19 | 62 | 27 | 208 | 11 |
| 47.36 | 94 | 2971 | 186 | 833 | 1152 | 76 |
| 76.29 | 9457142 | 576990 | 7463615 | 839808 | 270720 | 306017 |
| 105.22 | 6356266 | 449553 | 5034234 | 408327 | 180863 | 283292 |
| 134.15 | 3896192 | 295655 | 3046213 | 222949 | 109152 | 222235 |
| 163.08 | 2419140 | 225722 | 1757215 | 178173 | 93315 | 164720 |
| 192.01 | 1534440 | 144994 | 1072341 | 128187 | 76032 | 112897 |
| 220.94 | 1086302 | 135075 | 725561 | 107026 | 51263 | 67451 |
| 249.87 | 781305 | 82898 | 510862 | 88933 | 46080 | 52543 |
| 278.80 | 537079 | 61295 | 344176 | 57193 | 41760 | 32668 |
| 307.73 | 369881 | 53734 | 198264 | 61024 | 34848 | 22014 |
| 336.66 | 233243 | 41313 | 89040 | 62862 | 29377 | 10651 |
| 365.59 | 205393 | 27549 | 104704 | 42473 | 20736 | 9945 |
| 394.52 | 176808 | 1809 | 99973 | 36340 | 18145 | 4269 |
| 423.45 | 91042 | 21612 | 10818 | 39105 | 15264 | 4125 |
| 452.38 | 89067 | 15127 | 25193 | 32353 | 14977 | 1424 |
| 481.31 | 60508 | 1354 | 22853 | 22234 | 11232 | 2847 |
| 510.24 | 35515 | 5416 | 6965 | 13802 | 8640 | 728 |
| 539.17 | 45118 | 4329 | 25513 | 9967 | 4608 | 710 |
| 568.10 | 38608 | 3248 | 27600 | 460 | 3167 | 623 |
| 597.03 | 16272 | 0 | 4959 | 843 | 2880 | 504 |
| 625.96 | 11015 | 1351 | 3470 | 994 | 3165 | 431 |
| 654.89 | 12047 | 0 | 4855 | 466 | 2592 | 210 |
| 683.82 | 5401 | 0 | 4858 | 765 | 2018 | 0 |
| 712.75 | 7781 | 0 | 3626 | 998 | 1440 | 0 |
| 741.68 | 3600 | 0 | 4643 | 766 | 576 | 0 |
| 770.61 | 2717 | 0 | 2556 | 383 | 1440 | 0 |
| 799.54 | 2954 | 0 | 1362 | 230 | 2017 | 0 |
| 828.47 | 3539 | 0 | 2404 | 536 | 576 | 0 |
| 857.40 | 0 | 0 | 767 | 66 | 0 | 0 |
| 886.33 | 0 | 0 | 0 | 30 | 0 | 0 |
| 915.26 | 194 | 0 | 0 | 0 | 0 | 0 |

## 一、等载荷谱法数据优化

为能反映用户对车辆的实际使用工况,用户试验选在全国典型路面进行,同时在试验场强化路采集足够数据。根据 Monte-Carlo 仿真结果得到的 90% 用户数据目标里程,结合用户关联性方程,应用 INFIELD 软件及 MATLAB 语言编制关联性计算程序得到的 90% 用户数据和试验场数据雨流矩阵载荷谱相同,说明 90% 用户和试验场强化试验疲劳损伤相等,亦即车辆在用户使用和试验场强化试验疲劳寿命是相同的。此时获得的 90% 用户和试验场的载荷谱对比曲线如图 8-20 ~ 图 8-29 所示。

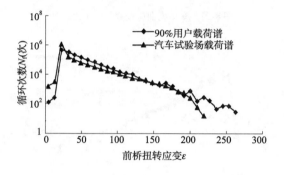

图 8-20 前轴扭转应变载荷谱对比情况

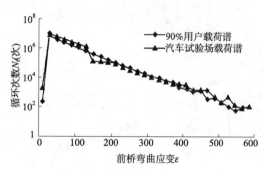

图 8-21 前轴弯曲应变载荷谱对比情况

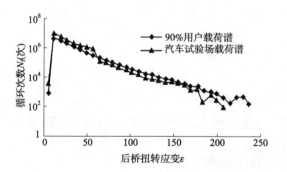

图 8-22 后轴扭转应变载荷谱对比情况

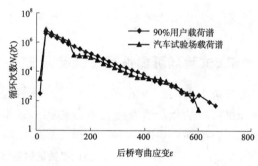

图 8-23 后轴弯曲应变载荷谱对比情况

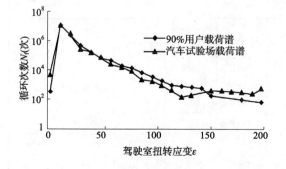

图 8-24 驾驶室扭转应变载荷谱对比情况

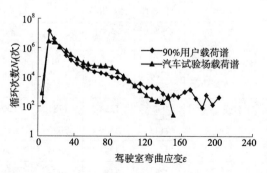

图 8-25 驾驶室弯曲应变载荷谱对比情况

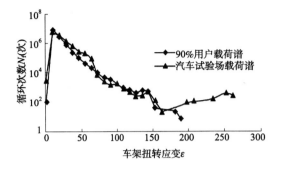

图 8-26　车架扭转应变载荷谱对比情况

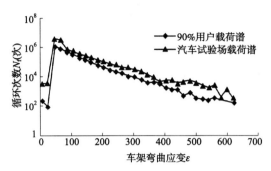

图 8-27　车架弯曲应变载荷谱对比情况

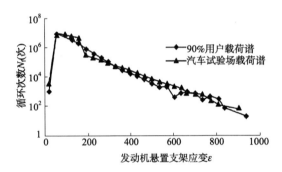

图 8-28　发动机悬置支架应变载荷谱对比情况

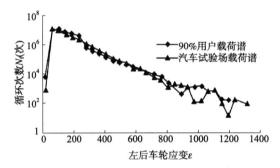

图 8-29　左后车轮应变载荷谱对比情况

## 二、试验场可靠性行驶试验方法

分析上面的处理结果,结合用户关联数学模型,应用关联性优化程序计算得到的90%用户和试验场的载荷谱及疲劳寿命相等。表8-15与表8-16是各测试参数的优化计算结果,表中强化路循环次数即 $\beta_i$ 值。

测试参数的试验场强化路试验循环次数　　　　　表 8-15

| 强化路类型 | 测量参数的强化路循环次数 | | | | | | | | |
|---|---|---|---|---|---|---|---|---|---|
| | 前轴弯曲应变载荷 | 前轴扭转应变载荷 | 前轴和车架相对位移 | 后轴弯曲应变载荷 | 后轴扭转应变载荷 | 后轴和车架相对位移 | 驾驶室弯曲应变载荷 | 驾驶室扭转应变载荷 | 平衡梁弯曲应变载荷 |
| 失修路+小圆凸起+大圆凸起 | 1208 | 987 | 1495 | 2285 | 1604 | 1465 | 1792 | 1269 | 2077 |
| 1号强化路 | 992 | 1254 | 1285 | 1999 | 1393 | 966 | 1600 | 1358 | 1269 |
| 2号强化路 | 2143 | 2576 | 3036 | 4157 | 2865 | 2051 | 2969 | 2793 | 2804 |
| 3号强化路 | 3547 | 3795 | 5094 | 7539 | 5456 | 4992 | 6087 | 4240 | 6836 |
| 砂石路 | 2778 | 3192 | 3679 | 5382 | 3761 | 2772 | 3410 | 3968 | 3420 |
| 样本决定系数 $R^2$ | 0.988 | 0.957 | 0.974 | 0.962 | 0.970 | 0.959 | 0.968 | 0.992 | 0.973 |

## 第八章 汽车用户相关性试验

测试参数的试验场强化路试验循环次数    表8-16

| 强化路类型 | 测量参数的强化路循环次数 | | | | | | | | |
|---|---|---|---|---|---|---|---|---|---|
| | 驾驶室前悬置应变载荷 | 驾驶室后悬置应变载荷 | 车架弯曲应变载荷 | 车架扭转应变载荷 | 前轴上方车架垂向加速度 | 后轴上方车架垂向加速度 | 发动机前悬置垂向力 | 发动机后悬置垂向力 | 转向横拉杆拉力 |
| 失修路+小圆凸起+大圆凸起 | 973 | 1462 | 1834 | 2057 | 1458 | 1370 | 1658 | 990 | 1135 |
| 1号强化路 | 1031 | 1204 | 2065 | 1782 | 1562 | 1489 | 1378 | 918 | 1276 |
| 2号强化路 | 2295 | 2464 | 4093 | 3895 | 3128 | 3070 | 3035 | 2155 | 2818 |
| 3号强化路 | 3982 | 5785 | 5358 | 6638 | 4971 | 3707 | 5971 | 3540 | 3691 |
| 砂石路 | 2863 | 3352 | 4962 | 4710 | 4318 | 4129 | 3620 | 2578 | 3645 |
| 样本决定系数 $R^2$ | 0.975 | 0.982 | 0.949 | 0.977 | 0.983 | 0.926 | 0.971 | 0.957 | 0.985 |

汽车试验场可靠性试验是按其行驶方法进行的。因各汽车试验场建场的设计方案、试验设施及试验要求等条件的不同，同时为使在各试验场进行的汽车可靠性试验不仅满足国家标准的要求且具有可比性，各试验场都必须制订一套适合本场条件的可靠性行驶试验方法。现行的载货汽车可靠性试验方法试验中所暴露出来的故障在用户可靠性试验中却很多都没有发生，并且由于对该汽车试验场路面相对于目标用户的强化情况没有做过研究，因此对强化试验结果也不能给出科学的评价指标，这种情况给产品开发带来很大的困扰，因此迫切需要制订出符合用户使用条件的汽车可靠性强化试验方法。汽车承载系主要总成部件的可靠性强化试验一直没有有效的试验方法，而目前的试验方法偏于简单，试验方法与用户的实际使用工况之间的相关性很小，不能说明在试验场检验合格的产品在用户那里能保证行驶多少里程，试验结果与用户实际情况之间差别很大。

考虑到现行的汽车可靠性试验评价方法，将汽车承载系的可靠性试验考核总里程定为30000km。根据测试参数的不同强化路面的试验循环次数比例，可以对试验场可靠性试验总里程进行科学分配，见表8-17（其中砂石路的试验里程为8000km，试验车速60km/h），根据表中给出的技术参数可以正确选择合适的强化路面比例以及车速进行试验。

试验场可靠性试验方法里程分配    表8-17

| 1号强化路 | | | 2号强化路 | | | 3号强化路 | | |
|---|---|---|---|---|---|---|---|---|
| 路面类型 | 车速(km/h) | 试验总里程(km) | 路面类型 | 车速(km/h) | 试验总里程(km) | 路面类型 | 车速(km/h) | 试验总里程(km) |
| 失修路 | 65 | 1000 | 失修路 | 65 | 1000 | 失修路 | 65 | 1000 |
| 小圆凸起 | 25 | | 小圆凸起 | 25 | | 小圆凸起 | 25 | |
| 大圆凸起 | 20 | | 大圆凸起 | 20 | | 大圆凸起 | 20 | |
| 卵石路 | | 3000 | 卵石路 | 45 | 6000 | 卵石路 | 25 | 10000 |
| 搓板路 | | | 搓板路 | 40 | | 搓板路 | 40 | |
| 比利时路 | 70 | | 比利时路 | 25 | | 比利时路 | 25 | |
| 鱼鳞坑路 | | | 鱼鳞坑路 | 45 | | 鱼鳞坑路 | 40 | |
| 扭曲路 | | | 扭曲路 | 10 | | 扭曲路 | 10 | |

# 第九章　虚拟仿真与实车结合试验简介

由于控制技术和计算机技术的高速发展,使得汽车的部分试验能够在计算机上进行模拟测试和仿真分析,即能开展虚拟试验技术。通过虚拟试验,研发人员可以对车辆设计所需要的各项技术指标和参数进行模拟测试,对汽车的各项性能进行仿真分析,在计算机模拟试验和实车道路试验之间建立一定的相互关系,为实车道路试验提供经济、有效的参考数据和方案。目前,许多发达国家都在积极开展这方面的研究。

当然,这并不意味着汽车试验场的作用在减小,恰恰相反,由于这些先进的试验手段应用的前提是汽车在实际道路上行驶的各种工况数据,而这些数据大部分是在试验场采集的,这就意味着计算机虚拟仿真技术与实车道路试验技术的关系将结合得更紧密。

## 第一节　虚拟仿真技术的发展

在计算机硬件和软件技术发展的推动下,机械系统的仿真技术 MSS(Mechanical System Simulation)也变成了现实。从 20 世纪 70 年代起,人类在航空航天,交通运输及兵器工业中所遇到的问题难以用传统的理论来解决。生产力发展的需要促使在牛顿力学的基础上进一步产生了多体动力学,也使建立在多体动力学基础上的机械系统仿真技术得以发展。同时伴随着电子计算机软件和硬件技术的飞速发展,仿真软件的功能日益强大。现在,欧美等发达国家,机械系统仿真技术已经成功地应用于航空航天,交通运输,兵器工业,机械设计等多种领域,产生巨大的效益,也使传统的设计试验方法发生了巨大的变化。

传统的产品开发过程一般需经过概念设计、方案设计、细部设计、实验室试验、样机生产、批量生产等诸多阶段,产品上市周期长。设计人员的初期设计仅停留在图纸上,不能预见物理样机加工出来后可能出现的问题。因此,到了产品的试验阶段,许多未发现的问题被暴露出来。设计人员进行改进后,再重新加工,重复上述的过程。从设计、试制、试验、改进到最后的投产,花费了大量的人力、物力和财力,但结果却不能尽如人意。这与现代市场对产品的需求很不适应,如何提高初次设计的成功率是传统设计方法的一个难题。

而现代先进的机械系统仿真软件为设计人员提供了虚拟样机(Virtual Prototype,简称 VP)技术,虚拟样机是当前设计制造领域的一项新技术。它利用软件建立机械系统的三维实体模型和力学模型,分析和评估系统的性能,从而为物理样机的设计和制造提供参数依据。

VP 技术使设计人员在设计的初级阶段,利用在计算机上建立的虚拟模型,按照设计目标对整个系统进行相关的静力学、运动学和动力学仿真分析,同时可以在计算机屏幕上观察各组成部件的相互运动情况。对于设计中的缺陷和不足,利用软件可以很方便地做出修改,仿真试验不同的设计方案,对整个系统进行不断的完善。直至获得最优的设计方案,再进行物理样机的加工。

虚拟产品开发与现实产品开发有一定的对应性,虚拟样机的设计方法与传统的设计方法相比具有以下优点:虚拟产品开发消耗物质资源和能源很少,可以在设计的初期确定关键的设计参数,在产品投产前对产品的实现方案进行评估和优化,提高了产品实现的可行性,使产品初次设计图纸的一次有效率得到提高。由于大大简化了物理测试实验的过程,可以大幅度降低产品的开发成本。虚拟样机的设计方法比传统的设计方法缩短了产品上市周期,提高了产品的质量,节省了研发费用。

虚拟样机技术问世后,得到了西方发达国家的科研机构和众多厂家的高度重视,他们将虚拟样机技术引入到各自的产品开发设计中,取得了很好的经济效益。目前,虚拟样机技术在我国也在得到一定的应用,国家的《制造与自动化领域"十五"计划及2015年远景规划》十分重视虚拟样机技术,将其列为今后攻关和推广的重要方向和关键技术。

汽车工业是仿真技术得到应用的重要领域,针对汽车的各项性能,在运动、应力、碰撞、耐久性、NVH、热学、控制、液压、声学等诸多学科领域均有软件产品。在汽车设计开发的初期,针对机构设计、整车虚拟样机分析的CAE产品多为多体系统动力学软件。从广义的汽车CAE角度来看,多体系统动力学软件在汽车领域可以完成三项任务:

(1) 对体现原始设计思想的系统进行性能预测;
(2) 对已有的系统进行仿真分析、性能评估;
(3) 对原有的设计进行结构改进与性能完善。

另外,可以利用多体系统动力学软件集成相关的CAD/CAM/CAE软件,真正实现汽车虚拟设计。多体系统动力学软件的分析范围可以包括:静态分析、准静态分析、运动学分析、动力学分析、灵敏度分析与优化设计等。汽车动力学研究中的建模、分析和求解是一直困扰研究人员的主要问题。如在汽车悬架等子系统的运动学分析中,传统的方法是使用作图法或缩比模型等方法进行研究分析。由于汽车结构的日趋复杂与各部件设计的精量化,传统方法已很难胜任三维非线性关系的分析;而利用解析法必须将系统做许多强制性的简化,降低系统自由度数。通过巧妙选择广义坐标,利用手工推导可以得到较为简单的运动微分方程组。但用手工符号推导动力学方程将面临相当繁重的代数和微分运算,并且非常容易出错,很难揭示复杂的动力学特性,也得不到精确的分析结果。因此,上述传统方法很难适应现代汽车设计的要求。

计算机软硬件水平的提升与多体动力学发展的相互结合,使车辆系统的虚拟设计成为可能。到20世纪80年代,国外各主要汽车厂家和研究机构安装使用了大量的多体系统动力学分析软件,并与有限元分析、模态分析、优化设计等软件结合在一起形成了一个整体,在汽车设计开发中发挥了重要作用。目前,应用于车辆虚拟样机开发的软件有MSC.ADAMS、DADS、SIMPACK、Virtual Lab、VPG等,这些软件在汽车的机构干涉、悬架设计分析、操纵稳定性虚拟试验、平顺性和舒适性分析、关键部件疲劳计算等方面也均有应用。

## 第二节 车辆系统动力学仿真

目前,我国汽车生产厂商在高端汽车开发技术上相对于国际先进技术仍有较大的差距,国际知名的汽车生产厂商其主导产品在舒适性、安全性、动力性、经济性、环保性、可靠性等方面与国内产品相比具有明显优势,处于国际先进技术水平。因此,开发采用当今先进技术的高端汽车产品,将有助于缩短国内与国外先进水平的差距。进行车型开发,需要做相关的汽车动力学计算,即使用汽车物理模型或数学模型进行动力学研究。早期以苏联曲达可夫的《汽车理论》和德国 M. 米奇克的《汽车动力学》为代表,对汽车在各种情况下的性能做了系统的分析。近年来,随着计算机技术的飞速发展,一些与计算机技术紧密结合的学科在汽车工程上得到了广泛应用,如仿真技术在汽车产品开发中应用越来越多,从而推动了汽车动力学研究的发展。

开发具有高技术含量的高端汽车,是适应未来市场发展的需要,也是生产厂家进行技术升级与技术储备的必经之路。通过对高端汽车的开发,锻炼了研发队伍,提高了设计人员的能力。同时,从事 CAD 与 CAE 工作的技术人员共同进行研发,有利于提高开发设计质量,缩短研发周期,并为今后运用先进技术进行产品开发设计打下了良好的基础。

仿真技术是一种基于产品的计算机模型数字化设计方法,这种开发技术以计算机仿真和建模为依托,融合了智能化设计技术、并行工程、仿真工程和网络技术等,其最终目标是在产品的物理样机制造加工前对产品的使用性能、可制造性等进行预测,从而对设计方案进行评估和优化,以达到产品的最优化。仿真技术应用在产品的设计和开发过程中,将分散的零部件设计和分析技术糅合在一起,在计算机上建立出产品的整体模型,并针对该产品在投入使用后的各种工况进行仿真分析,预测产品的整体性能,进而改进产品设计,提高产品的性能。它能在产品开发设计阶段对模拟样机进行数值仿真与结构优化、缩短设计周期、降低设计成本、在物理样机产生之前预先评估设计质量和功效,是现代机械设计系统和设计技术的关键所在。

汽车动力学主要研究汽车受力与汽车运动之间的关系,找出影响汽车主要性能的内在联系和规律。汽车动力学的发展与分析力学、材料力学、结构动力学等学科的发展密不可分。近些年来,随着计算机技术的快速发展,一些与计算机技术紧密结合的学科－如控制理论等在汽车工程上得到了广泛应用,从而进一步推动了汽车动力学研究的发展。

1. 物理模型

物理模型就是建立与实物具有相同的物理本质、仅在形状和尺寸上存在一定差别的物理系统,通过各种试验手段,准确测出物理系统的性能和各种参数之间的关系,从而得到系统模型及各种性能。该方法便于记录试验,可以使用高速摄影或录像来记录空间运动过程,也可以使用各种传感器记录模型内在特性(速度、加速度、压力等)。物理模型的优点是,可以观察到研究对象的物理性能,直观可信。但其缺点也很明显,一些试验无法实现或不方便进行,一些极限工况危险太大,一些试验受手段限制而误差较大,还有一些试验成本高昂,令研究部门无法承受。从我国目前的研究水平与手段来看,物理模型在相当长的时间内仍将是主要研究方法。

2. 数学模型

数学模型是在物理系统与数学描述方程之间建立一组法则,将一个或多个元素与运动结果联系起来。采用数学模型研究汽车动力学,具有研究方法多样的特点。对于同一对象,不同的研究人员可以建立不同的数学模型。究竟采用何种数学模型取决于研究对象、研究目的和研究人员的学识与经验。美国的 T. R. 凯恩、P. W. 莱金斯、D. A. 李文森在研究航天飞行器模型时认为:"构造航天器数学模型的技巧最好是通过经验得到,单靠彼此传授,特别是借助于印刷品的传授,是不太容易见效的。"建立数学模型后,求解响应的关键问题是求解方法。基本的求解方法可以分为:

(1)解析法。只能求解自由度较少的系统,对非线性系统,只能求近似解。这种方法对于理解系统的内在本质有很大作用。不足之处在于数学模型过于简单,对物理系统的本质描述不够具体;

(2)数值法或定值法。应用计算机处理复杂系统求得近似解,对非线性系统虽有误差,但精度满足工程要求。不足之处在于,每种积分器都有各自的适用范围,在仿真中若盲目选择积分器,可能导致仿真结果不可信。

数学模型的特点是模型高度抽象,但在实物与模型间存在很强的相似性。其优点是研究方法多样,研究成本低廉,研究周期一般较短。缺点是研究结果受模型的简化、模型参数的影响较大,对研究人员的要求高。

# 第十章 汽车试验设计与优化方法

基于技术与应用理念,结合汽车试验设计及其数据处理的最优化方法和各种分析技术,以进一步提升汽车试验设计的水平及其优化的成效。

## 第一节 试验设计

试验设计方法(DOE,Design of Experiments)提供了合理而有效地获得信息数据的方法,在工程和科研中有着广泛的应用,PIAnO 提供了实用性极强的 DOE 模块可以用于辨识关键参数、构建经验公式乃至获得最佳设计。本章具体包括以下内容:

### 一、基本概念

1. 概述

试验设计(Design of Experiments,简称 DOE)是数理统计学的一个分支,是当今产品开发、过程优化等环节中最重要的统计方法之一。DOE 方法的用途如下:

(1)辨识关键的试验因子;
(2)确定最佳的参数组合;
(3)分析输入参数与输出参数之间的关系和趋势;
(4)构建经验公式和近似模型;
(5)提高设计的稳健性等。

2. 术语

DOE 主要术语如表 10-1 所示。

DOE 术 语 表  表 10-1

| 名 称 | 定 义 |
| --- | --- |
| 因子(Factors) | 是试验中改变的输入设计参数,常常是造成试验指标按某种规律发生变化的那些原因 |
| 水平(Levels) | 因子的不同状态称为水平,即输入设计参数的数值 |
| 响应(Response) | 相关联的输出参数,常常是衡量设计性能的指标 |

3. 步骤

DOE 运用共有三个步骤:试验计划、执行试验和结果分析,如表 10-2 所示。PIAnO 提供了方便的图形用户界面使得 DOE 运用过程更加简单、方便,选择 DOE 方法应主要考虑以下几个方面:

(1)试验尽可能简单,试验次数尽可能少;
(2)试验范围及每一个参数的取值:要求设计者对设计问题有初步的认识,能够提炼出试验设计的因子,以及试验中各个因子应取的水平值;

DOE 步 骤　　　　　　　　　　　　　　　表 10-2

| 步骤 | 名称 | 内容 |
|---|---|---|
| 1 | 试验计划 | 定义试验设计因子以及它们的属性(类型、水平);<br>选择试验设计方法;<br>指定要研究的交互作用;<br>生成一个设计矩阵;<br>确定对响应的分析 |
| 2 | 执行试验 | 按照已经制定好的试验计划,执行试验设计的操作 |
| 3 | 结果分析 | 帮助设计者对 DOE 的试验结果进行分析,并得出相应的结论,包括:试验数据表格、散点图、ANOVA 分析表、Pareto 图、主效应图、交互效应图、相关性图等 |

(3)对结果的合理解释:需要借助一定的后处理工具,帮助进行试验设计的后处理工作,以得出试验设计要得到的结论。

## 二、算法介绍

在 PIAnO5.5 中,共有 9 种 DOE 方法(表 10-3),同时 PIAnO 也提供二次开发接口,方便使用者将自编的 DOE 方法嵌入。

DOE 方 法　　　　　　　　　　　　　　　表 10-3

| 名 称 | 说 明 |
|---|---|
| 参数研究(PS,Parameter Study) | 独立参数的敏度分析(一次改变一个参数来分析参数的影响) |
| 全因子设计(FFD,Full factorial design) | 为每个因子指定任意水平数并研究所有因子的所有组合 |
| 部分因子设计(Fractional Factorial) | 取全因子设计中的部分样本进行试验(通常为 1/2、1/4 等),包括了 2 水平、3 水平和混合水平组合 |
| 正交数组(OA,Orthogonal arrays) | 部分因子试验的一种,通过仔细构造试验方案,保证因子的正交性(整齐可比和均匀分散) |
| 中心组合设计(CCD,Central composite design) | 5 水平:通过对每个因子取一个中心点和两个位于因子轴线上的额外角点而强化的水平全因子方法 |
| Box – Behnken 设计 | 3 个水平:在每条边的中点及整个中心布置样本点,保证了样本点具有旋转对称性,用于建立二次拟合响应面 |
| 拉丁超立方设计(LHD,Latin hypercube design) | 每个因子的水平等于点数,并进行随机组合 |
| 优拉丁超立方设计(Opt LHD,Optimal Latin hypercube design) | 使传统拉丁超立方方法生成的抽样点更加均匀 |
| 自定义数据文件(DF,Data file) | 用文件输入用户定义的 DOE 矩阵,从中读取需要进行分析的数据点 |

1. 参数试验(Parameter Study,PS)

参数试验(Parameter Study,以下简称 PS)独立的变化每个因子所有指定水平,而其他因子都保持在基值上,是研究每一个设计因子独立于其他所有因子情况下对响应的敏感性。

图 10-1 显示了三因子的参数试验样本点。尽管这种方法不能提供任何有关交互作用方面的信息,但它可以在多个水平上研究多个因子,只需对较少的设计点进行评估。如果已知交互作用不显著,参数设计方法是很好的灵敏度分析方法。参数试验分析次数为

$$1 + \sum_{i=1}^{m} n_i$$

式中:$n_i$——第 i 个因子的水平数;

$m$——因子的个数。

2. 全因子设计(Full factorial design,FFD)

全因设计法(Full factorial design,以下简称 FFD)对因子的所有组合在所有水平上都要进行评估,允许任意数目的因子和水平。这种方法为精确评估因子和交互作用的影响提供了大量的信息。但是因为需要大量的试验分析,代价很大。图 10-2 显示了三因子的全因子设计样本点。全因子设计法试验分析次数为:$n_1 \times n_2 \times \cdots n_i \times \cdots \times n_m$,$n_i$ 是第 $i$ 个因子的水平数,$m$ 是因子的个数。

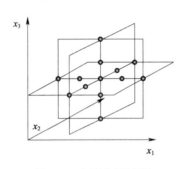
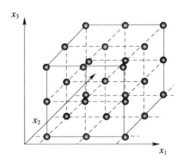

图 10-1　参数试验示意图　　　　图 10-2　全因子设计法示意图

3. 部分因子设计(Fractional Factorial)

部分因子设计(图 10-3)取全因子设计中的部分样本进行试验(通常为 1/2,1/4 等),可以是 2 水平、3 水平的单一水平取值,或 2 水平、3 水平混合的水平组合等。根据因子的总数,对于 2 水平和 3 水平设计,其试验次数可以降低到全因子设计试验总数的 1/2 到 1/729。

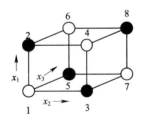

由此可见,部分因子法的优点是比全因子更加高效。缺点是部分因子试验规模越小,获得有价值的信息越少。

4. 正交数组(Orthogonal arrays,OA)

正交数组方法(Orthogonal arrays,以下简称 OA)是一种用正交表安排多因子试验的设计方法,是一种高效率、快速、经济的试验设计方法。早在 19 世纪 40 年代,正交数组就被 Plackett 和 Burman 应用于设计之中。日本著名的统计学家 Taguchi 发展了

图 10-3　部分因子设计法示意图

一族 2 水平和 3 水平的正交数组研究交互作用的影响,并列成规范的表格(称为"正交表")以科学地挑选试验条件,取得了相当的成就。

两个向量正交指向量 $\vec{a} = [a_1, a_2, \cdots, a_n]$ 和 $\vec{b} = [b_1, b_2, \cdots, b_n]$ 内积之和等于零,即 $\sum_{i=1}^{n} a_i \times b_i = 0$,它们在空间中交角为 90°。正交数组具备"均匀分散,齐整可比"的特点。

正交试验设计方法的优点如下:

(1) 因子水平均衡搭配,数据点分布均匀。
(2) 大大减少了试验分析次数。
(3) 可用相应的极差分析方法、方差分析方法、回归分析方法等对试验结果进行分析,得到有价值的结论。

选用正交试验方法的原则如下:
(1) 合理安排因子水平:在确定因子的水平数时,主要因子宜多安排几个水平,次要因子可少安排几个水平。
(2) 考虑交互作用的存在:每一个交互作用在正交表中应占一列或二列。要看所选的正交表是否足够大,能否容纳得下所考虑的因子和交互作用。为了对试验结果进行方差分析或回归分析,还必须至少留一个空白列,作"误差"列,在极差分析中要作为"其他因子"列处理。
(3) 考虑试验精度要求:如果精度要求高,则宜选取试验次数多的正交表。
(4) 考虑试验费用:如果试验费用昂贵,则不宜选试验次数太多的正交表。

选择大表和小表的原则:若条件许可,应尽量选用大表,让可能的主要因子和交互作用各占适当的列,让方差分析进行显著性检验时再判断某因子或某交互作用的影响是否真的存在。这样既可以减少试验的工作量,又不至于漏掉重要的信息。

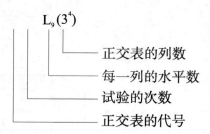

单一水平正交表指各列水平数均相同的正交表,用如下符号表示:

各列水平数均为 2 的常用正交表有:$L_4(2^3)$,$L_8(2^7)$,$L_{12}(2^{11})$,$L_{16}(2^{15})$,$L_{20}(2^{19})$,$L_{32}(2^{31})$。各列水平数均为 3 的常用正交表有:$L_9(3^4)$,$L_{27}(3^{13})$。各列水平数均为 4 的常用正交表有:$L_{16}(4^5)$,各列水平数均为 5 的常用正交表有:$L_{25}(5^6)$,图 10-4、图 10-5 分别显示了 $L_9(3^4)$ 正交表和空间构成;图 10-6 显示了 $L_8(2^7)$ 正交表的构成。

| 试验号 | 列 | | |
|---|---|---|---|
| | A | B | C |
| 1 | 0 | 0 | 0 |
| 2 | 0 | 1 | 1 |
| 3 | 1 | 0 | 1 |
| 4 | 1 | 1 | 0 |

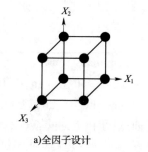
a) 全因子设计

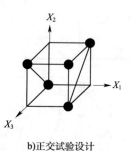
b) 正交试验设计

图 10-4 三因子二水平正交表 $L_4(2^3)$ 和示意图

混合水平正交表指各列水平数不相同的正交表,用如下符号表示:

$L_8(4^1 \times 2^4)$ 常简写为 $L_8(4 \times 2^4)$,表示混合水平正交表含有 1 个 4 水平列,4 个 2 水平列,共有 $1+4=5$ 列。

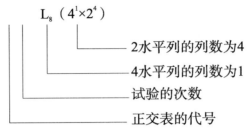

| 试验号 | 列 | | | |
|---|---|---|---|---|
| | A | B | C | D |
| 1 | 0 | 0 | 0 | 0 |
| 2 | 0 | 1 | 1 | 1 |
| 3 | 0 | 2 | 2 | 2 |
| 4 | 1 | 0 | 1 | 2 |
| 5 | 1 | 1 | 2 | 0 |
| 6 | 1 | 2 | 0 | 1 |
| 7 | 2 | 0 | 2 | 1 |
| 8 | 2 | 1 | 0 | 2 |
| 9 | 2 | 2 | 1 | 0 |

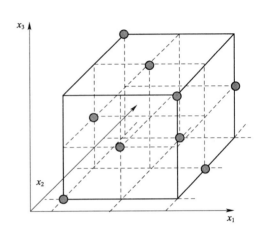

图 10-5 四因子三水平 $L_9(3^4)$ 正交表和示意图

| 试验号 | 列 号 | | | | | | |
|---|---|---|---|---|---|---|---|
| | A | B | C | D | E | F | G |
| 1 | 0 | 0 | 0 | 0 | 0 | 0 | 0 |
| 2 | 0 | 0 | 0 | 1 | 1 | 1 | 1 |
| 3 | 0 | 1 | 1 | 0 | 0 | 1 | 1 |
| 4 | 0 | 1 | 1 | 1 | 1 | 0 | 0 |
| 5 | 1 | 0 | 1 | 0 | 1 | 0 | 1 |
| 6 | 1 | 0 | 1 | 1 | 0 | 1 | 0 |
| 7 | 1 | 1 | 0 | 0 | 1 | 1 | 0 |
| 8 | 1 | 1 | 0 | 1 | 0 | 0 | 1 |

图 10-6 七因子二水平 $L_8(2^7)$ 正交表

**5. 中心组合设计(Central composite design, CCD)**

中心组合设计(Central composite design,以下简称 CCD),又称二次回归旋转设计。由 $2^k$($k$ 为因子)全因子设计、轴点设计(也叫星点设计)与零水平的中心点重复试验 3 部分构成,应用各影响因子的二次多项式来预测其对评价指标的作用。该方法扩展了设计空间并得到高阶信息,能够给响应表面近似模型提供样本数据,具有设计简单、试验次数少、预测性好等优点。中心复合设计用以下公式把星点与全因子点联系起来

$$star_{upper} = base + (upper - base) \times \alpha$$
$$star_{lower} = base - (base - lower) \times \alpha$$

其中：$base$，$lower$，$upper$ 分别为零水平的中心点、$2^k$ 全因子设计的低水平点和高水平点，且 $lower < base < upper$。

$\alpha$ 为比例因子：$\alpha < 1$ 时，星点位于 $2^k$ 全因子设计内部；$\alpha > 1$ 时，星点位于 $2^k$ 全因子设计外部；$\alpha = 1$ 时，星点位于 $2^k$ 全因子设计表面的中心，如图 10-7 所示

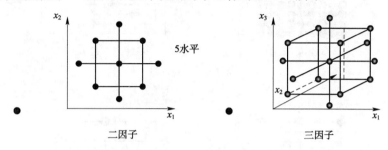

图 10-7　中心组合设计

**6. Box – Behnken 设计**

Box – Behnken 设计属于不完全的 3 水平部分因子试验设计方法，用于估计二阶多项式近似模型的系数。该方法具有近似的旋转对称性，由多个正交的立方体组成，并包含一个中心点。图 10-8 为 3 个水平下的 Box – Behnken 试验设计方案。

Box – Behnken 设计的优点是避免了极端点的出现。相反，在中心复合法中的角点（Corner pointer）往往是因子取最大或最小水平的极端点，有可能造成无法进行试验或试验结果不稳定。

Box – Behnken 方案的缺点是只能包含 3 到 21 个因子。

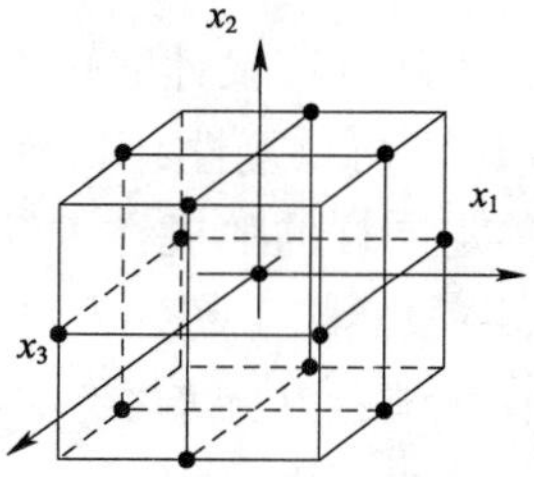

图 10-8　Box – Behnken 设计法示意图

**7. 最优拉丁超立方设计（Optimal Latin hypercube design，Opt LHD）**

随着计算机仿真技术的发展，要求试验设计方法能够进行"空间填充"（space filling）。拉丁超立方设计（Latin hypercube design，以下简称 LHD）由 M. D. McKay，R. J. Beckman, and W. J. Conover 首先提出。其原理是在 $n$ 维空间中，将每一维坐标区间 $[x_k^{\min}, x_k^{\max}]$，$k \in [1,n]$ 依均匀等分为 $m$ 个区间，每个小区间记为 $[x_k^{i-1}, x_k^i]$，$i \in [1,m]$。随机选取 $m$ 个点，保证一个因子的每个水平只被研究一次，即构成 $n$ 维空间，样本数为 $m$ 的拉丁超立方设计，记为 $m \times n$ LHD。

拉丁超立方设计的优点是：

(1) 有效的空间填充能力。拉丁超立方设计试验次数 = 水平数 ≥ 因子数 + 1。例如一个二因子 9 水平研究，图 10-9a) 显示了用全因子需要 81（=9×9）个点，而图 10-9b) 拉丁超立方设计只需要研究 9 个点。

(2) 拟合非线性响应。与正交试验相比，拉丁超立方设计用同样的点数可以研究更多的组合。例如采用 9 个样本点进行二因子试验，图 10-10a) 显示正交试验只能研究每个因子的 3 个水平，因此只能拟合不超过二阶的关系；图 10-10b) 显示拉丁超立方设计能够研究每个因子的 9 个水平，因此有能力拟合二阶或更非线性的关系。

相比正交试验，拉丁超立方设计对水平值分级宽松，试验次数可以人为控制。

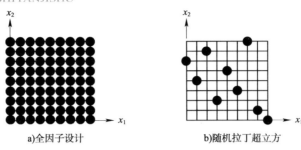

图 10-9　全因子设计与拉丁超立方设计

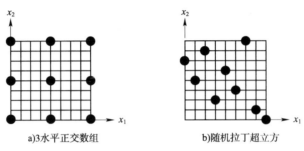

图 10-10　正交试验与拉丁超立方设计

拉丁超立方设计的缺点是：

(1) 不可重复性，因为它是用随机组合的方式来生成设计矩阵的。但是在 PIAnO 中可以用给定同样的随机种子 (random seed) 的方法，来重复拉丁超立方试验，满足可再现性。

(2) 虽然拉丁超立方设计比传统的试验设计方法而言能够更好地布满整个空间，但是可能仍存在试验点分布不够均匀的情况，随着水平数增加，丢失设计空间的一些区域的可能性增加。这时可以采用下一节介绍的最优拉丁超立方设计方法进一步改善均匀性。

最优拉丁超立方设计 (Optimal Latin hypercube design，以下简称 Opt LHD) 改进了随机拉丁超立方设计的均匀性，使因子和响应的拟合更加精确真实。PIAnO 中提供了美国西北大学 Wei Chen 教授和福特汽车的 Dr. Ruichen Jin、Dr. Agus Sudjianto 联合研究开发的算法。

最优拉丁超立方设计使所有的试验点尽量均匀地分布在设计空间，具有非常好的空间填充性和均衡性。图 10-11a) 显示了拉丁超立方随机生成的试验点分布，图 10-11b) 显示了最优拉丁超立方生成的更加均匀的分布。

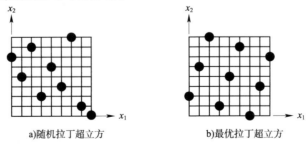

图 10-11　随机拉丁超立方设计和最优拉丁超立方设计

**8. 自定义数据文件**

用户可以通过自定义数据文件方法将外部的设计矩阵导入 PIAnO。所用的文件格式如下：

(1) 每一个数值点在数据文件中用一行来表示；
(2) 作为因子的每一个参数都有对应的一列；
(3) 每列用空格或 Tab 键分隔值。

### 三、结果分析

**1. 系数表 (Coefficients Tables)**

PIAnO 根据样本点建立多元线性回归模型 $y = \beta_0 + \sum \beta_i x_i$，通过系数表进行表达。

1) Scaled

将输入变量归一化到 $[-1, +1]$ 后用最小二乘法拟合后的模型系数，能够更公平地反映各输入变量对响应的贡献。

2) Normalized

将归一化后模型系数 ($S_i$) 转化为贡献率百分比后的结果，计算方法为：$N_{x_i} = 100 * \dfrac{S_{x_i}}{\sum_j |S_{x_i}|}$

**2. 智能筛选图 (Pareto Graph)**

智能筛选图是通过直观的视觉观察确定输入变量对输出变量影响效果的工具，如图 10-12 所示。表中的左侧显示了相应输入变量对每个输出变量的贡献率，对每个输出变量，该值的总和为 100。同时影响率较大的显示颜色也更加突出。

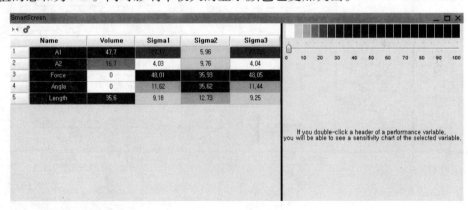

图 10-12 智能筛选图

右边栏是基于用户选择的影响率进行输入变量的过滤。当某输入变量对某输出变量的贡献率高于当前箭头对应的值时，该输入变量显示为红色。

如果用鼠标双击输出变量的名称，将绘制出输入变量对该输出变量贡献率的条形图，如图 10-13。

**3. 均值分析图**

均值分析图（图 10-14）显示输入参数的各个水平得到的输出变量的平均值，输入变量的不同水平对输出平均值的标准偏差显示在矩形框中，该值越大，则表明输出变量响应值对输入变量的变化更敏感。对于输出参数是约束条件函数的情况，则该约束的可行域将变为矩形框以外的数字。

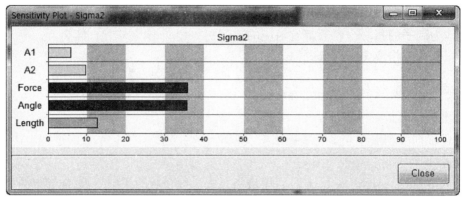

图 10-13　贡献率条形图显示

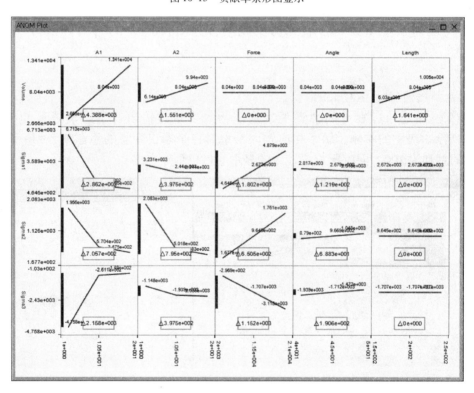

图 10-14　均值分析图

**4. 等高线图**

等高线图是基于历史表中的数据以数据可视化的方式预测输出变量值的工具。生成等高线图是以近似模型为基础,因此选择的设计变量样本数量和约束条件越多,生成等高线图的时间越长(图 10-15)。

**5. 2D 散点图**

2D 散点图是以二维图的形式显示多维变量的分布和相关性,如图 10-16 所示。右上方显示出变量之间的相关系数,绝对值越接近 1 表示越接近线性相关。此外,它根据相关系数值所在的范围以不同颜色显示,图例显示在左侧。

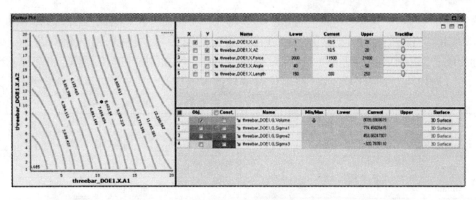

图 10-15　等高线图

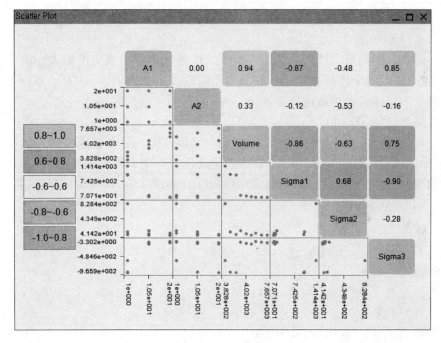

图 10-16　2D 散点图

当通过移动鼠标选择散点图中的点,这一样本点将会在历史表中突出显示。反之,如果您选择历史表中的特定点,散点图中也会突出显示该点。

## 第二节　试验优化理论

### 一、全局探索法

工程中的优化问题往往比较复杂,其目标函数可能存在多峰性、非线性、非连续、不可微函数;设计变量和约束函数可能是线性、非线性、连续或离散变量集。这些复杂的情况,使得没有任何导数、梯度信息可供利用,传统的数值优化和直接搜索方法无法找到全局优化解。因此,人们开发出全局探索法,为解决这类复杂优化问题提供了新的思路和手段。

遗传算法（GA, Genetic Algorithm）是 Holland 在 20 世纪 60 年代提出的，主要借助生物进化过程中"适者生存"的规律，模仿生物进化过程中的遗传繁殖机制，对优化问题解空间的个体进行编码（二进制或其他进制），然后对编码后的个体种群进行遗传操作（如选择、交叉、变异等），通过迭代从新种群中寻找含有最优解或较优解的组合，多岛遗传算法参数见表 10-4。

多岛遗传算法参数表　　　　　　　表 10-4

|  | MultiIsland |  | MultiIsland |
| --- | --- | --- | --- |
| Representation | Gray binary encoding | Elitist | Yes |
| Crossover | 1 or 2point binary | Objective | Single |
| Mutation | binary | Basic Tuning Parameters | 3 |
| Selection | Tournament | Advanced Tuning Parameters | 7 |
| Diversity | Island |  |  |

1. 适应度（Fitness）

适应度函数是评判解个体优劣的唯一标准。遗传操作根据适应度的大小决定个体繁殖的机会，适应度值大的个体得到繁殖的机会大于适应度值小的个体，从而使得新种群的平均适应度值高于旧群体的平均适应度值。

2. 基因编码（Encoding）

使用遗传算法时需要把问题的解编码成一个基因链码。每个基因链码也被称为一个个体，有时也称作染色体。对于采用二进制编码的染色体长度 $L$ 可根据问题要求的精度确定。

常用的编码方法包括：二进制编码、格雷码编码、实数编码、符号编码算法等。PIAnO 的 MIGA 算法采用格雷编码如下

$$\begin{cases} g_m = b_m \\ g_i = b_{i+1} \oplus b_i \quad i = m-1, m-2, \cdots 1 \end{cases}$$

3. 种群（Population）

一个种群是若干个个体的集合。因为每个个体代表了问题的一个解，所以一个种群就是问题的一些解的集合。

4. 子种群/岛（Sub-population/Island）

5. 选择操作（Selection）

选择的目的是为了从当前的种群中选出优良的个体，使它们有机会作为父代产生后代个体。判断个体优良与否的准则就是各自的适应度值。作为一种算子，选择操作在遗传算法中有多种实现方式，其中最简单的一种算法就是采用适应度比例法来进行选择。具体地说，就是首先计算群体中所有个体适应度的总和，再计算每个个体的适应度所占的比例，并以此作为相应的选择概率。

6. 交叉操作（Crossover）

许多生物体的繁衍是通过染色体的交叉完成的。在遗传算法中使用了这个概念，把交叉作为一个操作算子。并且，交叉算子是以一定的交叉概率发生的。

交叉算子的实现过程如下：选择群体中的两个个体，以这两个个体为双亲作基因链码的交叉，从而产生两个新的个体作为它们的后代。简单的交叉算法是：随机地选取一个截断点，将双亲的基因链码在截断点切开，并交换其后半部分，从而组成两个新个体，如图 10-17。

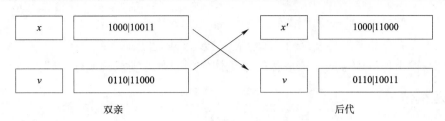

图 10-17 杂交操作

7. 变异操作(Mutation)

在生物的进化过程中,变异是一个重要的步骤。通过在染色体上的某些基因位置产生突变,使得新产生的个体与其他个体有所不同。该算子的实现算法如下:对于群体中的某个个体,即某个基因随机选取某一位,将该位的基因翻转(0 改为 1,1 改为 0)。

GA 通过反复恰当地使用遗传算法的算子和选择原则,从亲代到子代,从子代到孙代,从孙代到崇孙代,不停地繁衍,使得种群对环境的适应性不断升高。流程(图 10-18)如下。

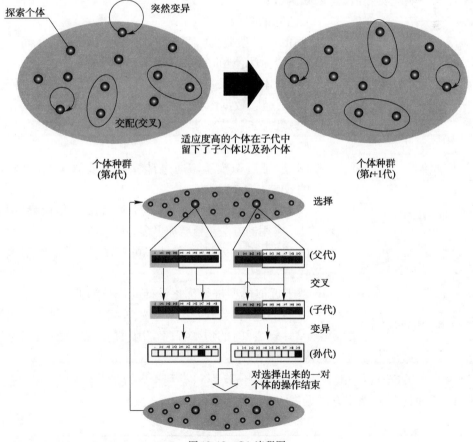

图 10-18 GA 流程图

第 1 步:初始化群体;
第 2 步:计算群体上每个个体的适应度值;
第 3 步:按由个体适应度值所决定的某个规则选择将进入下一代的个体;
第 4 步:按概率 $P_c$ 进行交叉操作;

第5步:按概率 $P_m$ 进行突变操作;

第6步:没有满足某种停止条件,则转第(2)步,否则进入(7);

第7步:输出种群中适应度值最优的染色体作为问题的满意解或最优解。

## 二、建模法

1. 近似建模

近似模型方法(Approximation Models)是通过数学模型的方法逼近一组输入变量(独立变量)与输出变量(响应变量)的方法。20 世纪 70 年代,L. A. Schmit 等人在结构设计优化中首次引入了近似模型的概念,加快了优化算法的寻优速度,推动了优化算法在工程领域中的应用,收到了良好的效果。本章具体包括以下内容:

近似模型用下式来描述输入变量和输出响应之间的关系:

$$y(x) = \tilde{y}(x) + \varepsilon$$

式中:$y(x)$——响应实际值,是未知函数;

$\tilde{y}(x)$——响应近似值,是一个已知的多项式;

$\varepsilon$——近似值与实际值之间的随机误差,通常服从$(0,\sigma^2)$的标准正态分布。

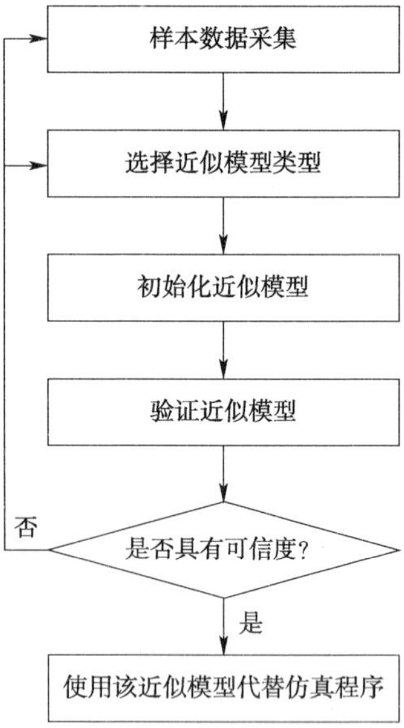

创建近似模型的流程(图 10-19)如下:

(1)样本数据采集。样本点可以来自试验设计、随机试验、物理试验、经验数据库等。

(2)选择近似模型类型。

(3)初始化近似模型。

(4)验证近似模型。通过计算模型近似误差,可验证模型预测的效果。

(5)如果近似模型可信度不够,则需要更新模型,提高其预测精度。常用的方法包括增加更多的样本数据、更改模型参数等。

(6)如果近似模型具有足够可信度,则可以使用该近似模型替代仿真程序。

基于近似模型进行优化设计的优势如下:

(1)建立经验公式,获得输入、输出变量之间的量化关系。

(2)减少耗时的仿真程序调用,提高优化效率;通常可将实际求解时间缩短几个数量级。

图 10-19 创建近似模型的流程

(3)对响应函数进行平滑处理,降低"数值噪声",有利于更快地收敛到全局最优点。

PIAnO 提供的近似模型方法见表 10-5。

**PIAnO 提供的近似模型方法** 表 10-5

| 算 法 简 称 | 算 法 全 称 |
|---|---|
| RSM | 响应面模型(Response Surface) |
| RBF/EBF | 径向基/椭圆基神经网络模型(RBF/EBF Nueral Network) |
| Kriging | 克里格模型 |

## 2. 响应面(RSM)模型

响应面方法(Response Surface Methodology, RSM)利用多项式函数拟合设计空间。

1) 响应面方法的优点

(1) 通过较少的试验在局部范围内比较精确的逼近函数关系,并用简单的代数表达式展现出来,计算简单,给设计优化带来极大的方便。

(2) 通过回归模型的选择,可以拟合复杂的响应关系,具有良好的鲁棒性。

(3) 数学理论基础充分扎实,系统性、实用性强,适用范围广,逐步成为复杂工程系统设计的有力工具。

2) 响应面方法的缺点

(1) 不能保证响应面通过所有的样本点,因此存在一定的误差。

(2) 对于高度复杂的函数关系的逼近效果不如神经网络等方法。

3) 配置参数

在 PIAnO 近似模型方法中,$\tilde{y}$ 可以是一阶、二阶、三阶和四阶多项式。构造响应面模型的最少样本点数依赖于模型阶数和输入变量个数,见表10-6。

响应面模型的最少样本点数与模型阶数和输入变量个数的关系　　表10-6

| 阶次 | 初始化所需的最少样本点数 | 公式 |
|---|---|---|
| 1阶 | $M+1$ | $\tilde{y} = \beta_0 + \beta_1 x_1 + \beta_2 x_2 + \cdots + \beta_M x_M$ |
| 2阶 | $(M+1)(M+2)/2$ | $\tilde{y} = \beta_0 + \beta_1 x_1 + \beta_2 x_2 + \cdots + \beta_M x_M +$ $\beta_{M+1} x_1^2 + \beta_{M+2} x_2^2 + \cdots + \beta_{2M} x_M^2$ $+ \sum_{i \neq j} \beta_{ij} x_i x_j$ |
| 3阶 | $(M+1)(M+2)/2 + M$ | $\tilde{y} = \beta_0 + \beta_1 x_1 + \beta_2 x_2 + \cdots + \beta_M x_M +$ $\beta_{M+1} x_1^2 + \beta_{M+2} x_2^2 + \cdots + \beta_{2M} x_M^2 +$ $\beta_{2M+1} x_1^3 + \beta_{2M+2} x_2^3 + \cdots + \beta_{3M} x_M^3$ $+ \sum_{i \neq j} \beta_{ij} x_i x_j$ |
| 4阶 | $(M+1)(M+2)/2 + 2M$ | $\tilde{y} = \beta_0 + \beta_1 x_1 + \beta_2 x_2 + \cdots + \beta_M x_M +$ $\beta_{M+1} x_1^2 + \beta_{M+2} x_2^2 + \cdots + \beta_{2M} x_M^2 +$ $\beta_{2M+1} x_1^3 + \beta_{2M+2} x_2^3 + \cdots + \beta_{3M} x_M^3 +$ $\beta_{3M+1} x_1^4 + \beta_{3M+2} x_2^4 + \cdots + \beta_{4M} x_M^4$ $+ \sum_{i \neq j} \beta_{ij} x_i x_j$ |

## 3. 神经网络(RBF/EBF)模型

1943年,McCulloch 和 Pitts 建立了第一个人工神经网络模型,后被扩展为"认知(Perception)"模型。20世纪80年代,Hopfield 将神经网络成功地应用在组合优化问题。如今神经元网络已经被广泛应用到函数逼近、模式识别、图像处理与计算机视觉、信号处理、时间序列、医药控制、专家系统、动力系统、军事系统、金融系统、人工智能以及优化等方面。

在 PIAnO 中,用神经网络模型的优点如下:

(1) 很强的逼近复杂非线性函数的能力。

(2)无须数学假设,具有黑箱特点。
(3)学习速度快,具有极好的泛化能力。
(4)较强的容错功能,即使样本中含有"噪声"输入,也不影响网络的整体性能。

当然,神经网络也有不足之处,其缺点表现为构造模型所需的时间要比建立响应面的时间长得多。

PIAnO 中的神经网络的结构是三层前向网络(图10-20),接收输入信号的单元层称为输入层,输出信号的单元层称为输出层,不直接与输入输出发生联系的单元层称为中间层或隐层。从输入层到隐含层的是一种固定不变的非线性变换,将输入矢量直接映射到一个新的空间。隐层空间到输出层空间的映射是线性的,输出层在新的线性空间中实现线性加权组合,此处的权即为网络可调参数。

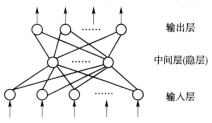

图10-20 三层前向神经网络构成

PIAnO 中的神经网络分为两种:

(1)径向基 RBF(Radial Basis Functions)网络:以待测点与样本点之间的欧几里德距离为自变量,即假设 $x_1,\cdots,x_N \in \Omega \subset \kappa^N$ 代表一组输入向量,$g_i \equiv g(\parallel x-x_j \parallel^c) \in \kappa, j=1\cdots N$ 是基函数。其中 $\parallel x-x_j \parallel$ 是欧几里德距离:$(x-x_j)^T(x-x_j)$,且 $0.2 \leqslant c \leqslant 3$。

(2)椭圆基 EBF(Elliptical Basis Functions)网络:以待测点与样本点之间的 Mahalanobis 距离为自变量,即假设 $x_1,\cdots,x_N \in \Omega \subset \kappa^N$ 代表一组输入向量,$g_i \equiv g(\parallel x-x_j \parallel_m) \in \kappa, j=1\cdots N$ 是基函数。其中 $\parallel x-x_j \parallel_m$ 是 Mahalanobis 距离:$(x-x_j)^T S^{-1}(x-x_j)$。

**4. 克里格(Kriging)模型**

克里格方法(Kriging)又称空间局部插值法,是以变异函数理论和结构分析为基础,在有限区域内对区域化变量进行无偏最优估计的一种方法,是统计学的主要内容之一。

设 $x_0$ 为未观测的需要估值的点,$x_1,x_2,\cdots,x_N$ 为其周围的观测点,观测值相应为 $y(x_1)$, $y(x_2),\cdots,y(x_N)$。未测点的估值记为 $\tilde{y}(x_0)$,它由相邻观测点的已知观测值加权取和求得

$$\tilde{y}(x_0) = \sum_{i=1}^N \lambda_i y(x_i)$$

此处,$\lambda_i$ 为待定加权系数。克立格插值的关键就是计算权重系数 $\lambda_i$。其必须满足两个条件:

(1)无偏估计。设估值点的真值为 $y(x_0)$。由于模型空间变异性的存在,$y(x_i)$ 以及 $\tilde{y}(x_0)$,$y(x_0)$ 均可视为随机变量。当为无偏估计时

$$E[\tilde{y}(x_0) - y(x_0)] = 0$$

即

$$\sum_{i=1}^N \lambda_i = 1$$

(2)估值 $\tilde{y}(x_0)$ 和真值 $y(x_0)$ 之差的方差最小。即

$$D[\tilde{y}(x_0) - y(x_0)] = \min$$

$$D[\tilde{y}(x_0) - y(x_0)] = -\sum_{i=1}^N \sum_{j=1}^N \lambda_i \lambda_j \gamma(x_i,x_j) + 2\sum_{i=1}^N \lambda_i \gamma(x_i,x_0)$$

式中,$\gamma(x_i,x_j)$ 表示以 $x_i$ 和 $x_j$ 两点间的距离作为间距 $h$ 时参数的半方差值,$\gamma(x_i,x_0)$ 则是以 $x_i$ 和 $x_0$ 两点之间的距离作为间距 $h$ 时参数的半方差值。

## 三、多目标优化法

实际工程优化问题大多数属于多目标问题,自 20 世纪 70 年代以来,多目标优化问题在国际上引起了广泛的关注,并迅速发展成为一门新兴的学科。

对多个子目标同时实施最优化的问题称之为多目标优化问题(Multi-objective Optimization Problem,MOP),又称多准则优化问题(Multi-criteria Optimization Problem)、多性能优化问题(Multi-performance Optimization Problem)或矢量优化问题(Vector Optimization Problem)。实际优化问题大多数属于多目标优化问题,目标之间一般是互相冲突的,因此设计人员需要进行多目标的比较,并进行权衡和折中,常见的多目标优化问题见表 10-7

多目标优化问题    表 10-7

| 实际问题 | 目 标 要 求 |
|---|---|
| 发动机设计 | 油耗低、总质量小、刚度高、寿命长 |
| 股票投资决策 | 最小化投资和风险,最大化投资回报 |
| 生产计划 | 在满足获得最大利润的前提下,满足加班时间最小,产品产量最大 |
| 飞行器设计 | 最大化燃油效率和有效载荷,最小化总质量 |
| 轿车天窗设计 | 最小化驾驶员噪声,最大化通气量 |

多目标优化问题的数学表达式为

$$\begin{aligned}
&\text{Minimize}\quad f_m(x) &&m=1,2,\cdots,M\\
&\text{Subject to}\quad g_j(x)\leq 0 &&j=1,2,\cdots,J\\
&\qquad\qquad\quad h_k(x)=0 &&k=1,2,\cdots,K\\
&\qquad\qquad\quad x_i^{(L)}\leq x_i\leq x_i^{(U)} &&i=1,2,\cdots,n
\end{aligned}$$

其中:

$X_i$ 为第 $i$ 个设计变量,$n$ 为设计变量的总数;

$X_i^{(U)}$ 和 $X_i^{(L)}$ 为第 $i$ 个设计变量取值的上限和下限;

$f_m(x)$ 为第 $m$ 个子目标函数,$m$ 为子目标函数的总数;

$g_j(x)$ 为第 $j$ 个不等式约束条件,$j$ 为不等式约束的总数;

$h_k(x)$ 为第 $k$ 个等式约束条件,$K$ 为等式约束的总数。

在大多数情况下,各子目标往往是相互冲突的,某子目标的改善可能引起其他子目标的降低,即同时使多个子目标均达到最优一般是不可能的,否则不属于多目标优化研究的范畴。解决多目标优化问题的最终目的只能是在各个目标之间进行协调权衡和折中处理,使各子目标均尽可能达到最优。因此需要重新定义有关多目标优化最优解的相关概念。

**1. 向量的自然序**

对于 MOP 问题,目标函数是由多个子目标构成的向量。比较两个设计方案的优劣,就需要比较两个向量之间大小,这可以通过定义向量的自然序来实现。以 $\boldsymbol{a}=(a_1,a_2)$ $\boldsymbol{b}=(b_1,b_2)$ 两个二维向量为例,表 10-8 定义了它们之间的大小关系。图 10-21 表示了这两个二维向量之间的四种关系,其中第 4)中的情况无法用向量自然序进行定义,因此第 4)种情况下无法比较大小。

**向量自然序的定义**(以二维向量为例)　　　　　　　　　　　　　　　　表 10-8

| 名　　称 | 定　　义 |
|---|---|
| 向量相等 | $a = b \overset{def}{\leftrightarrow} a_i = b_i \quad \forall i = 1,2$ |
| 小于等于 | $a \leq b \overset{def}{\leftrightarrow} a_i \leq b_i \quad \forall i = 1,2$ |
| 严格小于 | $a < b \overset{def}{\leftrightarrow} a_i < b_i \quad \forall i = 1,2$ |

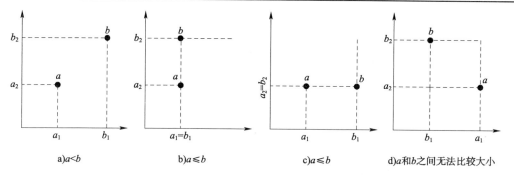

图 10-21　二维向量之间大小比较

2. Pareto 最优解集和 Pareto 前沿

法国经济学家 V. Pareto 最早研究了经济学领域内的多目标优化问题,提出了 Pareto 解集的概念。由于多目标优化问题中各个目标间是相互冲突的,优化解不可能是单一的解,而是一个解集,称为 Pareto 最优解集,而对应的目标函数空间的像称作 Pareto 前沿(表 10-9)。

**Pareto 最优解集和 Pareto 前沿的定义**　　　　　　　　　　　　　　表 10-9

| 名　　称 | 定　　义 |
|---|---|
| Pareto 最优解 | 若 $x \in X$($X$ 为多目标优化的可行域),不存在另一个可行点 $x' \in X$,使得 $fm(x) \leq fm(x'), m = 1, \cdots, M$ 成立($M$ 为子目标总数),且其中至少有一个严格不等式成立,则称 $x$ 是多目标优化的一个 Pareto 最优解(Pareto Optimal Solution) |
| Pareto 最优解集 | 所有 Pareto 最优解构成的集合称之为 Pareto 最优解集(Pareto Optimal Solution Set)<br>在整个设计可行空间中搜索得到的非劣解集就是 Pareto 最优解集 |
| Pareto 前沿 | Pareto 最优解集在目标函数空间中的像称作 Pareto 前沿(Pareto Frontier) |

下面讲述一个二目标优化问题,图 10-22 显示了 Pareto 最优解集与 Pareto 前沿。

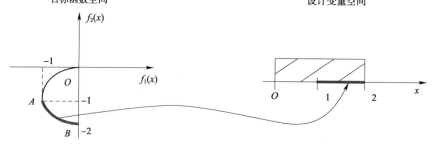

图 10-22　Pareto 最优解集与 Pareto 前沿

Minimize：$f_1(x) = x^2 - 2x$

Minimize：$f_2(x) = -x$

Subject to：$0 \leqslant x \leqslant 2$

当优化目标的方向（minimize 或 maxmize）发生变化时，Pareto 前沿也会发生变化。图 10-23 对比了当 $f_2$ 最大化时的 Pareto 前沿。

根据可行域的情况，Pareto 最优解集也可能存在全局解和局部解的情况。全局最优解集（Global Pareto Optimal Set）是整个设计可行空间中搜索得到的非劣解集。图 10-24 展示了一个目标函数空间中存在局部/全局 Pareto 前沿的例子。

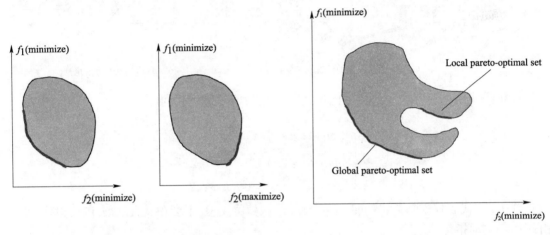

图 10-23　目标函数方向变化引起的 Pareto 前沿变化

图 10-24　局部/全局 Pareto 前沿

## 四、归一化（scalar）方法

加权法是多目标归一化（Scalar）算法的代表算法之一，把多个目标转化成单一目标，指定的权重系数容易理解，可以通过成熟的单目标优化方法求解。

但是加权法的缺点则主要有两个：

（1）当目标函数的数量增加时，权重系数 $w$ 在目标空间里的等值面的关系不再直观。图 10-25 表示的是在三个目标的情况下 Pareto 前沿的计算机制，同时变更 $w = (w_1, w_2, w_3)$ 这三个系数，不像两个目标时那么显而易见。

（2）如果 Pareto 前沿形状中存在没有凸起的部分，则无法求到这部分 Pareto 最优解。图 10-26 中连接虚线的内侧凹陷部分的 Pareto 最优解，无论哪种权重，都不是最小值，无法求出。因此成熟的单目标优化技术可以直接被利用。

在不同的权值设定下，可以得到一组解来逼近 Pareto 最优解集。但其缺点是：

①权值通常并不是由决策者设定的，而是由优化者决定的，这在很大程度上受到了优化者主观的影响。

②对 Pareto 最优前沿的形状很敏感，不能处理 Pareto 前沿的凹部。

③为了获得 Pareto 最优解集必须运行多次优化过程，降低了求解问题的效率。

具有代表性的归一化方法包括：

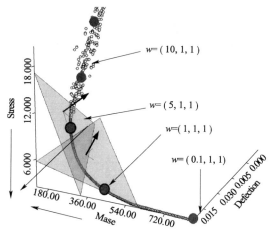

图 10-25 Pareto 前沿存在凹陷的情况　　　　图 10-26 $p=3$ 时等值面的图示

加权法使用如下方式将多目标优化问题转化为单目标优化问题

$$(S_w)\begin{cases}\text{Minimize} \sum_{i=1}^{p} w_i f_i(x) \\ \text{Subject to } g_j(x) \leq 0 \quad j=1,2,\cdots \\ \quad\quad\quad\quad h_k(x)=0 \quad k=1,2,\cdots \end{cases}$$

其中，$w_i$ 代表权重系数（Weight Factor），默认值为 1.0；不会由优化方法自动设定，而是由使用者主动指定。

用权重系数 $w_i$ 进行多目标归一化，就是在目标空间 $(f_1,f_2,\cdots,f_p)$ 里导入根据权重 $w=(w_1,w_2,\cdots,w_p)$ 决定的一个方向。在目标空间里导入对应的等值线，作为这个等值线和可行设计空间的切点，就可以得到一个 Pareto 解。图 10-27（左）表示了两目标 $p=2$、权重系数 $w=(0.5,0.5)$ 的情况，而图 10-27（右）对应的是 Pareto 最优解。

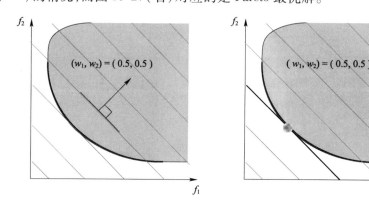

图 10-27 $p=2$ 时 $w$ 的几何意义和 Pareto 最优解

如果变化 $w$ 等值线倾斜度（即变化权重 $w_i$），就可以求出 Pareto 前沿上的全部解（图 10-28）。因此，对一个权重组合 $w=(w_1,w_2,\cdots,w_p)$，定有一个 Pareto 解；对 Pareto 前沿探索的过程，可以通过把权重矩阵设为多种组合，对它们逐一计算最优解得到。

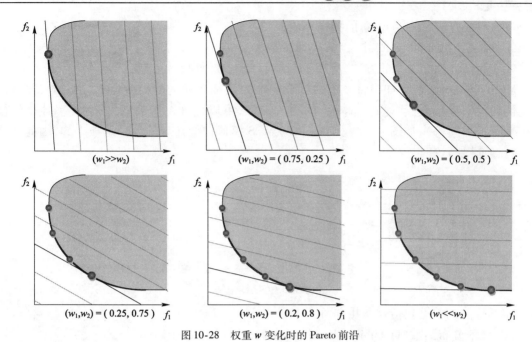

图 10-28　权重 $w$ 变化时的 Pareto 前沿

### 五、蒙特卡罗模拟（MCS）

蒙特卡罗模拟（Monte Carlo Simulation，以下简称 MCS）也称统计模拟方法，是 20 世纪 40 年代中期提出的一种以概率统计理论为指导的数值计算方法，它可以使用随机数来解决很多计算问题。在 PIAnO 中，MCS 方法可以用于样本点生成、考察优化解在不确定性环境下的可靠性和稳健性等，如图 10-29 所示。

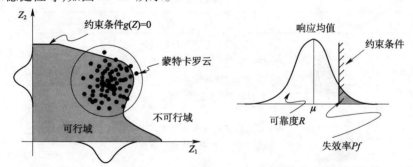

图 10-29　用 MCS 模拟估计设计点的可靠度

蒙特卡罗模拟方法源于美国在第一次世界大战期间研制原子弹的"曼哈顿计划"。该计划的主持人之一、数学家冯·诺伊曼用驰名世界的赌城——摩纳哥的 Monte Carlo——来命名这种方法，为它蒙上了一层神秘色彩。MCS 方法在金融工程学、宏观经济学、计算物理学（如粒子输运计算、量子热力学计算、空气动力学计算）等领域应用广泛。

PIAnO 中 MCS 方法可用于如下场合：

①统计响应变量由于随机输入变量而引起的波动（概率分布）。

②分析每个随机输入变量对响应的贡献率，识别影响度最大的随机输入变量。

③分析设计点的失效率和可靠度，失效率 Probability of failure，$Pf$）定义为：

$Pf$ = 不可行域内的点数/总的抽样点数；

④可靠率(Reliability, $R$)定义为：$R = 1 - Pf$。

⑤作为估计性能波动的方法，应用于 $6\sigma$ 设计和稳健性设计。

MCS 方法的原理为：如果将系统的不确定性因素都建模为随机变量 $R_1$、$R_2$、$R_3$，并且已知它们的概率分布，通过对 $R_1$、$R_2$、$R_3$ 的随机抽样，可以估计系统响应 $Y_1$ 的概率分布特征（均值、标准方差等），如图 10-30 所示。因为 MCS 模拟中抽样点的计算是独立的，因此适合用并行计算提高效率。

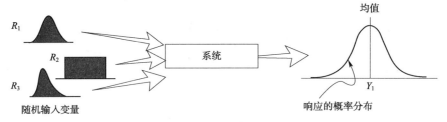

图 10-30 MCS 方法概念

MCS 算法的关键包括以下几方面：

（1）概率分布函数(Probability Distribution Functions, PDF)。

（2）采样规则(Sampling Rules)。

①传统的简单随机采样(Simple Random Sampling)以及随机数生成器(Random Number Generator)。

②基于方差降低技术(Variance Reduction Techniques)的描述采样(Descriptive Sampling)。

常见的概率密度函数类型见表 10-10

常见概率密度函数　　　　　　　　　　　　　　表 10-10

| 名　称 | 分布图形 | 特　点 | 适用场合 |
| --- | --- | --- | --- |
| 正态分布 Normal | | 正态分布是在统计以及许多统计测试中最广泛应用的一类分布。正态分布函数曲线下 68.268949% 的面积在平均值左右的一个标准差范围内 | 测量误差、弹性模量、热膨胀系数、材料强度、金属耐磨材料的硬度等 |
| 对数正态分布 LogNormal | | 对数正态分布是对数为正态分布的任意随机变量的概率分布 | 材料疲劳寿命，弹簧疲劳强度、腐蚀量，无故障运行时间，接触疲劳强度，股票投资收益等 |
| 威布尔分布 Weibull | | 又称韦氏分布，是可靠性分析和寿命检验的理论基础。 | 机械疲劳强度，疲劳寿命，磨损寿命，生命系统 |
| Gumbel 分布 | | 经常被称作最小极值(SEV)分布 | 载荷力，对已到达某一年限的产品，到其彻底用坏所经历的非常短的时间内的寿命 |
| 指数分布 Exponential | | 可以用来表示独立随机事件发生的时间间隔，具有无记忆性特征 | 旅客进机场的时间间隔，电子元器件的可靠性分配 |

续上表

| 名　称 | 分布图形 | 特　点 | 适用场合 |
|---|---|---|---|
| 均匀分布 Uniform | ▬ | 在最低和最高取值范围内拥有相同的概率 | 对不可控的随机事件进行最坏情况的下估计 |
| 三角分布 Triangular | ▲ | 通过下限值、上限值和描述三角形峰的形状参数构成的连续概率分布 | 商业决策模拟、项目管理 |

## 六、算法介绍

简单随机抽样是最基本、最常用的技术,一般步骤如下(图 10-31):

(1)识别随机变量,确定每一个随机变量的分布和特性(如平均值、标准方差或变异系数);

(2)定义模拟的最大运行次数 $N$(通常为 1000。但是为了得到响应统计性能的精确预测,有时也会用 10000 或更多的仿真次数);

(3)产生均匀分布的随机数序列(用数学递推公式产生。这样产生的序列,与真正的随机数序列不同,所以称为伪随机数,或伪随机数序列。不过,经过多种统计检验表明,它与真正的随机数或随机数序列具有相近的性质,因此可把它作为真正的随机数来使用);

(4)将随机数序列转换为相对应随机变量值;

(5)调用仿真程序对当前值的响应进行计算;

(6)重复第 3 步至第 5 步直至模拟最大次数 $N$ 为止;

(7)对响应值进行分析统计(平均值、标准方差、范围、分布形状等)。

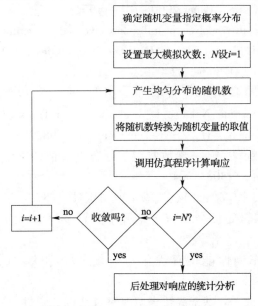

图 10-31　运用简单随机采样方法进行 MCS 计算

# 参 考 文 献

[1] 付百学.汽车试验技术[M].北京:北京理工大学出版社,2007.
[2] 余志生.汽车理论[M].北京:机械工业出版社,2000.
[3] 王秉刚.汽车可靠性工程方法[M].北京:机械工业出版社,1991.
[4] 何国伟.可靠性试验技术[M].北京:国防工业出版社,1995.
[5] Robert W. Hanse. Application of reliability growth model during light truck design and development[C]//SAE Paper 780240.
[6] 郑少华.试验设计与数据处理[M].北京:中国建材工业出版社,2004.
[7] Rider R L, Landgraf R W. Reliability analysis of an automobile wheel assembly[C]//SAE Paper930406.
[8] Marphy R W. Endurance Testing of Heavy Duty Vehicles[C]//SAE Paper 820001.
[9] 鲍晓峰.汽车试验与检测[M].北京:机械工业出版社,1995.
[10] Bavaria H J. Reliability maintainability safety and humanfactor(RMSH) consideration in automobile industry[C]//SAE Paper 780053.
[11] 郭虎,陈文华,樊晓燕,等.汽车试验场可靠性试验强化系数的研究[J].机械工程学报,2004,40(90):74-76.
[12] 虞明.随机路面汽车加速可靠性试验的研究[D].装甲兵工程学院硕士学位论文,1990.
[13] Lev M. Klyatis. The Strategy of Accelerated Reliability Testing Development for Car Components[C]//SAE Technical Paper 2000-01-1195.
[14] Hari N. Agrawal. Durability analysis of full automotive body structures[C]//SAE Paper 930568.
[15] Conla A,Topper T H. Fatigue Service Histories:Techniques for Data Collection and History Reconstruction[C]//SAE Paper 820093.
[16] Ensor D F. 关联用户用途的试车技术[J].中国机械工程,1998,9(11):24-26.
[17] Kawamura A, Naka S j ima, Nakatsu T j i. Prediction for Truck Endurance from the Basis of Road Profile Measurements[C]//SAE Technical Paper 982788.
[18] 严晓东,马翔,郑荣跃,吴亮.三参数威布尔分布参数估计方法比较[J].宁波大学学报(理工版),2005,18(3):303-304.
[19] 任露泉.试验优化技术[M].北京:机械工业出版社,1987.
[20] 《汽车工程手册》编辑委员会.《汽车工程手册》(试验篇)[M].北京:人民交通出版社,2001.
[21] 门玉琢,于海波.车辆性能仿真优化与强化试验方法[M].北京:人民交通出版社,2012.
[22] 陈北东,黎斌,廖开贵,等.基于蒙特卡罗改进算法的非线性可靠度研究[J].钻采工艺,2007,30(5):86-88.
[23] 吴碧磊.重型汽车动力学性能仿真研究与优化设计[D].吉林大学博士学位论

文,2008.

[24] Jerry Z. Wang, Mark W. Muddiman, Glen R. Moore. Structural Correlation of Automotive Proving Grounds to China Customer Field Usage[C]. The 7th International Fatigue Congress Vol. 4, Beijing, P. R. China, 1999.

[25] 门玉琢,李显生,于海波. 与用户相关的汽车可靠性试验新方法[J]. 机械工程学报, 2008,44(2):223-229.

[26] Muddiman M W, Moore G R. Structural correlation of automotive proving ground to China customer field usage[R]. USA:UltiTech Corporation,2003.

[27] Campean F. Vehicle foresigh customer correlation of engine components tests using life prediction modeling[C]//SAE 2002 World Congress. Michigan:Society of Automotive Engineers,2002:108-113.

[28] Lev M. Klyatis. Principles of Truck Accelerated Reliability Testing[C]//SAE Technical Paper 1999-01-1086.

[29] 安相璧. 汽车试验工程[M]. 北京:国防工业出版社,2006.

[30] 王占奎. 汽车结构部件极值载荷的研究[J]. 江苏工学院研究生学报,1991,(10):11-19.

[31] 唐岚. 汽车测试技术[M]. 北京:机械工业出版社,2006.

[32] John C. Conover, Henry R. Jackal, Wayne J. Cupola. Simulation of Field Loading in Fatigue Testing[C]//SAE Paper 660102.

[33] 周家泽,管昌生. 机械零件随机疲劳载荷的统计分析方法[J]. 襄樊职业技术学院学报, 2004,2(4):4-7.

[34] 姚卫星. 结构疲劳寿命分析[M]. 北京:国防工业出版社,2003.

[35] Bannantine J A, Comer J J, Handrock J L. Fundamentals of metal fatigue analysis[M]. New Jersey:Prentice Hall, Englewood Cliffs, 2004:168-183.

[36] Zhang W, Miller K J. A Study of Cumulative Fatigue Damage under Variable Loading-mode Conditions[J]. Fatigue Fract. Engng Mater. Struct. 1996,19(2):230-235.

[37] Jang Moo Lee, Kenneth G. McConnell. Random Load Simulation in aboratory Fatigue Testing [C]//SAE Paper 780101.

[38] 鹿新建,周永清. 正交试验设计在零件优化设计中的应用[J]. 汽车技术,2007.1.

[39] 吴建福. 试验设计与分析及参数优化[M]. 北京:中国统计出版社,2003.

[40] 成岳. 科学研究与工程试验设计方法[M]. 武汉:武汉理工大学出版社,2005.

[41] Svensson T. Fatigue Damage Calculations on Block LoadSequences[J]. Fatigue Fract. Engng Mater. Struct,1996,19(3):251-264.

[42] 李云雁. 试验设计与数据处理[M]. 北京:化学工业出版社,2005.

[43] Gilberto F. M. Souza, Edison Goncalve. Fatigue Reliability Analysis of Mechanical Parts [C]//SAE Technical Paper 952235E.

[44] Nagpal R, Kuo E Y. A Time-Domain Fatigue Life Prediction Method for Vehicle Body Structures[C]//SAE Technical Paper 960567.

[45] Sture Holm, Jacques de Mare. A Simple Model for Fatigue Life[C]. IEEE TRANSACTIONS

ON RELIABILITY,1988,37(3):48-50.

[46] 李鹏.汽车试验场道路强化系数的研究[D].吉林大学硕士学位论文,2008.

[47] Smith K. V. Cumulative Damage Approach to Durability Route Design[C]//SAE Paper 791033.

[48] Ensor D F. Vehicle testing as synthesis of roadusage[J]. Truck Technology International,1989,45(8):1586-1589.

[49] Ensor D F,Blackmore P A. Progress Towards an Integrated System for Fatigue Durability Management Seventh Australasian MSC Users Conference[C]. Sydney:October 1993.

[50] Cawte R. Using Test Feedback to Improve the Accuracy of FE Results for Fatigue Predictions E-I-S Simulation[C]. Test and Measurement Conference October 2001.

[51] 何耀华.汽车试验学[M].北京:人民交通出版社,2005.

[52] 王国权.虚拟试验技术[M].北京:电子工业出版社,2004.

[53] Ensor D F. Customer Usage Profiling and AcceleratedDevelopment[J]. Journal of the Engineering Integrity Society,1999,6(6):892-898.

[54] Ensor D F. Developing an Accelerated Durability Schedule on MIRA Proving Ground Equivalent to 95% Usage in China E-I-S Simulation[C]. Test and Measurement Conference October 2001.

[55] 肖刚,李天柁.系统可靠性分析中的蒙特卡罗方法[M].北京:科学出版社,2001.

[56] Draper N R,Smith H W. Applied Regression Analysis[J]. Series in Probability and Statistics,1998,26(9):2361-2366.

[57] 李晨阳,道路相关及加速耐久性行驶试验规范开发[J].上海汽车,2006(06):29-32.

[58] 董乐义,罗俊.雨流计数法及其在程序中的具体实现[J].计算机技术与应用,2004,24(3):38-40.

[59] Downing D, Socie D F. Simple rainflow counting algorithms[J]. INT. J. FATIGUE,1982(3):31-38.

[60] Khosrovanch A K,Dowling N E. Fatigue Loading History Reconstruction Based on the Rainflow Technique[J]. International Journal of Fatigue,1990(2):20-24.

[61] 阎楚良,卓宁生,高镇同.雨流计数实时模型[J].北京航空航天大学学报,1998,24(5):623-624.

[62] Bernhard Grunder,Michael Speckert,Mark Pompetzki. Design of Durability Sequence Based on Rainflow Matrix Optimization[C]//SAE Technical Paper 980690.

[63] Bishop N W M,Frank Sherratt. Fatigue life prediction from power spectral density data,Part 2:recent developments[J]. Environmental Engineering,1989,2(2):11-15.

[64] 刘义伦.不同计数法对计算疲劳寿命的影响[J].中南工业大学学报,1996,27(4):472-474.

[65] Thomas Bruder,Klaus Dressler,Bernhard Grunder. Optimal Configuration of Test Schedules[C]. 2000 JSAE Spring Convention. Yokohama,Japan. 2000.

[66] Beamgard R S,Snodgrass K P,Stornant R F. A Field Performance Prediction Technique for Light Truck Structural Components[C]//SAE Paper 791034.

[67] Bertodo R. Reliability and durability of automotive primemovers[J]. Int. J. of Vehicle De-

sign,1987,8(2):145-148.

[68] Binroth W. Development of Reliability Prediction Models for Electronic Components in Automotive Applications[C]//SAE Technical Paper 840486.

[69] 虞明,赵济海. 随机不平路面上的汽车强化试验研究[J]. 汽车工程,1993,15(1):43-52.13.

[70] 田文春. 汽车试验场可靠性强化试验系数的研究[J]. 汽车技术,1997(2):20-22.

[71] 程超. 空气悬架牵引车刚弹耦合虚拟样机建模与试验[D]. 吉林大学博士论文,2006.6.

[72] 李敏强. 遗传算法的基本理论与应用[M]. 北京:科学出版社,2002.

[73] 郭孔辉. 汽车操纵动力学[M]. 长春:吉林科学技术出版社,1991.